同济大学经济与管理学院资助出版

同济经管
TONGJI SEM

U0806655

质量强国背景下的
供应链管理探索

安丽洁 刘 威 王春刚 殷美霞 著

同济大学出版社
TONGJI UNIVERSITY PRESS
·上海·

图书在版编目(CIP)数据

质量强国背景下的供应链管理探索 / 安丽洁等著. —上海：同济大学出版社，2024.6

ISBN 978-7-5765-0697-6

Ⅰ. ①质… Ⅱ. ①安… Ⅲ. ①供应链管理—研究—中国 Ⅳ. ①F252.1

中国国家版本馆 CIP 数据核字(2023)第 018342 号

质量强国背景下的供应链管理探索

ZHILIANG QIANGGUO BEIJING XIA DE GONGYINGLIAN GUANLI TANSUO

安丽洁　刘　威　王春刚　殷美霞　著

出 品 人　金英伟　　责任编辑　丁国生

责任校对　徐逢乔　　封面设计　陈益平

出版发行　同济大学出版社　　www.tongjipress.com.cn

（地址：上海市四平路 1239 号　邮编：200092　电话：021-65985622）

经　　销　全国各地新华书店、网络书店

排版制作　南京展望文化发展有限公司

印　　刷　江苏凤凰数码印务有限公司

开　　本　710 mm×1000 mm　1/16

印　　张　19

字　　数　331 000

版　　次　2024 年 6 月第 1 版

印　　次　2024 年 6 月第 1 次印刷

书　　号　ISBN 978-7-5765-0697-6

定　　价　98.00 元

本书若有印装质量问题，请向本社发行部调换　　版权所有　侵权必究

前言

FOREWORD

中国经济正在朝着形式多样化、分工复杂化和结构合理化的方向发展。这些趋势构成了中国经济的新常态。我国政府极力倡导“互联网+”制造业，就是为了帮助企业创造适应中国经济新常态的新竞争力。供应链管理通过信息技术和物流系统，强调优化供应链的运作，把供应商、生产厂家、分销商和零售商等供应链节点企业联系起来，使生产资料能够以最快的速度通过生产和分销环节变成增值产品，送达目标消费者手中。好的供应链管理可以有效地降低企业的运作成本，减少社会性库存，使得社会资源得到更高优化配置。供应链管理面临的主要挑战是4个R：Right product（正确的产品），Right place（正确的地点），Right time（正确的时间）和Right price（正确的价格）。对中国企业而言，需要通过供应链管理来塑造适应中国经济发展新常态的竞争力，单凭一己之力来赢取市场份额和利润空间的状况已经很难持续下去。企业参与其中的供应链越强、越完整，企业的竞争力就会越强。

本书以“质量强国背景下的供应链管理探索”为题，收录了同济大学优秀学位论文4篇，内容涉及供应链管理的多个领域。包括供应链优化、制造系统的优化、供应商质量管理以及质量改进等方面。

第1篇作者为同济大学经济与管理学院工业工程专业的安

丽洁。我国丰富的产品资源与迅速变化的社会需求要求企业高效个性化地提供产品和服务,企业需要加快推进生产制造低碳化和降低能源消耗。本篇以面向多产品制造的多模块、可重组制造系统为研究对象,研究了系统的成本优化及加工时间优化两方面问题。在求解方法上,本篇结合遗传算法与模拟退火算法的扰动原理,提出了更加高效的混合算法。在研究成本与时间优化的双目标问题中,采用了 ε 约束法求解小规模问题,并运用非支配排序遗传算法与改进的多目标模拟退火算法求解大规模问题,从而为复杂的生产需求提供更快和更优的系统重组方案。

第 2 篇作者为同济大学经济与管理学院管理学专业的刘威。随着经济全球化的发展和全球制造业新一轮的升级,制造企业面临的内外部压力越来越大,要想在新时代背景的浪潮中站稳脚跟,企业需不断缩短产品周期,对市场需求和变化作出快速反应,逐步实现定制化服务,进一步将生产成本降低,提升产品质量。供应链的稳定性在这样的新时代背景要求下显得尤为重要。但是随着全球化市场的开放,采购变得越来越多元化和国际化,这在无形之中又增大了供应链方面的压力,自然灾害、人为事故、政策因素、工厂加工能力、资金链断裂等因素又会进一步对供应商造成影响,进而造成供应失效危机,这种情况在中小型企业中尤为常见。近年来由供应商的不稳定造成的供应失效问题引起了学术界和工业界的广泛关注。如何更好地面对供应失效危机也成为研究的热点问题之一。该文对相关供应失效风险下的企业应急管理策略展开深入研究,分析总结出解决供应失效风险的三种常见思路方向:金融角度、管理运营角度、与供应商关系。

第 3 篇作者为同济大学经济与管理学院工业工程专业的王春刚。随着汽车行业的发展,消费者对汽车质量的要求从基本质量转变为魅力质量,汽车厂商对零部件质量的要求也越来越高。离合器压盘的直线度是离合器厂商的关注重点。本篇对一家德国的技术领先型汽车零部件企业,因为部分离合器压盘直线度不良率居高不下,给企业造成巨大的质量成本浪费的现象及成因进行了描述和剖析。该企业通过综合运用六西格玛项目对关键因子制定改善方案并进行有效性验证,最终攻克了离合器压盘直线度不良率居高不下的难题。本篇结合作者在企业积累的实践经验和理论知识,阐明了六西格玛管理理论工具和推行方法，从而为国内制造型企业提供质量改进的方法和思路参考。

第4篇作者为同济大学经济与管理学院管理科学与工程专业的殷美霞。在供应链网络规划设计过程中，选址、库存、配送是最重要的三个决策问题。对其进行联合优化决策，有利于设计更合理的供应链网络。该篇建立了单供应商单商品选址—库存—路径联合优化问题的数学模型，库存策略采用周期库存策略，并且考虑真实的路径规划问题。根据供应链实际运作情况，添加了配送中心服务半径约束和车辆最大访问点数量约束，进而建立了多供应商多商品的选址—库存—路径联合优化模型。在设计求解算法之前，通过引入辅助变量，将原问题转化为二阶锥优化问题，并基于二阶锥优化问题的结构，设计了基于广义Benders分解算法的精确求解方法。最后通过企业案例验证了上述数学模型和算法的有效性。

本书各篇内容，既从企业实践的角度出发，提供了如何完善和优化供应链管理当中的生产制造和质量管理等问题，又从理论上进行了供应链管理优化的探讨，对质量强国背景下的我国企业发展能起到一定的借鉴参考作用。

本书中的图、表，除特别注明来源者之外，均为作者自绘或提供。

目录

CONTENTS

前　言

第一篇　考虑能耗的两阶段可重组制造系统的配置优化研究
安丽洁 / 1
第 1 章　引言 / 3
1.1　研究背景与意义 / 3
1.2　国内外研究现状 / 5
1.3　研究内容与结构 / 10
第 2 章　系统介绍与算法概述 / 13
2.1　可重组制造系统 / 13
2.2　算法相关理论概述 / 18
2.3　本章小结 / 23
第 3 章　可重组制造系统两阶段成本优化问题 / 24
3.1　问题描述与假设 / 24
3.2　数学模型建立与分析 / 25
3.3　算法的应用与优化 / 32
3.4　算例验证与分析 / 37
3.5　本章小结 / 43
第 4 章　可重组制造系统的多目标优化问题 / 44
4.1　问题描述与假设 / 44
4.2　数学模型建立与分析 / 44
4.3　多目标算法的应用与优化 / 45

4.4 多目标算例验证与分析 / 54
4.5 本章小结 / 61
第 5 章 结论与展望 / 62
参考文献 / 64
附录 工件 1—6 参数情况 / 69

第二篇 供应失效下的柔性作业车间重调度模型研究 刘 威 / 73
第 1 章 绪论 / 75
1.1 研究背景 / 75
1.2 研究意义 / 76
1.3 研究内容及结构 / 77
1.4 研究方法与技术路线 / 79
第 2 章 相关理论与文献综述 / 81
2.1 相关概念与理论 / 81
2.2 国内外研究现状 / 87
2.3 重调度问题的求解方法 / 97
2.4 本章小结 / 99
第 3 章 供应失效下的重调度问题与模型构建 / 100
3.1 问题描述 / 100
3.2 模型构建 / 102
3.3 模型解析 / 109
3.4 本章小结 / 113
第 4 章 重调度模型求解 / 114
4.1 资源优化集的重设及相应重调度操作 / 114
4.2 用改进的遗传算法求解重调度模型 / 116
4.3 重调度方案评价 / 124
4.4 本章小结 / 125
第 5 章 重调度模型的应用 / 126
5.1 企业基本概况 / 126
5.2 仿真过程 / 130
5.3 本章小结 / 132

第 6 章 总结与展望 / 134
6.1 总结 / 134
6.2 展望 / 135
参考文献 / 136

第三篇 基于六西格玛的 S 公司离合器压盘直线度质量改进研究 王春刚 / 143
第 1 章 绪论 / 145
1.1 背景及意义 / 145
1.2 国内外研究现状 / 148
1.3 研究内容和研究方法 / 152
第 2 章 六西格玛质量管理理论和研究方法 / 155
2.1 六西格玛管理的统计含义 / 155
2.2 六西格玛管理实施的作用 / 157
2.3 六西格玛管理实施的组织 / 157
2.4 六西格玛改善实施的流程 / 159
2.5 六西格玛改善的常用工具 / 160
2.6 六西格玛在汽车行业中的应用 / 162
第 3 章 S 公司离合器压盘直线度问题现状及定义 / 164
3.1 S 公司概况及离合器结构介绍 / 164
3.2 项目定义(D) / 169
第 4 章 S 公司离合器压盘直线度问题的测量和分析 / 176
4.1 测量阶段(M) / 176
4.2 分析阶段(A) / 185
第 5 章 S 公司离合器压盘直线度问题的改善和控制 / 206
5.1 改善阶段(I) / 206
5.2 控制阶段(C) / 218
第 6 章 总结和展望 / 223
6.1 总结 / 223
6.2 不足与展望 / 224
参考文献 / 225

第四篇　供应链网络选址—库存—路径联合优化问题研究　般美霞 / 227
第 1 章　引言 / 229
1.1　研究背景和意义 / 229
1.2　研究现状 / 231
1.3　研究内容、方法 / 240
1.4　本篇的结构安排 / 242
第 2 章　相关算法理论 / 244
2.1　广义 Benders 分解算法 / 244
2.2　OA 算法 / 247
第 3 章　选址—库存—路径联合优化问题模型及算法求解 / 249
3.1　问题描述 / 249
3.2　符号定义 / 250
3.3　模型建立 / 251
3.4　基于广义 Benders 分解的联合优化问题求解算法 / 256
3.5　OA 算法 / 263
3.6　本章小结 / 265
第 4 章　多供应商多商品选址—库存—路径联合优化模型 / 266
4.1　问题描述 / 266
4.2　符号定义 / 267
4.3　模型建立 / 269
4.4　本章小结 / 272
第 5 章　数值实验 / 273
5.1　测试数据 / 274
5.2　算法性能对比 / 275
5.3　模型性能对比 / 277
5.4　供应链成本和运营参数对解的影响 / 280
5.5　本章小结 / 284
第 6 章　结论与展望 / 285
6.1　结论 / 285
6.2　进一步的研究方向 / 286
参考文献 / 287

第一篇

考虑能耗的两阶段可重组制造系统的配置优化研究

安丽洁

第1章　引　　言

1.1　研究背景与意义

1.1.1　研究背景

21世纪以来，“中国制造”逐渐走向全世界，制造业是我国经济发展的支柱产业，体现了国家的竞争力[1]。在社会经济高速发展的今天，随着全球竞争的日益激烈和市场需求的不可预测，以及新产品的快速推出和不断变化的产品需求，人们对新事物的向往都对现代制造业提出了新的要求。当前产品种类不断增加，个性化特征凸显，即使在同类产品中也需要提供结构和功能互相不同的产品。换言之，未来的市场呈现出动态多变、难以预测、不稳定性和竞争日趋激烈的特点，由此导致产品生命周期缩短，个性化和多样化增强的特征。在这样的情况下，制造业企业必须提高自身应对市场变化的能力，提高车间管理的精细化、柔性化的程度，同时对市场波动保持高度敏感，及时推出满足客户需求的产品来迅速应对市场变化，提高企业市场竞争力[2]。

制造业企业为了满足多品种产品的生产及市场快速变化等新的社会需求，降低制造系统设备更新与生产的成本，缩短因产品的更新换代而花费的生产设备的准备时间，提高产品的响应速度与生产质量，增强企业的核心竞争力，需要拥有生产设施柔性化与快速重组的能力。按照传统的生产方式，针对单一品种、大批量需求的产品的刚性制造系统，在系统的安装、更换等各个方面都将产生高额的投资成本。为加快产品响应速度，制造系统的快速重组能力成为企业新的发展优势[3-4]。

可重组制造系统（Reconfigurable Manufacturing System，RMS）正是在这样的背景之下产生的。可重组制造系统可以通过系统内模块化的调整，以适应市场需求的变化，形成必要的工序能力和生产能力，从而快速生产出符合市场需求的产品。制造系统可以通过改变与重组系统的各个模块，来适应符合市场需求的新的产品特征，具备新的产能。当市场政策环境或技术环境发生变化时，模块化的系统升级方式，提高了系统的利用率，降低了系统更新的成本[5-7]。

可重组制造系统的使用重新定义了生产效率与生产模式间的关系，该系统对市场需求的不确定性具有快速的响应能力，减少了系统选择与配置的时间，缩短了产品的交货期，加快了产品的周转速度，在产品的产量与质量不断提升的基础上，降低生产环节的成本，提高企业的竞争力。

目前，可重组制造系统在制造业企业得到了广泛的应用，但大多数的系统研究都集中在系统装配阶段[8]，只有极少数的研究考虑到了产品加工阶段的生产能耗成本问题[9]。共性是，当前制造企业都十分关注节能环保型的生产方式[10]。根据 2014 年国际能源署的数据显示，能源消耗 1/3 源于工业生产。我国《国家应对气候变化规划(2014—2020 年)》中提出了能源消耗的相关要求，一次能源的消耗总量到 2020 年“控制在 48 亿吨标准煤左右”。而制造业一直都是能源消耗的与碳排放的主要产业，一半以上的能源消耗来自制造业，作为制造业大国，我国应对能源政策要求与改善生态环境，加快落实低碳化与节能的生产方式刻不容缓[11]。另外，各地政府推出的有关节能减排的政策也屡见不鲜，如 2018 年《上海市“十三五”节能减排和控制温室气体排放综合性工作方案》中针对工业领域提出几点要求，严格控制重化工业等发展规模，加大落实产能调整力度，大力优化能源结构，持续推进工业节能低碳化等方案。具体措施包括，限制并调整高能耗、高排放的项目，削减煤炭消费总量等，目标是培育一批国内领先的节能环保龙头企业，使其成为重要的节能环保技术创新中心和产业高地。

1.1.2 研究意义

可重组制造系统由多部分组成，其结构对制造系统的柔性起着决定性的作用。市场需求是不断变化的，可利用的资源又是有限的，如何使有限的资源发挥最大的效益是企业经营的目标。本篇对可重组制造系统进行研究，讨论如何通过系统重构来适应市场需求中品种与批量的变化，从而提高系统的利用率，减少人力与物力等方面的浪费。

同时，制造企业生产低碳化已经成为不容忽视的问题。本篇从节约能源消耗的角度出发，考虑可重组制造系统的优化问题，为制造企业提出了改善该系统装配成本、生产能耗与提高生产能力等方面的方案。依据可重组制造系统的灵活重组的特性与产品所需的快速响应的要求，本篇的可重组制造系统的重组方案，综合考虑了系统的安装阶段与产品的加工阶段两个阶段的问题。本篇通过对系统的各个组成部分与模块进行重组，为制造业响应不可预测的市场需求提供了解决方案。本篇侧重探讨实现低成本、高效、节能的生产目标以及促进制造企业经济的发展,具有重要的意义。

在理论方面,本篇主要研究多产品的多模块可重组加工系统的装配与生产问题,丰富了既有的研究成果:

(1) 本篇将可重组制造系统的应用分为两个阶段:系统配置阶段与生产制造阶段,在现有的研究基础上,考虑了在产品生产过程中降低能源消耗的问题。

(2) 对实际问题进行了理论建模,并求出模型最优解。随着问题规模的扩大,可重组制造系统的求解难度也随之提升,是典型的 NP 难问题(Non-deterministic Polynomial Complete Problem,多项式复杂程度的非确定性问题),因此在问题解决方面提出了多种高效的启发式算法。

在实际意义方面,本篇可以帮助决策者快速有效地选择和重组低成本、节能环保、高效的生产系统,对优化工厂生产具有实际意义:

(1) 有利于降低制造系统购置、建造投资成本;有利于协助企业建设节能减排的制造系统,构建环境友好型的生产方式。

(2) 有利于协助企业响应多品种小批量产品模式;提高制造业响应市场的能力,缩短新产品的上市时间,提高企业竞争力。

1.2　国内外研究现状

生产配置与调度问题的研究由来已久,一直以来的研究聚焦在制造业模式的发展与算法优化技术的改进和应用等方面。目前,在现有的研究基础上,除了高效的生产,低碳节能的生产优化也受到了广泛的关注[12-13]。

1.2.1　制造业生产能耗研究的现状

制造业车间生产设备种类及数量多,生产能源消耗大,存在着资源、能源利用率低的问题。随着环境政策对绿色生产的要求不断严格化,以及资源与能源使用价格不断上涨,企业的生产方式与未来发展受到了影响。然而,在当前的生产技术条件下,生产制造还可以减少 5%～25%的能源使用量,因此制造业的能源使用具有很大的改善空间[14]。

传统的生产调度将加工时间、成本、质量等性能指标作为制造系统的优化目标,多数没有考虑能源消耗和生产过程对环境的影响等问题。Fang 等[15]提到了一种考虑峰值功率负载、能源消耗和碳排放量的流水线车间调度问题的数学规划模型。该调度问题除考虑传统的作业的处理顺序外,还将作业速度作为一个自变量。研究表明,可以通过改变作业速度来调整生产的峰值负荷和能源消耗。

王伟[16]在理论层面上,对车间的能源消耗进行了分类研究,考虑到生产加工、设备调整、生产等待、产品传送、公共必要能耗等五个部分,在分类详细的情况下建立了整体能源消耗的数学模型。在应用层面上,该研究以多种类型的生产车间为例,结合理论模型,展开了大量的仿真实验,实验发现,合理地调整各类能源消耗的占比,可以降低生产中的整体能源消耗。

Bruzzone 等[17]着重研究了生产配置的能源消耗,排除了产品生产顺序的影响,并通过运用启发式算法提高了寻求配置方案的效率。Dai 等[18]进一步提出了一种适应于柔性流水车间调度的节能模型,从节能生产的角度提出了双目标优化设想,即最小化完工时间与最小化生产能耗的设想,并开发了一种改进的双目标遗传算法,提出了基于节能的可行的调度方案。Luo 等[19]提出了一个调度优化的设想,不仅考虑了生产效率,而且考虑了生产过程中的电价与电力成本,实验结果表明,非用电高峰时段与较快的机器加工速度对提高生产效率和降低能耗有较大的帮助。张奋扬[20]考虑了设备性能车间能源消耗的优化问题,设备的性能不仅影响生产加工的质量,而且对生产的能耗有着至关重要的影响。

李育锋[21]从生产运作层面详细地讨论了车间的能源消耗,从机床设备层、任务流程层和辅助生产层等三个层面对车间能源消耗进行了详细的分析,提出了车间生产能源消耗的分析框架,并从空间与时间两个维度建立数学模型,对能源消耗进一步作出量化分析。为提高求解效率,该研究运用了非支配排序遗传算法(Non-Dominated Sorted Genetic Algorithm-Ⅱ, NSGA-Ⅱ)进行求解。李爱平等[22]将制造系统能源消耗划分为启动、加工及空载等多个时段,并通过计算每个时段的能耗情况,提出了总能源消耗的数学模型。研究中利用遗传算法(Genetic Algorithm, GA)解决了以能耗、成本等为目标的多目标优化问题。胡狄等[23]在车间能源消耗的研究中考虑到了工具的使用寿命,提出了生产能耗与生产成本最小化的双目标优化模型,同时根据实验验证运用粒子群算法(Particle Swarm Optimization, PSO)能够有效地求得解决方案。

能源消耗与碳排放主要来自制造业,作为制造业大国的中国,年平均碳排放量在全球碳排放量的占比约30%，单位国内生产总值能耗约是世界平均水平的2倍[11]。因此，提高能源利用率，降低能耗水平与碳排放水平是当前新型工业化高速发展阶段需要重视的问题。

1.2.2　可重组制造系统研究的现状

关于可重组制造系统最早的定义有很多。Liles等[24]提出，可重组制造系统是能够通过改变系统配置以满足不断变化的产品需求的系统，Koren等[25]将可重组制造系统定义为针对不可预测的市场环境快速调整生产能力和功能而设计的系统。如今可重组制造系统已从定性研究发展到目前的定量研究，Renzi等与Andersen等[26-27]总结了可重组制造系统的研究现状，认为可重组制造系统的发展经历了从独立的加工模块到多加工模块，被加工的产品类型从单一产品到多种产品不断的演进。

通常，可重组制造系统的优化问题基本是系统配置问题，通俗地说，就是针对一批产品，计算系统应选择几个工作站，每个工作站应安装多少操作装备。其中最小化系统安装成本是经常被研究的问题之一。Dou等[28]运用图论模型讨论了用于生产单一产品的可重组制造系统的成本优化问题。Dou等[29]提出了优化以零件族为基础的多品种产品流水线配置的成本优化问题，并运用遗传算法(GA)获得了最优配置方案。随着研究的推进，Dou等[30]在原研究的基础上，将机器选择的问题拓展到中、大型规模，提高了问题研究的实际意义。韩文民等[31]在考虑了成本目标之外，还讨论了最大化生产工艺能力系数的目标，并以实际企业加工车间为例，验证了开发的启发式算法(Heuristic Algorithm, HA)的有效性。

Goyal等[32]提出了单一产品流水线的机器选择问题。本篇将可重组问题划分为系统层次与机器层次，并认为最有效的优化方式是优化机器层级的可重组性。该研究的三个优化目标分别为最小化安装成本、最大化操作能力和最大化机器可重组性。为解决这个问题，他们首先运用经典的非支配排序遗传算法得到一系列近似优解，然后根据熵理论与逼近于理想值的排序方法(Technique for Order Performance by Similarity to Ideal Solution, TOPSIS)，对近似优解进行了排序，根据排序选择最优的解决方案。

Yu等[33]是最早研究多模块可重组制造系统的学者之一。他认为，可重组制造系统由多个可重组配置的加工单元组成，每个加工单元由几个不相关的机器组成。Yu等的研究目标是平衡机器的负载，即最小化工作时间。其研究提出了两种优化方法：最长处理时间最优算法(Longest Processing Time First，LPT)与多阶段优化算法。Eguia 等[34]结合最小化工作负载与最小化系统安装成本的两个目标，提出了一种基于精确方法的启发式算法，来进一步研究该多模块可重组制造系统的优化问题。除此之外，Battaïa 等[35]提出了基于单一产品的多模块的可重组加工系统的成本优化问题，同时考虑了三种生产过程的技术约束，即优先约束、包含约束、排除约束。Afrin 等[9]在研究中也考虑到了同样的技术约束，并首次从节能的角度考虑该系统的机器选择和装配问题，同时开发了一种有效的启发式算法，即基于多目标优化的二进制离散禁忌搜索算法(Binary Scatter Tabu Search Procedure for Multi-objective Optimisation，BSSPMO)。Battaïa 等[8]又进一步研究了针对多产品族的机器选择与装配问题，并提出了一种有效的启发式算法实现该系统的成本优化。

Bensmaine 等[36]研究了基于多产品族的可重组制造系统的机器选择与装配问题。提出了最小化总成本(包括生产成本、重新配置成本、刀具更换成本和刀具使用成本)与最小化总完工时间的双目标的优化方案。该方案名为非支配排序遗传算法。Hasan 等[37]同样引用了多产品族的概念，即一个产品族由具有共同设计或者制造特点的一系列产品组成，其研究的目标函数是最大化生产收益，并开发了一种启发式算法来进行有效的机器选择与装配。张青雷等[38]建立了多产品族变批量需求模式的重组模型，并运用遗传算法获得了有效的重组方案。

Benderbal 等[39]针对多模块的可重组制造系统的机器不可用性进行了研究，并提出改进的非支配排序遗传算法来实现双目标，即最小化产品完工时间与最小化系统鲁棒性。Benderbal 等[40]还开发了一种存档式多目标模拟退火算法(Archived Multi-Objective Simulated Annealing，AMOSA)，并提出了最小化产品完工时间，最小化系统安装成本与最小化系统模块化的多目标的问题。

综上所述，关于可重组制造系统的优化问题，大多数的研究目标是针对系统装配成本与产品加工时间的优化，只有极少数的研究会考虑生产能耗成本。同时全部的系统重组优化研究都考虑了操作间的优先约束，极少有研究在问题中同时考虑优先约束、包含约束与排除约束三方面的技术约束。表 1-1 展示了文献研究中生产制造系统在技术约束、优化目标，以及研究方法三个方面的研究现状。

表 1-1　生产制造系统的研究现状

文　献	技术约束			优化目标			方　法
	优先约束	包含约束	排除约束	时间相关	成本相关		
					系统装配成本	生产能耗成本	
Dou 等(2011)	√				√		GA
韩文民等(2011)	√				√		HA
Goyal 等(2012)	√				√		NSGA-Ⅱ
Yu 等(2012)	√			√			LPT；MULTFIT
Bensmaine 等(2013)	√			√	√		NSGA-Ⅱ
Battaïa 等(2014)	√	√	√		√		HA
Hasan 等(2014)	√				√		HA
张奋扬等(2014)	√					√	GA；NSGA-Ⅱ
胡狄等(2015)	√				√	√	PSO
李育锋等(2015)	√			√		√	NSGA-Ⅱ
李爱平等(2015)	√				√	√	GA
张青雷等(2015)	√				√		GA
Afrin 等(2016)	√	√	√		√	√	BSSPMO
Benderbal 等(2016)	√			√			NSGA-Ⅱ
Battaïa 等(2017)	√	√	√		√		HA
Eguia 等(2017)	√			√	√		HA
Benderbal 等(2018)	√			√	√		AMOSA

注：1. 其中"√"表示相关研究中考虑了该约束或优化目标。
　　2. 文献按时间与字母排序。

1.2.3　研究现状的总结

通过汇总与分析国内外文献可知，关于制造业生产能耗研究和可重组制造系统研究受到了学术界与企业界的广泛关注，依据可重组制造系统的研究现状，制造系统已经具备重组的能力。面向市场需求与环境要求，高效且低碳化的生产成为一个亟待解决的问题。

可重组制造系统的研究在多方面取得了一定的研究成果，根据研究现状，本篇的研究从以下两个方面考虑：① 针对可重组制造系统的研究现状，系统配置阶段的成本优化问题已经得到了充分的研究，所以从社会实际需求出发，需要进一步关注生产制造阶段的能源消耗与生产时间的问题。② 在可重组制造系统的研究中，由于实际情况多变且复杂，此类优化问题属于典型的 NP 难问题，在当前的研究成果中可重组制造系统的模型已经越来越完善，因此本篇的研究需要寻求更高效的算法求解问题。

1.3 研究内容与结构

1.3.1 研究内容

本篇讨论了可重组制造系统的两阶段优化问题，具体研究内容分为以下五章：

第 1 章首先介绍了本篇的研究背景与研究意义。然后通过国内外文献阅读与整理，归纳了制造业生产能耗研究与可重组制造系统研究现状。最后结合本篇所研究的内容，给出本篇的研究方法与技术路线。

第 2 章首先介绍了可重组制造系统的相关理论，包括系统概念与特点、系统组成、工件特征与技术约束四个方面。其次介绍了系统重组常用的算法，包括精确算法、近似算法、人工智能算法与启发式算法等，并对经典的启发式算法的应用原理进行概述。

第 3 章综合考虑了系统配置阶段的安装成本与生产制造阶段的能源成本，首先进行了详尽的问题描述与条件假设，建立了完善的数学模型。由于随着问题规模的扩大，约束条件复杂度不断提高，扩大了数学模型求解的难度，此为典型的 NP 难问题。因此除了使用数学模型进行求解，作者还采用了高效的启发式算法寻找最优方案。首先作者运用了经典的遗传算法进行求解，为了避免遗传算法较快收敛于局部最优的问题，作者进一步结合了模拟退火算法求解原理，提出了改进的混合算法。并通过大量的不同规模的实验，对比分析了遗传算法与改进的混合算法的计算结果，来验证改进的混合算法的求解效果。

第 4 章从成本与时间的双目标函数优化的角度出发，在考虑安装成本与能耗成本优化的同时，结合了最小化最大转动周期的优化目标，加快生产响应速率。建立了完整的数学模型，由于多目标问题模型求解难度增大，针对小规模问题，作者运用 ϵ 约束法求得模型的最优解，针对大规模问题，并运用改进的双目标模拟退火算法与非支配排序遗传算法进行比较求解。并通过大量的不同规模的实验验证了模型与算法的求解效果，最后对实验结果进行了详尽的分析。

第 5 章总结了本篇的研究成果，提出研究的不足，以及未来继续探索的方向。

1.3.2 研究方法与技术路线

本篇的逻辑主线是提出问题、分析问题、解决问题，首先，运用文献资料分析法综述研究的背景与意义，以及对国内外的研究现状进行阐述。其次，在分析问题阶段，运用数学模型法和多目标优化法，将实际问题转化成数学模型。最后在解决问题方面，作者建立了求精确解的方法与经典的启发式算法和另外开发的高效的启发式算法寻找决策方案，并给出充分的数值实验进行验证和分析。最终给出研究结论与展望。具体技术路线图如图 1－1 所示。

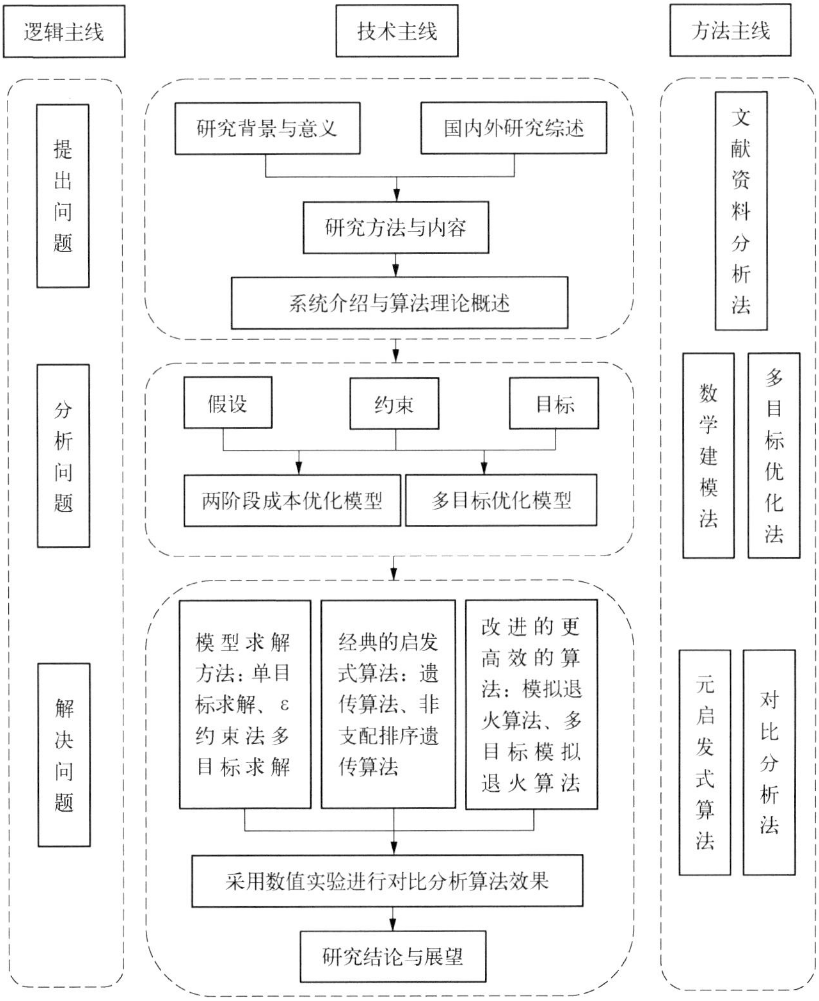

图 1－1 本篇技术路线图

本篇以系统建模、现代运筹学、优化调度等基本理论为基础,采用文献资料分析法、数学建模法、多目标优化法、元启发式算法、对比分析法等方法,深入研究可重组制造系统的重组问题。

文献资料分析法:通过对国内外相关文献和资料的搜集以及整理,从而进一步了解目前国内外相关领域的研究成果与不足,由此为本篇的研究奠定理论基础。

数学建模法:针对具体的可重组加工系统的问题,综合考虑各种可能的因素及选项,基于多源受限约束,建立相应的数学模型,给出模型的符号定义、参量标定以及具体的目标、约束表达式。

多目标优化法:为了权衡各方利益,需要采用多目标优化法,在综合平衡各方利益的基础上获得最优的系统重组方案。

元启发式算法:本篇研究的问题属于典型的组合优化问题,研究已表明至少是 NP 难问题,因此对于求解相应的大规模问题,需要采用高效的算法求解,确保在可接受的时间内快速获得近似最优的系统重组方案。

对比分析法:为了验证本篇所提的元启发式算法的运行效果,需要将其与现在已经发展得较为成熟的算法进行对比分析。

第2章 系统介绍与算法概述

2.1 可重组制造系统

2.1.1 系统概念与特点

随着产品供应市场的变化，制造企业从面向产品生产转为面向客户生产，市场交易从卖方市场逐渐转变为买方市场。产品的更新周期越来越短，生产速度逐渐加快，制造业的生产方式与生产能力不断面临着新的挑战。从刚性制造系统(Dedicated Manufacturing System, DMS)到柔性制造系统(Flexible Manufacturing Systems, FMS)，再到可重组制造系统(Reconfigurable Manufacturing System, RMS)，制造系统不断在进步与发展[41]，各系统介绍如下。

(1) 刚性制造系统

刚性制造系统主要是面向大批量、生产工艺相似的产品生产的制造系统，表现为生产产品的单一性。它具有在大量生产条件下降低产品的成本的优点，能显著地提高劳动生产效率，且产品质量稳定可靠。但该系统不能轻易变更，只能用于固定产品的大量生产，不适用个性化产品的制造。

(2) 柔性制造系统

柔性制造系统主要是面向多品种、中小批量的产品生产，能适应加工对象变换的自动化机械制造系统。柔性制造系统具有较高的设备使用率，较强的生产能力，较快的产品需求响应速度，稳定的产品质量，缺点为虽然该系统能满足多种产品的生产，但由于系统局限，能应对的产品多样性的范围较窄[42]。

(3) 可重组制造系统

可重组制造系统是一种为快速调整在一个产品族内的生产能力和生产功能以响应市场或客户需求的突然变化，而在初始就设计成的可快速改变结构与功能、硬件与软件构件的制造系统[43]。可重组制造系统在满足新产品的产品特征与需求方面具有灵活可变的优势，在产品质量与响应速度上具有稳定的优势，能有效地降低生产成本与提高企业竞争力。可重组制造系统的研究与使用结合了多门类学科，包含系统设计开发的初期、系统的配置与可靠性分析、系统的使用与故障分析等[44-45]。可重组制造系统的使用特点，概述如下[46]。

① 模块化

可重组制造系统的各类软硬件与功能都可以模块化。当产品种类、特征与需求发生变化，可重组制造系统可以通过替代、更新功能模块来适应新的场景，满足新的市场需求。系统模块化的特点，降低了可重组制造系统的整体维护成本与整体系统可得性。

② 集成化

可重组制造系统的生产能力，一方面体现为系统的模块化，另一方面体现在系统的集成化。系统的各个模块具有标准化的原则，在新的产品需求下，能够灵活且快速地完成模块的组合与系统的集成，在可重组系统中各模块可以充分独立运作，以避免模块间的相互影响，从系统层面来看，系统整体运行效益大于各模块的运行效益之和。

③ 个性化

可重组制造系统的生产柔性必须能快速响应客户的个性化需求。优秀的企业在满足客户需求的同时，不断努力超越着客户期望。当今社会产品生命周期缩短，产品更新换代速度加快，客户不断提出个性化的需求，对企业满足多变且不确定的环境的要求不断提高。可重组制造系统可以在一定程度上快速响应不同产品种类生产的需求。

④ 可诊断性

可重组制造系统在满足多品种产品的生产中，需要具备负荷检测与故障诊断与调试的能力，能够在生产计划不合理的情况下提前给出提示或自动调试，甚至中止系统的运行。在系统开发设计与配置分析阶段，充分考虑系统的可用性与生产能力，可以有效地提高系统的可靠性与产品的质量。

2.1.2 系统工作原理

可重组制造系统普遍应用于制造车间，本篇研究的对象是针对多品种产品变批量需求的多模块的可重组制造系统，多品种产品是为应对当前社会对产品的多品种小批量的需求的响应。本篇讨论的可重组制造系统由旋转台、转塔、工具轴与主轴组成。由于不同的产品之间加工需求各异，企业需要合理地配置制造系统的加工工具。

(1) 旋转台

旋转台相当于环形流水线。转台上共有 $|K|$ 个工位，每一个工位编号为 $k(k=1, 2, \cdots, |K|)$，图 1－2 展示了旋转台主视图，图 1－3 为旋转台俯视图与其加工状态的示意图，工件放置在旋转台上，经由相应的工位加工，旋转台每旋转一次，工件会从工位 $k(k \in [1, |K|-1])$ 转动到下一个工位 $(k+1)$，直到加工完成离开旋转台，图 1－3 配置了 8 个工位，即 $|K|=8$。

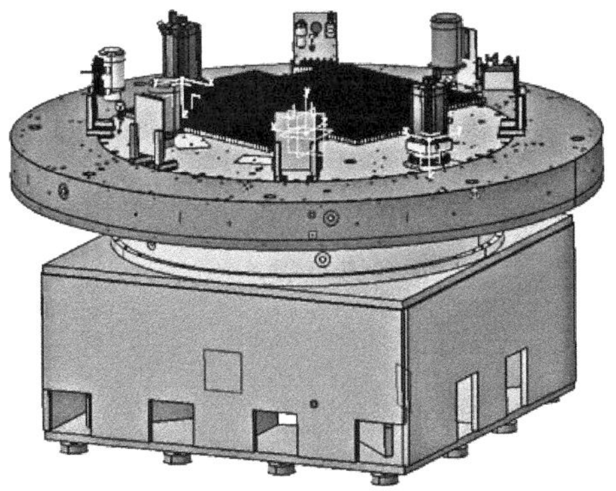

图 1－2　旋转台主视图

［来源：Battaïa 等(2017)］

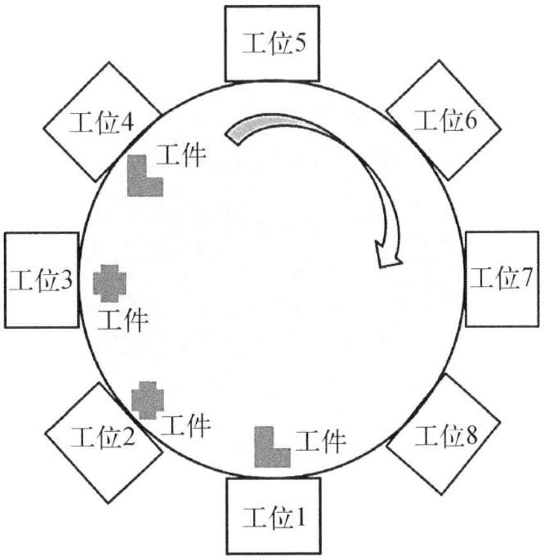

图 1－3　旋转台俯视图与其加工状态

(2) 转塔

安装在旋转台工位上，转塔上包含多个模块，可以配置多个工具轴，一个转塔最多有 L 个模块，每个模块编号为 $l(l=1, 2, \cdots, |L|)$，转塔有水平转塔与垂直转塔。如图 1－4 和 1－5 所示，为一个水平转塔，图 1－4 可以看出转塔上有 6 个模块可用，即 $|L|=6$，其中有 5 个模块配置了工具轴。图 1－5 展示了正在工作的转塔，依据工件操作需求，转塔通过转动相应的模块 $l(l \in L)$，使相应的工具轴在工位上完成操作。主轴表示可以直接安装在旋转台工位上的单一的工具轴，相当于该工位仅有一个模块 $l=1$。系统上工具是根据不同工件上的不同操作的要求配置的，为了避免多次重复启动或关闭系统与更换加工模块，需要同时考虑多种工件的加工需求，一次性装配好系统。

图 1-4　水平转塔的俯视图

[来源：Battaïa 等(2017)]

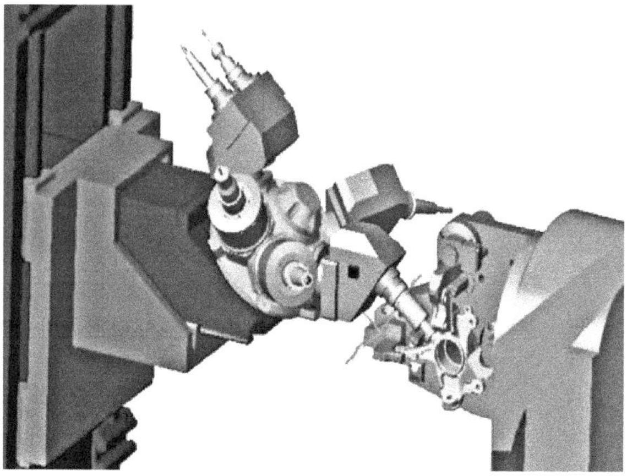

图 1-5　水平转塔的主视图与其加工状态

[来源：Battaïa 等(2017)]

2.1.3　工件特征

可重组制造系统是在多品种小批量的产品需求的基础上提出的，由于用户的需求不同，工件的种类与批量各不相同，每一种类的工件的编号为 $d(d=1, 2, \cdots, |D|)$，$|D|$ 表示工件总种类。每种工件的需求量不同 $O^d(d \in [1, |D|])$。图 1-6 至图 1-11 共展示了 6 种不同的工件，即 $|D|=6$。任一工件上有多个操作，操作集合记为 P，每一个操作的编号为 $p(p=1, 2, \cdots, |P|)$，图 1-6 展示了工件 1 上包含的 20 个操作，即 $|P|=20$。任一操作 p 都有两个基本属性：① 加工直径 $\lambda(p)$，即工件允许被加工的最长的直径。② 允许的加工的速度 $[\gamma_1(p), \gamma_2(p)]$，$\gamma_1(p)$ 表示最慢的加工速度，$\gamma_2(p)$ 表示最快的加工速度。基于这两个属性，任一操作的加工时间 $T_p = \lambda(p)/\gamma(p)+T_A$，$\gamma(p) \in [\gamma_1(p), \gamma_2(p)]$，$T_A$ 表示生产环节中产生的额外的时间。每一操作在进入加工环节时都有操作方向 j，N_j 表示不同方向的操作的集合，$j=1$ 表示垂直方向，$j=2$ 表示水平方向。如

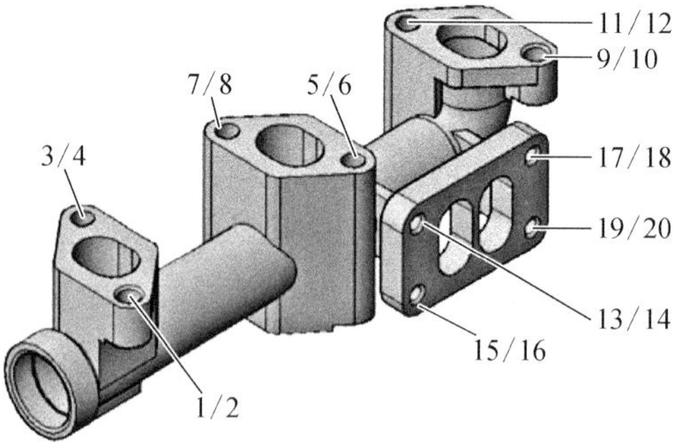

图 1-6　工件 1

[来源：Battaïa 等(2017)]

图 1-6 中的操作 $p=1, \cdots, 12$ 与操作 $q=13, \cdots, 20$ 属于不同的操作方向，图 1-9 至图 1-11 展示了其他不同种类的工件，包含了不同类型的操作。任一工件仅有一面的操作可以被垂直的主轴或转塔操作，其他操作面都可被水平主轴或转塔操作。

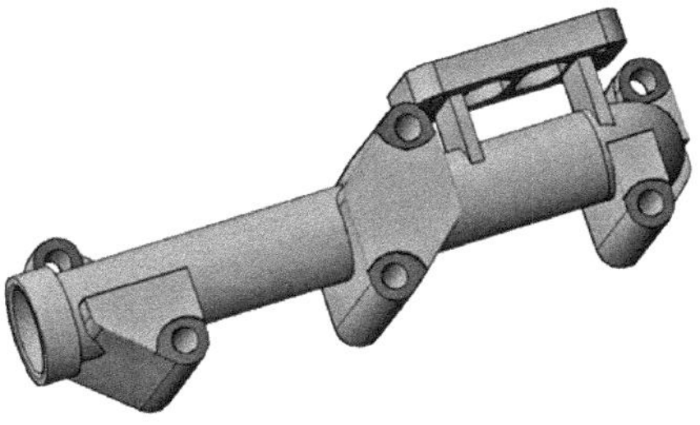

图 1-7　工件 2

［来源：Battaïa 等(2017)］

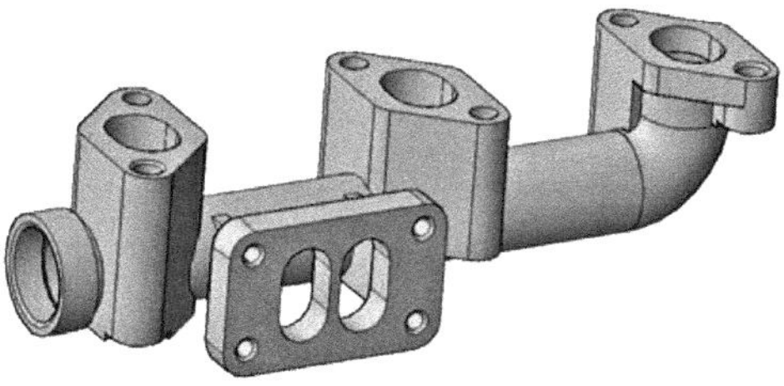

图 1-8　工件 3

［来源：Battaïa 等(2017)］

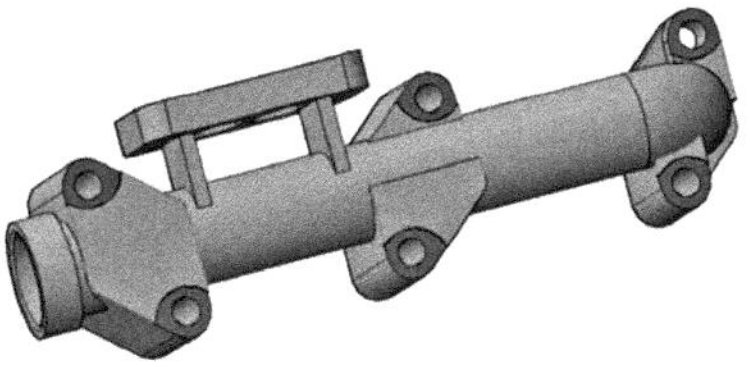

图 1-9　工件 4

［来源：Battaïa 等(2017)］

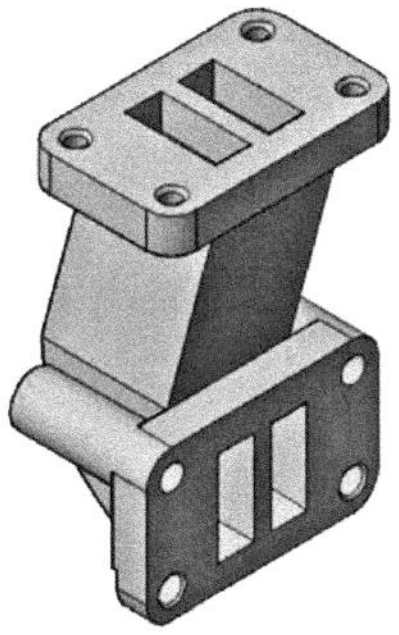

图 1-10　工件 5

［来源：Battaïa 等(2017)］

图 1-11　工件 6

［来源：Battaïa 等(2017)］

2.1.4　技术约束

可重组制造系统可以生产不同品种的工件，在系统进行重新配置的时候，除考虑工件上的操作有加工直径与加工速度范围的要求外，由于工件的特殊外形或者操作特殊要求，还需要遵守以下操作之间的技术约束。

(1) 方向约束

工件进入系统加工后，操作的执行方向已经确定，垂直的操作 $p(p \in N_j, j=1)$，只能由垂直的转塔或者主轴来加工，水平的操作 $p'(p' \in N_{j'}, j'=2)$，只能由水平的转塔或者主轴来加工。

(2) 优先约束

操作之间的加工顺序约束，有些操作必须等其他操作加工完成后才能开始。即 $(p, q) \in Pre$ 表示操作 p 必须在操作 q 前完成，其中 Pre 是优先操作约束的集合。如图 1-6 工件 1 的操作 $q=2$ 必须在操作 $p=1$ 完成后进行。

(3) 包含约束

有些操作必须在同一工位，同一转塔或同一模块下进行加工，即 $(p, q) \in SP$ [或者 $(p, q) \in SM$, $(p, q) \in ST$] 表示操作 p 与 q 必须在同一个工位(或同一模块或同一转塔)上加工，其中 SP, SM, ST 是包含约束的集合。

(4) 排除约束

有些操作不能在同一工位，同一转塔或同一模块下操作，例如，$(p, q) \in DP$ [或者 $(p, q) \in DM$, $(p, q) \in DT$] 表示操作 p 与 q 必须在不同工位(或不同模块或不同转塔)上加工，其中 DP, DM, DT 是排除约束的集合。

2.2 算法相关理论概述

在复杂多变的生产环境中，研究可重组制造系统寻求生产配置的最优方案时，除建立数学模型以外，为了更高效地寻求最优解，需要运用算法进行求解，算法大致分为精确算法、近似算法、人工智能算法、元启发式算法、基于仿真算法、组合调度算法等种类[47]。

2.2.1 精确算法

精确算法指可以求出最优解的算法，求解方法包括整数规划、动态规划、分支定界法、割平面法、枚举法及基于运筹学的算法等。以整数规划为例，首先建立基于问题描述的整数规划模型，再对数学模型进行精确求解。在求解小规模问题方面，精确算法具有简便实用的优点，能够在合适的时间内，寻找最优方案，求出问题的最优解，然而在处理实际复杂的问题或 NP 难问题时，精确算法的计算量和计算时间会呈指数化增长，求解效率较低。

2.2.2 近似算法

由于精确算法的应用范围十分有限，无法有效求解规模较大的实际问题，面对复杂的车间生产与重组问题，近似算法更为有效。近似算法主要有拉格朗日松弛算法、启发式图搜索算法与启发式规则算法等。在车间调度问题的研究上，以拉格朗日松弛算法为例，该算法具有对解进行定量分析的优点，即能够评估解的优劣性优点，求出问题的近优解。然而，该方法的求解效率较低，耗时较长。

2.2.3　人工智能算法

为了克服数学编程和仿真方法不能解决的现实调度问题的困难，提高调度系统的智能性，由此而出现了基于人工智能的算法（Artificial Intelligence，AI），可以有效地解决生产调度与系统重组复杂的问题。基于人工智能的方法主要包括基于模糊数学理论的方法、专家系统的方法、约束规划、免疫算法（Immune Algorithm，IA）及基于多代理的调度方法。

2.2.4　元启发式算法

元启发式算法结合了随机算法与局部搜索算法的工作原理，是一种源于经验、模拟自然的高效求解算法，该类算法能够通过一个问题的可行方案的任意迭代操作在合理的时间内寻找到局部甚至全部最优解。在生产调度与系统重组的研究中，元启发式算法能高效地寻求最优方案，因此受到研究学者们的青睐。研究中的元启发式算法包括遗传算法、模拟退火算法、蚁群算法、禁忌搜索算法、粒子群优化算法、人工蜂群算法等。

（1）遗传算法

遗传算法（Genetic Algorithm，GA）是 John Holland 等于 1975 年受生物进化论的启发而提出的一种崭新的全局优化算法，是一种模拟生物遗传进化的仿生算法。遗传算法在一定程度上突破了传统的基于符号处理机制的人工智能方法在知识表示、信息处理等方面所遇到的障碍。图 1－12 展示了遗传算法的基本流程，遗传算法主要包括三个基本操作：选择、交叉、突变，通过多次的遗传迭代寻找到更优的解决方案。与传统的优化方法相比，遗传算法在解决参数、变量与目标复杂的问题方面更具有优势。遗传算法的应用特点是通过种群内个体的相互影响，在保留优良群体的同时不断地淘汰劣质的个体，群体迭代的方式有效地避免了个体收敛于局部最优解，提高了求解的质量。

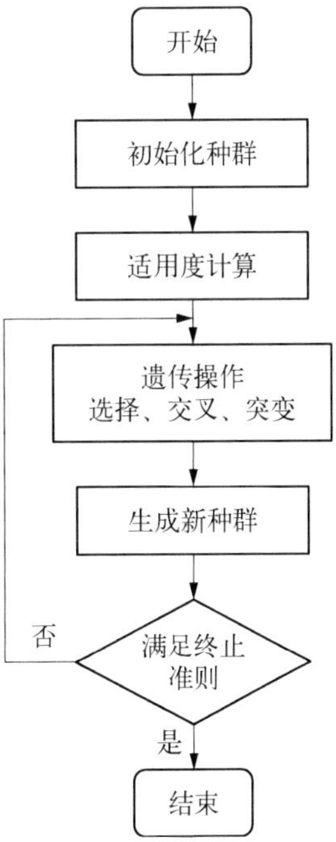

图 1－12　遗传算法基本流程图

该算法的自组织、自适应、自学习和群体进化能力使其在大规模复杂优化问题的求解中表现优异。不过,遗传算法也存在计算速度较慢,容易整体收敛于局部最优解的问题,遗传算法在车间调度与可重组制造系统的相关研究中应用广泛,研究中使用遗传算法经常与其他优化方法相结合,改善遗传算法的收敛方向,以提高求解效果[48-49]。

(2) 模拟退火算法

模拟退火算法(Simulated Annealing, SA)最早的思想是由 Metropolis 等于 1953 年提出的。模拟退火算法是模拟固体从加热到降温的过程中,固体内部粒子从高温下的无序状态变成低温下的有序状态的一种优化算法。图 1 - 13 展示了模拟退火算法基本流程,模拟退火算法的应用方式是,在一个很高的温度

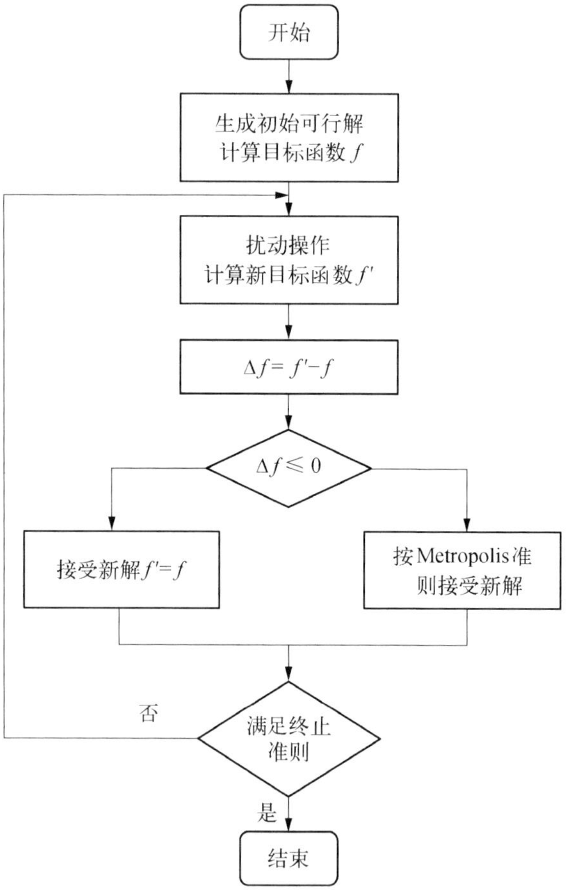

图 1 - 13　模拟退火算法基本流程图

下，模拟固体内部粒子在高温情况下的杂乱无序的状态，得到充分多的可行解，通过不断地降温与扰动操作，调节可行解中任意的解决方案信息，产生新的可行解，并按照 Metropolis 准则的概率机制保留扰动后的新解，最终在最低温度下输出算法最优解决方案。该算法的优点是善于跳出局部寻找全局最优解，求解质量较为稳定。然而该算法的求解时间较长，在较短的时间内寻找到全局最优解的难度较大。模拟退火算法常与遗传算法结合使用，可以弥补遗传算法收敛较快的缺点[50-52]。

（3）蚁群算法

蚁群算法（Ant Colony Optimization，ACO）是 Marco Dorigo 等于 2002 年在蚂蚁系统的基础上扩展与改进的新的优化方法，它是受蚂蚁觅食行为启发而开发的一种求解复杂离散问题的优化方法。图 1－14 展示了蚁群算法基本流程，蚁群算法常应用于组合优化问题，如旅行商问题（Traveling Salesman Problem，TSP）、车辆路由问题、指派问题、车间调度等相关的问题。该算法的优点是具有正反馈机制、分布式计算、较强的稳定性等特点，然而蚁群算法的初始信息匮乏，一般需要较长的时间进行全局搜索，所以蚁群算法的收敛速度比较慢，容易陷入局部最优解[53-54]。

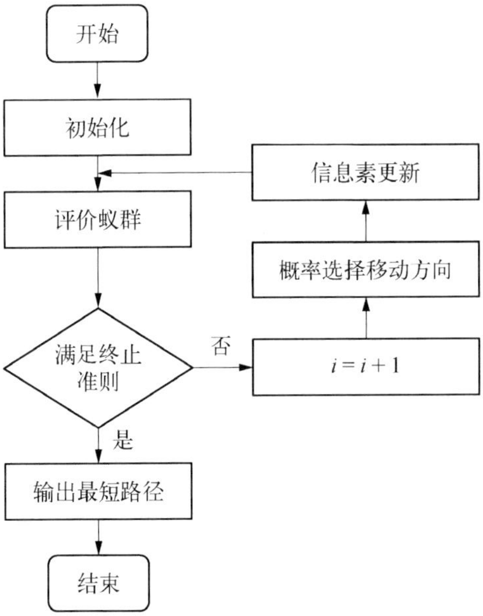

图 1－14　蚁群算法基本流程图

(4) 禁忌搜索算法

禁忌搜索算法(Taboo Search, TS)是一种通过使用自适用的记忆结构来引导局域搜索的算法,对变动的排序在其可行解的所有空间进行搜索。禁忌搜索算法由下降算法改进而来。下降算法在寻求最优解时,往往在寻找到局部最优时就会停止,禁忌搜索算法通过记忆的方法记录曾经出现的局部最优解,并尝试避免再次陷入局部最优解,而有效地寻找全局最优解。图 1-15 展示了禁忌搜索算法的基本流程,该算法的优点是具有搜索记忆的能力,节约搜索时间,能够有效地寻找全局最优解,然而该算法解的优劣程度较强地依赖算法的初始解与迭代次数[55-56]。

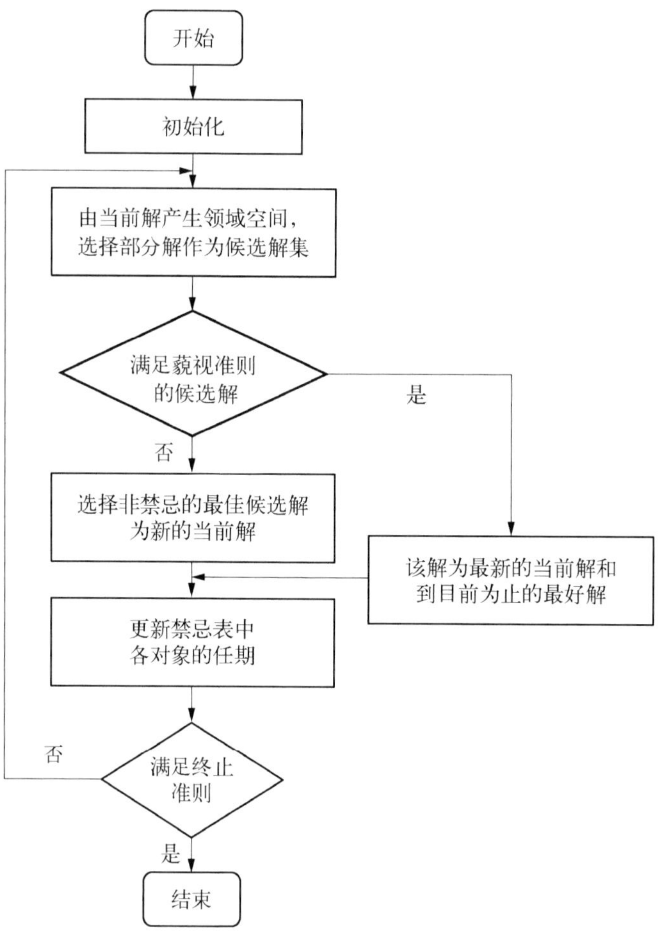

图 1-15　禁忌搜索算法基本流程图

2.3　本章小结

本章首先对可重组制造系统的概念与特点进行了描述,简述了系统的组成与工作原理、加工工件的特征与生产环节的技术约束。其次对生产调度与可重组制造系统中常用的求解的算法的相关理论进行了概述,包括精确算法、近似算法、人工智能算法与元启发式算法等。

第 3 章　可重组制造系统两阶段成本优化问题

本章讨论可重组制造系统的两阶段的成本优化问题，根据详细的问题描述与充分的问题假设，建立完善的数学模型。由于随着问题规模的扩大，约束条件复杂度不断提高，扩大了求解的难度，是典型的 NP 难问题。因此结合经典的遗传算法与模拟退火算法的扰动原理，提出了改进的混合算法，并通过大量的不同规模的算例实验对比分析了改进的混合算法与经典的遗传算法的计算效果。

3.1　问题描述与假设

3.1.1　问题描述

可重组制造系统研究可以分为两个阶段，系统配置阶段与生产制造阶段。由于系统灵活可变的特性，大多数的研究很容易关注到系统配置阶段的安装成本的优化。当然，系统配置是为满足生产制造需求，因此当前相关研究开始综合考虑系统的生产制造阶段的优化，包括生产阶段的能耗情况与生产时间等方面的优化。本节主要讨论安装成本与能源消耗成本的优化。

安装成本取决于一个可重组制造系统的各个组成部分，即旋转台、转塔、工具轴、主轴。能源消耗包含整个系统启动时的能源消耗，旋转台与转塔转动时的能源消耗，工件操作时产生的能源消耗。一般来说，系统启动能源消耗与该系统中旋转台、转塔、工具轴、主轴的数量有关，旋转台转动能源消耗与使用的工位和工件需求量有关，转塔转动能源消耗与该旋转台使用主轴的数量有关，操作能源消耗与工件的种类与需求量 O^d 有关。

假若，需要在总成本最小的目标下完成一批工件加工，则设有一台旋转台，旋转台上有 m_0 个工位可以配置，每个转塔上有 l_0 个模块可以配置。需要完成 $|D|$ 种工件加工，各种工件的需求量为 $O^d(d \in [1, |D|])$，每个工件上的操作 p 有相应的操作方向为 j。每一操作的加工直径为 $\lambda(p)$，允许的加工速度为

$\gamma(p) \in [\gamma_1(p), \gamma_2(p)]$。

3.1.2　问题假设

可重组制造系统的配置与工件加工过程需要满足以下假设。

(1) 系统与工件的无须准备时间，系统零时刻开始就可以开始正常工作，无故障情况。

(2) 一个工位在同一时刻只能进行加工一个工件的一个操作。

(3) 每一工件开始加工后，操作方向不能再更改，直到加工完成工件才会离开机器。

(4) 一个工件或一个操作一旦在机器上加工或开始便不能中断，直到工件加工完成离开系统。

(5) 加工顺序的约束仅在同一工件的不同操作之间产生，不同工件之间没有加工顺序约束。

(6) 操作之间是非独立的，受方向约束、优先约束、包含约束、排除约束的限制。

(7) 系统故障率控制在极小的范围，机器一旦启动就不再关闭。

(8) 系统在加工时的能源消耗和工件种类无关，系统空闲时也会产生能耗。

(9) 旋转台上的加工位与转塔上的模块必须按顺序配置，一个位置配置之后，前面的位置不能为空。

3.2　数学模型建立与分析

3.2.1　参数定义

(1) 指数定义

d：表示工件种类编号，$d=1, 2, \cdots, |D|$；

j：表示操作方向编号，$j=1$ 表示垂直方向，$j=2$ 表示水平操作；

k：表示旋转台工位编号，$k=1, 2, \cdots, |K|$；

l：表示加工模块编号，$l=1, 2, \cdots, |L|$；

p，q：表示操作编号，$p, q=1, 2, \cdots, |P|$。

(2) 参数定义

D：表示工件种类集合，$|D|$ 表示工件的种类总数；

J：表示全部工件操作方向集合；

K：表示全部旋转台工位集合，$|K|$表示配置的旋转台工位总数；
L：表示全部操作模块集合，$|L|$表示配置的总数；
N^d：表示工件 d 的全部操作集合；
N_j：表示方向 j 的全部操作集合；
p：表示全部操作集合，$|P|$表示全部操作总数；
C_1：表示单位工位成本；
C_2：表示单位转塔成本；
C_3：表示单位模块或者单位工具轴成本；
C_4：表示单位主轴成本；
C_5：表示垂直主轴的额外成本；
C_6：表示单位能源消耗成本；
M：表示一个充分大的整数；
O^d：表示工件 d 的需求量；
P^A：表示额外能源消耗量；
P_G：表示转塔单位转动能源消耗量；
P_{MS}：表示转塔上单位工具轴的启动能源消耗量；
P_{MT}：表示转塔上单位模块的启动能源消耗量；
P_O：表示单位操作能源消耗量；
P_R：表示旋转台单位转动的能源消耗量；
P_T：表示单位转塔的启动能源消耗量；
T_A：表示生产产生的额外时间；
T_G：表示转塔的转动时间；
T_{MS}：表示转塔上单位工具轴的启动时间；
T_{MT}：表示转塔上单位模块的启动时间；
T_R：表示旋转台的转动时间；
T_T：表示单位转塔的启动时间；
T_p：表示操作 p 的最小的必要加工时间；
T_{pq}：表示在同一工位上操作 p 与操作 q 的最小的必要加工时间；
T_o：表示完成全部工件的总时间。
（3）决策变量定义
t_{kjl}^d：表示操作方向为 j 的第 d 种工件在模块 l 与工位 k 的加工时间。
$\widetilde{t}_k$：表示第 d 种工件在工位 k 的执行时间。

x_{pkjl}：当操作 p 在模块 l 与工位 k 上加工时，操作方向为 j（$j=1$ 当 $p\in N_1$，$j=2$ 当 $p\in N_2$）时，则 $x_{pkjl}=1$；反之，则 $x_{pkjl}=0$。

y_{kjl}^{d}：当工件 d 上至少有一个操作在模块 l 与工位 k 上执行时，操作方向为 j，则 $y_{kjl}^{d}=1$；反之，则 $y_{kjl}^{d}=0$。

$\hat{y}_{kjl}$：当在模块 l 与工位 k 上有操作方向为 j 的操作执行时，则 $\hat{y}_{kjl}=1$；反之，则 $\hat{y}_{kjl}=0$。

$\widetilde{y}_{kj}^{d}$：当工件 d 上至少有一个操作工位 k 上执行时，操作方向为 j，则 $\widetilde{y}_{kj}^{d}=1$；反之，则 $\widetilde{y}_{kj}^{d}=0$。

$\dot{y}_{kj}$：当至少有一个操作工位 k 上执行，操作方向为 j 时，则 $\dot{y}_{kj}=1$；反之，则 $\dot{y}_{kj}=0$。

$\breve{y}_1$：当至少一个操作在垂直主轴或者转塔上执行时，则 $\breve{y}_1=1$；反之，则 $\breve{y}_1=0$。

$y_{1\min}$：当公共垂直主轴或转塔操作的第一个工位时，则 $y_{1\min}=k$；反之，当 $N_1=\varnothing$ 时，$y_{1\min}=0$。

$y_{1\max}$：当公共垂直主轴或转塔操作的最后一个工位时，则 $y_{1\max}=k$；反之，当 $N_1=\varnothing$ 时，$y_{1\max}=0$。

z_k：当至少有一个操作工位 k 上执行时，则 $z_k=1$；反之，则 $z_k=0$。

ξ_1：表示启动时的总能源消耗。

ξ_2：表示旋转台转动的总能源消耗。

ξ_3：表示转塔转动的总能源消耗。

ξ_4：表示操作加工时的总能源消耗。

$\hat{\xi}$：表示综合能源消耗。

α：表示系统的安装成本（系统配置阶段）。

β：表示能源消耗成本（生产制造阶段）。

θ：表示转动总周期（生产制造阶段）。

3.2.2　目标函数与约束条件

依据问题描述与假设条件，建立数学模型如下：

目标函数：

$$\min f_1=\alpha+\beta \tag{3.1}$$

混合整数规划模型，等式(3.1)表示目标函数总成本最小化。成本由两部分组成：α 表示系统配置阶段的安装成本，β 表示生产制造阶段的能耗成本。

$$\alpha = C_1 \cdot \sum_{k=1}^{|K|} z_k + C_4 \cdot \sum_{k=1}^{|K|} \hat{y}_{k21} + (C_2 + 2 \cdot C_3 - C_4) \cdot \sum_{k=1}^{|K|} \sum_{j=1}^{|J|} \hat{y}_{kj2} + C_3 \cdot \sum_{k=1}^{|K|} \sum_{j=1}^{|J|} \sum_{l=3}^{|L|} \hat{y}_{kjl} + C_4 \cdot \breve{y}_1 + C_5 \cdot (y_{1\max} - y_{1\min}) \tag{3.2}$$

等式(3.2)展示了系统配置阶段的安装成本。其中 $C_1 \cdot \sum_{k=1}^{|K|} z_k$ 表示转台使用了 $|K|$ 个工位的成本，$C_4 \cdot \sum_{k=1}^{|K|} \hat{y}_{k21}$ 表示工位上安装了独立的水平方向的主轴的成本，$(C_2 + 2 \cdot C_3 - C_4) \cdot \sum_{k=1}^{|K|} \sum_{j=1}^{|J|} \hat{y}_{kj2}$ 表示工位上安装了转塔的成本，$C_3 \cdot \sum_{k=1}^{|K|} \sum_{j=1}^{|J|} \sum_{l=3}^{|L|} \hat{y}_{kjl}$ 表示转塔上安装的模块成本，$C_4 \cdot \breve{y}_1$ 表示安装独立的垂直主轴的成本，$C_5 \cdot (y_{1\max} - y_{1\min})$ 表示独立的垂直主轴在工位间移动的成本。

$$\beta = C_6 \cdot \hat{\xi} \tag{3.3}$$

$$\hat{\xi} = \sum_{i=1}^{4} \xi_i + P_A \tag{3.4}$$

等式(3.3)表示生产制造阶段的能耗成本，等式(3.4)展示了综合能耗量 $\hat{\xi}$ 由四部分组成，其中包含等式(3.5)—(3.8)的系统启动时的能源消耗，旋转台转动时的能源消耗，转塔转动时的能源消耗，全部操作加工时产生的能源消耗，P_A 表示在生产过程中产生的额外能源消耗。

$$\xi_1 = P_{MS} \cdot T_{MS} \cdot \sum_{k=1}^{|K|} \sum_{j=1}^{|J|} \hat{y}_{k21} + (P_T \cdot T_T + 2 \cdot P_{MT} \cdot T_{MT} - P_{MS} \cdot T_{MS}) \cdot \sum_{k=1}^{|K|} \sum_{j=1}^{|J|} \hat{y}_{kj2} + P_{MT} \cdot T_{MT} \cdot \sum_{k=1}^{|K|} \sum_{j=1}^{|J|} \sum_{l=3}^{|L|} \hat{y}_{kjl} + P_{MS} \cdot T_{MS} \cdot \breve{y}_1 + P_A \cdot (y_{1\max} - y_{1\min}) \tag{3.5}$$

等式(3.5)表示机器启动时的能源消耗。其中第一部分 $P_{MS} \cdot T_{MS} \cdot \sum_{k=1}^{|K|} \sum_{j=1}^{|J|} \hat{y}_{k21}$ 表示当工位上安装了独立的水平方向的主轴的启动能源消耗，第二部分 $(P_T \cdot T_T + 2 \cdot P_{MT} \cdot T_{MT} - P_{MS} \cdot T_{MS}) \cdot \sum_{k=1}^{|K|} \sum_{j=1}^{|J|} \hat{y}_{kj2}$ 表示工位上安装了转塔的启动能源消耗，第三部分 $P_{MT} \cdot T_{MT} \cdot \sum_{k=1}^{|K|} \sum_{j=1}^{|J|} \sum_{l=3}^{|L|} \hat{y}_{kjl}$ 表示转塔上安装的模块

的启动能源消耗，第四部分 $P_{MS} \cdot T_{MS} \cdot \breve{y}_1 + P_A \cdot (y_{1\max} - y_{1\min})$ 表示安装独立的垂直主轴的启动能源消耗。

$$\xi_2 = P_R \cdot T_R \cdot \sum_{d=1}^{|D|} O^d \cdot \sum_{k=2}^{|K|} z_k \tag{3.6}$$

等式(3.6)表示旋转台转动的能源消耗。

$$\xi_3 = P_G \cdot T_G \cdot \sum_{d=1}^{|D|} \sum_{k=1}^{|K|} \sum_{j=1}^{|J|} \sum_{l=2}^{|L|} O^d \cdot y_{kjl}^d \tag{3.7}$$

等式(3.7)表示转塔转动的能源消耗。

$$\xi_4 = P_O \cdot \sum_{d=1}^{|D|} \sum_{p=1}^{|P|} \sum_{k=1}^{|K|} \sum_{j=1}^{|J|} \sum_{l=1}^{|L|} O^d \cdot x_{pkjl} \cdot T_p \tag{3.8}$$

$$T_p = \lambda(p) / \gamma_2(p) + T_A,\ \forall p \in N^d \tag{3.9}$$

等式(3.8)—(3.9)表示全部操作的能源消耗，其中 T_p 表示操作 p 的最少必要加工时间，该时间与工件直径与允许的加工速率有关。

约束条件：

$$\sum_{k=1}^{|K|} \sum_{j=1}^{|J|} \sum_{l=1}^{|L|} x_{pkjl} = 1,\ \forall p \in N^d,\ \forall d \in D \tag{3.10}$$

等式(3.10)表示任一工件类型 d 上的操作 p 都必须配置在一个机器模块上进行加工，且有确定的操作方向 j。

$$y_{kjl}^d \leqslant \sum_{p \in N^d} x_{pkjl},\ \forall k \in K,\ \forall j \in J,\ \forall l \in L,\ \forall d \in D \tag{3.11}$$

$$\sum_{p \in N^d} x_{pkjl} \leqslant M \cdot y_{kjl}^d,\ \forall k \in K,\ \forall j \in J,\ \forall l \in L,\ \forall d \in D \tag{3.12}$$

不等式(3.11)—(3.12)表示 x_{pkjl} 与 y_{kjl}^d 的关系。当 $y_{kjl}^d = 1$ 时，表示至少有一个操作 p 操作方向为 j 配置在工位 k 的模块 l 上，则 $\sum_{p \in N^d} x_{pkjl} \geqslant 1$；反之，$y_{kjl}^d = \sum_{p \in N^d} x_{pkjl} = 0$。

$$\hat{y}_{kjl} \leqslant \sum_{d=1}^{|D|} y_{kjl}^d,\ \forall k \in K,\ \forall j \in J,\ \forall l \in L \tag{3.13}$$

$$\sum_{d=1}^{|D|} y_{kjl}^d \leqslant M \cdot \hat{y}_{kjl},\ \forall k \in K,\ \forall j \in J,\ \forall l \in L \tag{3.14}$$

不等式(3.13)—(3.14)表示 y_{kjl}^{d} 与 $\hat{y}_{kjl}$ 的关系，当 $\hat{y}_{kjl}=1$ 时，表示至少一种类型的工件 d 方向为 j 配置在工位 k 的模块 l 上，则 $\sum_{d=1}^{|D|} y_{kjl}^{d} \geqslant 1$；反之，$\hat{y}_{kjl}=\sum_{d=1}^{|D|} y_{kjl}^{d}=0$。

$$\widetilde{y}_{kj}^{d} \leqslant \sum_{l=1}^{|L|} y_{kjl}^{d},\ \forall k \in K,\ \forall j \in J,\ \forall d \in D \tag{3.15}$$

$$\sum_{l=1}^{|L|} y_{kjl}^{d} \leqslant M \cdot \widetilde{y}_{kj}^{d},\ \forall k \in K,\ \forall j \in J,\ \forall d \in D \tag{3.16}$$

$$\dot{y}_{kj} \leqslant \sum_{l=1}^{|L|} \hat{y}_{kjl},\ \forall k \in K,\ \forall j \in J \tag{3.17}$$

$$\sum_{l=1}^{|L|} \hat{y}_{kjl} \leqslant M \cdot \dot{y}_{kj},\ \forall k \in K,\ \forall j \in J \tag{3.18}$$

$$z_{k} \leqslant \sum_{j=1}^{|J|} \dot{y}_{kj},\ \forall k \in K \tag{3.19}$$

$$\sum_{j=1}^{|J|} \dot{y}_{kj} \leqslant M \cdot z_{k},\ \forall k \in K \tag{3.20}$$

不等式(3.15)—(3.20)表示 y_{kjl}^{d}，$\hat{y}_{kjl}$，$\widetilde{y}_{kj}^{d}$，$\dot{y}_{kj}$，z_{k} 的关系，如 $z_{k}=1$ 表示至少有一个的特定方向的操作在 k 位置加工。

$$z_{k-1} \geqslant z_{k},\ \forall k \in K,\ k \neq 1 \tag{3.21}$$

$$\hat{y}_{kjl-1} \geqslant \hat{y}_{kjl},\ \forall k \in K,\ \forall j \in J,\ \forall l \in L,\ l \neq 1 \tag{3.22}$$

不等式(3.21)—(3.22)表示所有的工位与模块必须按顺序使用，如在第 k 个使用的工位前不能有空工位，在第 l 个工位前不能有空模块。

$$\hat{y}_{k12} + \hat{y}_{k21} \leqslant 1,\ \forall k \in K \tag{3.23}$$

$$\hat{y}_{k22} + \hat{y}_{k11} \leqslant 1,\ \forall k \in K \tag{3.24}$$

不等式(3.23)中 $\hat{y}_{k12}$ 表示工位 k 上安装了垂直转塔，$\hat{y}_{k21}$ 表示工位 k 上安装水平工具轴，该不等式表示垂直的转塔不能配置水平主轴或执行水平的操作。不等式(3.24)表示水平的转塔不能配置垂直主轴或者执行垂直的操作。

$$\sum_{k=1}^{|K|} \sum_{l=1}^{|L|} ((k-1) \cdot |L| + 1) \cdot x_{pkjl} \leqslant \sum_{k=1}^{|K|} \sum_{l=1}^{|L|} ((k-1) \cdot |L| + l - 1) \cdot x_{qkjl},$$
$$\forall (p,q) \in N_{j},\ \forall j \in J,\ \forall (p,q) \in \mathrm{Pre} \tag{3.25}$$

$$\sum_{k=1}^{|K|}\sum_{l=1}^{|L|} k \cdot x_{pkjl} \leqslant \sum_{k=1}^{|K|}\sum_{l=1}^{|L|}(k-1)\cdot x_{qkjl},$$
$$\forall p \in N_j,\ \forall q \in N_{3-j},\ \forall j \in J,\ \forall (p, q) \in \mathrm{Pre} \tag{3.26}$$

不等式(3.25)—(3.26)表示操作间的优先约束，表示操作 p 必须在操作 q 之前完成。

$$x_{pkjl} + x_{qkjl} \leqslant 1,\ \forall (p, q) \in DM,\ \forall k \in K,\ \forall j \in J,\ \forall l \in L \tag{3.27}$$

不等式(3.27)表示操作间的排除约束，表示操作 p 与操作 q 不能在同一模块上加工。

$$\sum_{l=1}^{|L|} x_{pkjl} + \sum_{l=1}^{|L|} x_{qkjl} \leqslant 1,\ \forall (p, q) \in DP,\ \forall k \in K,\ \forall j \in J \tag{3.28}$$

不等式(3.28)表示操作间的排除约束，表示操作 p 与操作 q 不能在同一工位上加工。

$$\sum_{l=1}^{|L|} x_{pkjl} + \sum_{l=1}^{|L|} x_{qkjl} + \hat{y}_{kj2} \leqslant 2,\ \forall (p, q) \in DT,\ \forall k \in K,\ \forall j \in J \tag{3.29}$$

不等式(3.29)表示操作间的排除约束，表示操作 p 与操作 q 不能在同一转塔上加工。

$$\sum_{l=1}^{|L|} x_{pkjl} = \sum_{l=1}^{|L|} x_{qkjl},\ \forall (p, q) \in SP,\ \forall k \in K,\ \forall j \in J \tag{3.30}$$

不等式(3.30)表示操作间的包含约束，表示操作 p 与操作 q 必须在同一工位上加工。

$$x_{pkjl} = x_{qkjl},\ \forall (p, q) \in SM,\ \forall k \in K,\ \forall j \in J,\ \forall l \in L \tag{3.31}$$

不等式(3.31)表示操作间的包含约束，表示操作 p 与操作 q 必须在同一模块上加工。

$$y_{1\max} \geqslant k \cdot \hat{y}_{k11},\ \forall k \in K,\ N_1 \neq \varnothing \tag{3.32}$$

$$(|K| + 1 - k)\cdot \hat{y}_{k11} + y_{1\min} \leqslant |K| + 1,\ \forall k \in K,\ N_1 \neq \varnothing \tag{3.33}$$

不等式(3.32)—(3.33)表示配置独立的垂直主轴；$y_{1\min}$，$y_{1\max}$ 表示该垂直主轴所经过的第一个位置与最后一个位置。

$$\hat{y}_{kjl}=0,\ \forall k\in K,\ \forall l\in L,\ l\neq 1 \tag{3.34}$$

等式(3.34)表示如果系统上未配置垂直主轴。

$$t_{kjl}^{d}\geqslant T_{p}\cdot x_{pkjl},\ \forall p\in N^{d},\ \forall d\in D,\ \forall k\in K,\ \forall l\in L \tag{3.35}$$

$$t_{kjl}^{d}\leqslant M\cdot x_{pkjl},\ \forall p\in N^{d},\ \forall d\in D,\ \forall k\in K,\ \forall l\in L \tag{3.36}$$

$$t_{kjl}^{d}\geqslant T_{pq}\cdot(x_{pkjl}+x_{qkjl}-1),\ (p,\ q)\in N^{d}\cap N_{j},\ \forall d\in D,\ \forall k\in K,\ \forall l\in L \tag{3.37}$$

不等式(3.35)—(3.37)表示操作方向为 j 的工件 d 在工位 k 模块 l 上的加工时间的约束。T_{pq} 表示工件 d 上的任意操作在同一工位 k 或同一模块 l 上的最大最小加工时间,即该工位与模块的操作加工所需的必要时间。其中 $T_{pq}=\max[\lambda(p),\ \lambda(q)]/\min[\gamma_{2}(p),\ \gamma_{2}(q)]+T_{A},\ \forall(p,\ q)\in N^{d}\cap N_{j}$。

$$\tilde{t}_{k}^{d}\geqslant\sum_{l=1}^{|L|}t_{kjl}^{d}+2\cdot T_{G}\cdot\hat{y}_{kj2}+T_{G}\cdot\sum_{l=3}^{|L|}\hat{y}_{kjl}+|L|\cdot T_{G}\cdot(\tilde{y}_{kj}^{d}-1),\ \forall k\in K,\ \forall j\in J,\ \forall d\in D \tag{3.38}$$

不等式(3.38)表示工件 d 在工位 k 上的加工时间的约束。当有一个转塔安装在 k 工位,则 $\tilde{t}_{k}^{d}\geqslant\sum_{l=1}^{|L|}t_{kjl}^{d}+(|L|-1)\cdot T_{G},\ \forall k\in K,\ \forall j\in J,\ \forall d\in D$。当垂直主轴安装在位置 k,则 $\tilde{t}_{k}^{d}\geqslant t_{kjl}^{d},\ \forall k\in K,\ \forall j\in J,\ \forall d\in D$,反之 $\tilde{t}_{k}^{d}=0,\ \forall k\in K,\ \forall d\in D$。

$$x_{pkjl}\in\{0,\ 1\},\ \forall p\in P,\ \forall k\in K,\ \forall j\in J,\ \forall l\in L \tag{3.39}$$

$$y_{kjl}^{d},\ \hat{y}_{kjl},\ \tilde{y}_{kj}^{d},\ \dot{y}_{kj},\ \breve{y}_{1}\in\{0,\ 1\},\ \forall k\in K,\ \forall j\in J,\ \forall l\in L,\ \forall d\in D \tag{3.40}$$

$$z_{k}\in\{0,\ 1\},\ \forall k\in K \tag{3.41}$$

$$y_{1\min},\ y_{1\max}\in\{0,\ 1,\ \cdots,\ |K|\} \tag{3.42}$$

$$t_{kjl}^{d},\ \tilde{t}_{k}^{d},\ \xi_{1},\ \xi_{2},\ \xi_{3},\ \xi_{4},\ \hat{\xi},\ \alpha,\ \beta,\ \theta\geqslant 0,\ \forall k\in K,\ \forall j\in J,\ \forall l\in L,\ \forall d\in D \tag{3.43}$$

式(3.39)—(3.43)表示决策变量的应用范围。

3.3 算法的应用与优化

根据前两节的问题描述与模型的建立,需要同时考虑系统的配置与工件加工时的能耗优化，使可重组制造系统的问题更加复杂化，扩大了求解的难度，同时随着生产规模的增大，约束条件与问题的复杂度会成指数规模增加，是典型的NP难问题。因此，在大规模实验操作时，将采用改进的元启发式方法在保证解的质量的同时，提高求解的效率。本节首先运用遗传算法，又结合模拟退火算法扰动原理生成了改进的混合算法。

3.3.1　遗传算法

遗传算法是一种通过模拟达尔文生物进化论，通过模拟遗传操作与自然选择优胜劣汰的过程来寻找最优解的启发式算法，遗传算法的鲁棒性好，通用性与计算能力强[57-59]。在遗传算法中，种群代表该问题可行解集，一条染色体代表一个解的个体，表示一个可行解。父代种群一般指初始种群，子代种群表示前一代种群通过交叉或突变等遗传操作生成的新的种群。遗传操作包含三类运算：选择、交叉与突变。选择操作表示从种群中选择优胜的个体进入遗传操作，评价优质与劣质的指标一般有适应度比较法、随机遍历抽样法、局部选择法等。交叉操作表示选择种群中的两个父代个体，通过交换带有解的信息的基因，产生新的解。突变操作表示通过基因突变的方式，改变个体解的情况，突变算子一般通过对突变的个体随机选择突变位置进行突变，或者通过一定的突变概率判断对全部个体进行突变，根据自然遗传进化的一般规律，交叉概率会远大于突变概率。遗传算法在可重组制造系统优化研究中已经被证实能有效地求解。

遗传算法相关参数：

Pop：父代种群；

Off：子代种群；

P_c：交叉概率；

P_m：突变概率；

N：种群规模；

G：最大迭代次数；

g：迭代次数。

可重组制造系统的优化研究的遗传算法基本操作步骤与表 1-2 遗传算法伪代码如下：

步骤 1：设置算法参数，G，N，P_c，P_m，令 $g=0$。

步骤 2：初始化，生成种群规模为 N 的初始种群 Pop，个体携带的求解信息包括系统的工位、转塔、模块、主轴的使用情况。

步骤 3：个体评价——计算种群 Pop 个体的适用度。

步骤 4：交叉操作——依据交叉概率 P_c 进行交叉操作。将种群内的个体两两配对，随机选择交叉的基因，如操作所在工位或转塔或模块或主轴等信息。

步骤 5：突变操作——依据突变概率 P_m 进行突变操作。随机选择任一个体的突变基因，改变其信息，如更改操作所在工位或转塔或模块或主轴等信息。

步骤 6：生成子代种群 Off，令新的子代种群代替父代种群，令 $g=g+1$。

步骤 7：终止条件判断，若 $g<G$，返回步骤 4；反之，输出算法最优解。

表 1-2　遗传算法伪代码

算法 1　GA 伪代码

```
输入：父代种群(Pop)，算法参数(G, N, Pc, Pm)
输出：算法最优解
g=0;
Off(1) = Pop
若 g ≤ G 时，开始循环：
    令 i 从 1 到 N，步长为 1，执行：
        评估个体 Off(i)适用度
    令 i 从 1 到 N/2，步长为 1，执行：
        个体 Off(i)间的交叉操作
    令 i 从 1 到 N，步长为 1，执行：
        个体 Off(i)进行突变操作
    令 i 从 1 到 N，步长为 1，执行：
        Off(i+1)=Off(i)
    g=g+1，返回循环
结束循环
```

在遗传算法迭代操作前需要生成初始种群 Pop，即按照一定的方式生成由多个可行解个体组成的种群，考虑到问题的复杂度，操作之间有优先约束、包含约束、排除约束，不同的操作之间的操作方向（垂直/水平）各不相同。本问题是一个典型的 NP 难问题，在生成初始可行解的方面需要充分考虑可行解的规模与多样性，以避免遗传迭代操作时快速收敛于局部最优解，而不能有效找出全局最优解。因此为了获得充足初始可行解，本篇提出了有效的生成初始可行解的方法。该方法采用贪心策略，在许多问题中，贪心策略一般不会产生最优解，但贪心策略可能在合理的时间内产生大量的可行解或某局部最优解。

初始种群相关参数：

$current\_set$：表示未分配的操作集合。

$current\_p$：表示从 $current\_set$ 中随机挑选的操作。

pre_set：表示优先操作的集合。

pre_p：表示从 pre_set 中随机挑选的操作。

生成初始解的基本操作步骤与表 1-3 生成初始可行解的伪代码如下：

步骤 1：输入问题参数，$current\_set=\{1, \cdots, P\}$，$pre\_set=\varnothing$，$i=0$。

步骤 2：从当前未分配操作集合 $current\_set$ 随机选择操作 $current\_p$。

步骤 3：评估操作 $current\_p$ 的优先约束，生成 pre_set。

步骤 4：如果 $pre\_set=\varnothing$，则进行步骤 5。反之，从集合 pre_set 随机选择操作 pre_p，令 pre_p 代替 $current\_p$（即 $current\_p=pre\_p$），并返回步骤 3。

步骤 5：为 $current\_p$ 选择最优的加工工位与模块，从 $current\_set$ 删除 $current\_p$（$current\_set=current\_set\_current\_p$）。

步骤 6：如果 $current\_set \neq \varnothing$，返回步骤 2。反之，进入步骤 7。

步骤 7：输出初始解，令 $i=i+1$。

步骤 8：当 $i \leqslant N$，返回步骤 1。反之，输出父代种群（Pop）。

表 1-3　初始化种群伪代码

算法 2　GA 初始化种群伪代码

```
输入：问题相关参数
输出：父代种群(Pop)
若 i ≤ N 时，开始循环 1：
    current_set = {1, …, P}, pre_set = ∅, i = 0
    若 current_set ≠ ∅ 时，开始循环 2：
        current_p = 从集合 current_set 中随机选择一个操作
        生成 pre_set
        如果 pre_set ≠ ∅ 时，执行：
            pre_p = 0 从集合 pre_set 中随机选择一个操作
            current_p = pre_p
        为操作 current_p 选择最优的加工工位与模块，返回循环 2
    结束循环 2
    current_set = current_set_current_p，返回循环 1
结束循环 1
```

3.3.2 混合算法

遗传算法在车间调度或可重组制造系统的应用上收到良好的效果，但存在较快收敛于局部最优解的问题。为了增强种群个体的广泛性与多样性，将遗传算法与模拟退火算法的扰动机制结合生成改进的混合算法[60-65]。

（1）模拟退火算法

模拟退火算法已经广泛应用于各种最优问题计算，它能在给定的模型空间内搜索目标函数达到全局极小值[66]。刘燚[67]认为，经典的模拟退火算法即Kirkpatrick 等提出的 Mctropolis 算法，其相关参数与基本步骤如下：

模拟退火算法相关参数：

$T_{\max}$：表示初始温度即最高温度。

$T_{\min}$：表示终止温度即最低温度。

T_{temp}：表示降温后的当前温度。

ρ：表示降温系数。

$iter$：表示每个温度下的扰动的迭代次数。

步骤 1：设置算法参数，$T_{\max}$，$T_{\min}$，ρ，$iter$，令 $T_{temp}=T_{\max}$。

步骤 2：初始化，生成规模为 N 的初始可行解集，任一可行解携带的解的信息包括系统的工位、转塔、模块、主轴的使用情况，全部个体方案的目标函数 $f(i)$。

步骤 3：扰动操作——随机选择一个个体改变其原本方案，如更改操作所在工位或转塔或模块或主轴等信息，产生新个体；每一温度下，扰动 $iter$ 次。

步骤 4：计算全部新个体的目标函数值 $f(i+1)$，得到 $\Delta f = f(i+1)-f(i)$。

步骤 5：若 $\Delta f<0$，则接受新方案；若 $\Delta f>0$，则按概率 $P=\exp(-\Delta f/T_{temp})$ 接受新方案。令 $T_{temp}=\rho\cdot T_{temp}$。

步骤 6：终止条件判断，若 $T_{temp}<T_{\min}$，返回步骤 5；反之，输出算法最优解。

（2）改进混合算法

原有的遗传算法的选择、交叉、突变三个遗传操作，进一步结合模拟退火算法的扰动操作原理，改进的混合算法的操作步骤与图 1－16 的流程图如下：

步骤 1：设置算法参数，$g=0$，G，P_c，P_m，$T_{\max}$，$T_{\min}$，$iter$，ρ，$T_{temp}=T_{\max}$。

步骤 2：初始化，生成种群规模为 N 的初始种群 Pop，个体携带的解的信息包括系统的工位、转塔、模块、主轴的使用情况。

步骤 3：个体评价——计算种群 Pop 个体的适用度。

步骤 4：依据步骤 3 的适应度进行选择操作，主要依据个体适应度的好坏进行选择，适应度小的个体被选择的概率也比较小。

步骤 5：交叉操作——依据交叉概率 P_c 进行交叉操作。将种群内的个体两两配对，随机选择交叉的基因，如操作所在工位或转塔或模块或主轴等信息。

步骤 6：突变操作——依据突变概率 P_m 进行突变操作。随机选择任一个体的突变基因，改变其信息，如更改操作所在工位或转塔或模块或主轴等信息。产生新个体。

步骤 7：扰动操作——对经过遗传操作的种群，在染色体解的领域内产生新的个体扰动解，每一温度下，扰动 $iter$ 次。计算全部新个体的目标函数值 $f(i+1)$，得到 $\Delta f = f(i+1) - f(i)$。若 $\Delta f < 0$，则接受新方案；若 $\Delta f > 0$，则按概率 $P = \exp(-\Delta f / T_{temp})$ 接受新方案。

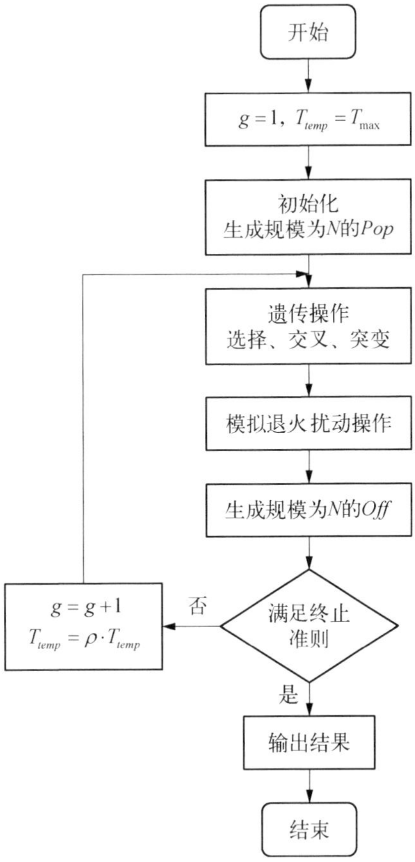

图 1－16　改进混合算法流程图

步骤 8：生成子代种群 Off，令新的子代种群代替父代种群，令 $g = g + 1$，$T_{temp} = \rho \cdot T_{temp}$。

步骤 9：终止条件判断，若 $g < G$ 且 $T_{temp} < T_{\min}$，返回步骤 5；反之，输出算法最优解。

3.4　算例验证与分析

本节将运用实验来对比分析改进的混合算法与遗传算法和数学模型的求解效果，本篇实验的算法编辑运用 Matlab 2014b，PC 机运行环境 CPU 处理器为 1.6 GHz Intel Core(TM)和内存 8 GB RAM。

3.4.1 算法参数设置

启发式算法的性能部分取决于算法中使用的参数，因此在进行实验之前，作者对遗传算法与混合算法所涉及的参数进行了多次调整测试。首先针对遗传算法，考虑了以下 4 个参数，进行了 36 种参数组合，分别取值如下：$N=\{30, 50\}$，$G=\{50, 100\}$，$P_c=\{0.5, 0.7, 0.9\}$，$P_m=\{0.1, 0.3, 0.5\}$。在调参实验中，设置算例问题相关参数 $|D|=2$，$|P|=4$，每一操作的详细参数、优先约束、包含约束与排除约束将随机生成。其他参数设置为 $C_1=10$ RMB，$C_2=5$ RMB，$C_3=2$ RMB，$C_4=4$ RMB，$C_5=2$ RMB，$C_6=2$ RMB/kW，$T_{MS}=T_{MT}=T_T=0.01$ min，$T_A=T_G=T_R=0.1$ min，$P_{MS}=P_{MT}=P_T=4$ kW，$P_R=P_G=2$ kW，$P_O=1$ kW/min，$P_A=5$ kW，$O^1=O^2=1$。运用单目标值的距离指标 $I_D(f, g)=f-g$，$(I_D \geqslant 0)$ 来判断不同参数组合的运行效果，其中 f 表示相应算法求得的最优解，g 表示由数学模型求得的精确解，且 I_D 值越小，表示算法在相应的参数下求解的效果越优。考虑到算法获得结果具有随机性，因此针对每一种参数组合，进行了 10 次独立实验，并依据距离指标计算出 10 次实验的平均值。计算结果如表 1-4 所示，选择距离指标 $\bar{I}_D$ 平均值最小的参数组合，则遗传算法的最优参数设置为：$\{N=30, G=50, P_c=0.9, P_m=0.1\}$。

表 1-4　遗传算法参数调整的计算结果

$\{N, G, P_c, P_m\}$	$\bar{I}_D$	$\{N, G, P_c, P_m\}$	$\bar{I}_D$
{30, 50, 0.5, 0.1}	0.222	{30, 100, 0.7, 0.1}	0.209
{30, 50, 0.5, 0.3}	0.210	{30, 100, 0.7, 0.3}	0.193
{30, 50, 0.5, 0.5}	0.167	{30, 100, 0.7, 0.5}	0.176
{30, 50, 0.7, 0.1}	0.135	{30, 100, 0.9, 0.1}	0.137
{30, 50, 0.7, 0.3}	0.123	{30, 100, 0.9, 0.3}	0.120
{30, 50, 0.7, 0.5}	0.125	{30, 100, 0.9, 0.5}	0.115
{30, 50, 0.9, 0.1}	**0.098**	{50, 50, 0.5, 0.1}	0.186
{30, 50, 0.9, 0.3}	0.206	{50, 50, 0.5, 0.3}	0.203
{30, 50, 0.9, 0.5}	0.111	{50, 50, 0.5, 0.5}	0.198
{30, 100, 0.5, 0.1}	0.217	{50, 50, 0.7, 0.1}	0.122
{30, 100, 0.5, 0.3}	0.219	{50, 50, 0.7, 0.3}	0.121
{30, 100, 0.5, 0.5}	0.206	{50, 50, 0.7, 0.5}	0.118

续　表

$\{N, G, P_c, P_m\}$	$\bar{I}_D$	$\{N, G, P_c, P_m\}$	$\bar{I}_D$
{50, 50, 0.9, 0.1}	0.122	{50, 100, 0.7, 0.1}	0.193
{50, 50, 0.9, 0.3}	0.203	{50, 100, 0.7, 0.3}	0.131
{50, 50, 0.9, 0.5}	0.123	{50, 100, 0.7, 0.5}	0.113
{50, 100, 0.5, 0.1}	0.136	{50, 100, 0.9, 0.1}	0.112
{50, 100, 0.5, 0.3}	0.131	{50, 100, 0.9, 0.3}	0.119
{50, 100, 0.5, 0.5}	0.129	{50, 100, 0.9, 0.5}	0.114

注：字体加粗表示对应参数组合为最优参数组合。

其次针对混合算法进行调参实验，将已计算的最优的遗传算法参数运用到混合算法当中。除此之外，作者考虑了其余 4 个算法参数，进行了 16 种参数组合，分别取值如下：$T_{\max}=\{100, 150\}$，$T_{\min}=\{10, 50\}$，$iter=\{10, 20\}$，$\rho=\{0.8, 0.9\}$。结果如表 1-5 所示，选择 $\bar{I}_D$ 值最小的参数组合，则混合算法中的其他参数设置为：$\{T_{\max}=100, T_{\min}=50, iter=10, \rho=0.9\}$。

表 1-5　混合算法参数调整的计算结果

$\{T_{\max}, T_{\min}, iter, \rho\}$	$\bar{I}_D$	$\{T_{\max}, T_{\min}, iter, \rho\}$	$\bar{I}_D$
{100, 10, 10, 0.8}	0.124	{150, 10, 10, 0.8}	0.195
{100, 10, 10, 0.9}	0.179	{150, 10, 10, 0.9}	0.176
{100, 10, 20, 0.8}	0.135	{150, 10, 20, 0.8}	0.164
{100, 10, 20, 0.9}	0.142	{150, 10, 20, 0.9}	0.170
{100, 50, 10, 0.8}	0.132	{150, 50, 10, 0.8}	0.174
{100, 50, 10, 0.9}	**0.106**	{150, 50, 10, 0.9}	0.109
{100, 50, 20, 0.8}	0.110	{150, 50, 20, 0.8}	0.172
{100, 50, 20, 0.9}	0.109	{150, 50, 20, 0.9}	0.176

注：字体加粗表示对应参数组合为最优参数组合。

3.4.2　计算结果与性能分析

首先问题的相关参数设置如下：$C_1=10$ RMB，$C_2=5$ RMB，$C_3=2$ RMB，$C_4=4$ RMB，$C_5=2$ RMB，$C_6=2$ RMB/kW，$T_{MS}=T_{MT}=T_T=0.01$ min，$T_A=$

$T_G = T_R = 0.1$ min，$P_{MS} = P_{MT} = P_T = 4$ kW，$P_R = P_G = 2$ kW，$P_A = 5$ kW，$P_O = 2$ kW/min，$O^d = 1$。

随着问题规模扩大，数学模型的求解效率会降低。因此首先在工件种类规模为 $|D|=1$，$|D|=2$ 下运用数学模型、遗传算法与改进的混合算法进行实验比较分析，计算结果如表 1-6 所示。在小规模情况下，两种算法在求解目标函数时都能与数学模型求得一致的最优解，遗传算法与改进的混合算法的求解速度明显优于模型的求解速度。在数学模型求解中随着问题规模扩大，求解时间越来越长，由此判断，在现实复杂的生产制造环境下，数学模型的求解时间会呈指数级增加，无法为企业及时地提供有效的解决方案。综合情况来看，遗传算法与混合算法都能够有效地求解可重组制造系统两阶段的成本优化问题，具有求解质量高与求解速度快的优点。

表 1-6　数学模型、遗传算法与混合算法计算结果

实验	操作	数学模型		遗传算法		混合算法	
		f_1, RMB	Time, s	f_1, RMB	Time, s	f_1, RMB	Time, s
1_1	20	124	1 089	124	10	124	13
1_2	20	187	970	187	11	187	17
1_3	30	197	1 853	197	9	197	18
1_4	30	215	1 875	215	10	215	14
1_5	40	217	6 987	217	12	217	18
1_6	40	223	7 446	223	18	223	20
均值		**194**	3 370	**194**	**12**	**194**	17
2_1	40	217	8 422	217	15	217	20
2_2	40	214	10 674	214	21	214	18
2_3	50	228	16 758	228	22	228	26
2_4	50	235	17 844	235	25	235	25
2_5	60	248	24 690	248	26	248	30
2_6	60	253	28 770	253	26	253	28
均值		**233**	17 860	**233**	**23**	**233**	25

注：字体加粗表示对应指标的最优均值。

增加工件种类规模 $|D|=4$，$|D|=6$，$|D|=8$，$|D|=10$ 下，进一步分析两种算法的运算效果。表 1-7 所列的是两种算法在四种不同规模下的计算结果。

表 1-7　混合算法与遗传算法计算结果

实验	操作	混合算法		遗传算法	
		f_1，RMB	Time，s	f_1，RMB	Time，s
4_1	60	244	97	244	109
4_2	60	236	89	236	94
4_3	70	254	139	254	125
4_4	70	257	94	273	87
4_5	80	285	107	302	85
4_6	80	283	144	296	136
均值		**217**	112	268	**106**
6_1	80	283	208	294	244
6_2	80	306	167	324	202
6_3	90	325	211	325	252
6_4	90	339	236	339	240
6_5	100	362	242	392	279
6_6	100	359	276	359	280
均值		**329**	**223**	339	250
8_1	100	368	276	368	306
8_2	100	347	277	387	364
8_3	110	403	345	449	397
8_4	110	424	351	457	384
8_5	120	467	387	495	457
8_6	120	463	456	514	473
均值		**412**	**349**	445	397
10_1	120	496	463	515	484
10_2	120	532	480	567	501
10_3	130	587	593	597	587
10_4	130	563	620	606	643
10_5	140	632	659	675	709
10_6	140	698	674	737	755
均值		**585**	**582**	616	613

注：字体加粗表示对应指标的最优均值。

纵向比较两种算法的运算效果，① 随着工件规模的增加，两种算法的求解时间逐渐增加，如从 $|D|=4$ 到 $|D|=10$ 的实验中，混合算法运行时间的均值从 112 s 逐步增长到 582 s，遗传算法从 106 s 逐步增长到 613 s。② 在同一工件种类下，随着操作规模的增加，两种算法的求解时间逐渐增加，以 $|D|=10$ 为例，操作个数从 $|P|=120$ 到 $|P|=140$ 的变化过程中，混合算法的操作时间从 463 s 延长到 674 s，遗传算法从 484 s 延长到 755 s。

横向比较两种算法的运行效果，表中字体加粗表示对应指标的最优均值，① 从求解时间来看，在 $|D|=4$ 的情况下，混合算法的求解时间的均值长于遗传算法，但差距较小。随着问题规模的扩大，混合算法的求解时间逐渐优于遗传算法。② 从目标函数的求解结果来看，混合算法的解的质量一直优于遗传算法的解。

通过比较算法的求解效果可知，混合算法的求解效果优于遗传算法。下面我们详细地探讨混合算法求得的装配方案，以表 1－7 中的实验 6_1 为例，工件种类 $|D|=6$，操作个数 $|P|=80$，该实验详细的操作参数见附录表 A1— A6。已知混合算法的目标函数与运行时间都优于遗传算法的计算结果。由表 1－7 可知该配置方案的总成本为 283.06 RMB。表 1－8 所列的是该实验根据混合算法得出的系统配置方案，由该方案可得，需要配置 $|K|=4$ 个工位，工位 1 与工位 4 分别配置了一个两模块的垂直转塔与一个垂直主轴，工位 2 与工位 4 分别配置了两模块及四模块的水平转塔。在生产制造环节，以工件 1 为例，工件 1 的相关操作经历了工位 1 的两个垂直模块，工位 2 的两个水平模块，工位 3 的水平模块 1，工位 4 的垂直主轴，最后完成操作离开系统。

表 1－8　实验 6_1 的混合算法配置方案

k	j	l	d	p	$\lambda(p)$, mm	$\gamma(p)$, mm/min	T_p, min
1	1	1	1	13 15 17 19	29	83.6	0.35
1	1	1	3	43 45 47 49	29	83.6	0.35
1	1	1	5	69 71 73 75	24	83.6	0.29
1	1	2	1	14 16 18 20	9	83.6	0.11
1	1	2	2	25 26 27 28 29 30	7	83.6	0.08
1	1	2	3	44 46 48 50	9	83.6	0.11
1	1	2	4	55 56 57 58 59 60	7	83.6	0.08

续 表

k	j	l	d	p	$\lambda(p)$, mm	$\gamma(p)$, mm/min	T_p, min
1	1	2	5	70 72 74 76	9	83.6	0.11
1	1	2	6	79 80	5	83.6	0.06
2	2	1	1	1 3 5 7 9 11	107	62.9	1.70
2	2	1	3	31 33 35 37 39 41	103	62.9	1.64
2	2	1	5	61 63	34	62.9	0.54
2	2	2	1	2 4 6 8 10 12	105	86.5	1.21
2	2	2	3	32 34 36 38 40 42	90	86.5	1.04
3	2	1	2	21	35	81.3	0.43
3	2	1	4	51	35	81.3	0.43
3	2	1	5	65 67	72	81.3	0.89
3	2	2	2	22	19	197.1	0.10
3	2	2	4	52	19	197.1	0.10
3	2	3	2	23	19	161.6	0.12
3	2	3	4	53	19	161.6	0.12
3	2	3	5	62	22	161.6	0.14
3	2	4	2	24	18	91	0.20
3	2	4	4	54	18	91	0.20
3	2	4	5	64 66 68	70	91	0.77
4	1	1	6	77 78	5	83.6	0.06

3.5 本章小结

本章主要研究可重组制造系统成本优化的问题，综合考虑了系统配置阶段的安装成本与产品加工阶段的能源消耗成本的最小化。根据问题的复杂度，综合遗传算法与模拟退火算法的运算原理，生成了改进的混合算法，两种算法优势互补，弥补了单一算法的缺点。通过大量数值实验，分析了不同规模情况下两类算法的计算结果可得，在小规模实验中，当 $|D|=1$，$|D|=2$ 时，混合算法与遗传算法都能快速地求出精确解；随着问题规模的提升，当 $|D|=4$，$|D|=6$，$|D|=8$，$|D|=10$ 时，混合算法的求解时间与求解质量均由于遗传算法，能够及时地为企业提供解决方案。

第 4 章　可重组制造系统的多目标优化问题

车间生产需要解决的主要实际问题，除了成本优化，就是时间优化。本章以最小化旋转台转动周期为优化目标进行讨论，讨论的成果如果付诸实施，将具有提高生产效率，加快产品响应速度的重要意义。本章运用 ε 约束法对多目标的数学模型进行求解，为提高求解效率，进一步运用了经典的非支配排序遗传算法（NSGA－Ⅱ）和改进的多目标模拟退火算法进行求解。本章最后通过大量不同规模的算例实验对比分析了两种算法的计算效果[68]。

4.1　问题描述与假设

本章的问题描述与假设在第 3 章 3.1 节的前提下需要进一步说明：旋转台在全部工位上的全部操作都加工完成后才能转动一次。以最大转动周期最小化为优化目标，一批待加工的工件，工件 d 从一个工位 k 加工完，并等待其他工位上的工件 d' 加工完成，旋转台同时转动，工件 d 到达下一个工位 $k+1$ 继续加工。如果某工位上的操作时间较长，会影响整体的加工时间，因此最大转动周期最小化可以更加高效地完成工件的生产加工。

4.2　数学模型建立与分析

本节建立一个双目标问题，目标函数 1 为第 3 章讨论的成本最小化 $\min f_1=\alpha+\beta$。同时，考虑到可重组制造系统环形生产线的生产特点，目标函数 2 为最小化旋转台转动周期，如等式(4.1)：

$$\min f_2=\theta \tag{4.1}$$

在满足第 3 章 3.3 节约束条件(3.10)—(3.43)的同时，需要满足以下约束条件：

$$\theta \geqslant \tilde{t}_k^d,\ \forall k \in K,\ \forall d \in D \tag{4.2}$$

不等式(4.2)表示工件 d 在工位 k 加工完成的必要时间。

$$\theta \cdot \sum_{d=1}^{|D|} O^d \leqslant T_o \tag{4.3}$$

不等式(4.3)表示当有交货时间的要求时，全部零件的完成时间不得超过 T_o。

4.3 多目标算法的应用与优化

本节介绍求解多目标问题的方法，求多目标优化问题的帕累托前沿解的 ε 约束法，与求非支配前沿解的启发式算法，非支配排序遗传算法 NSGA-Ⅱ与双目标模拟退火算法 MOSA。

4.3.1 ε 约束法

首先介绍求模型解的 ε 约束法，由于多目标优化问题不同于单目标问题，多目标问题无法找到一个同时满足所有的目标函数最优的解，因此对于多目标问题，我们一般寻找一组帕累托最优解(记为 F)。帕累托最优解，又称帕累托前沿解或精确解，表示在不能提高其他目标函数值的情况下获得某一目标函数更优的状态[69]，在没有相关偏好的情况下，帕累托最优解集里的每一个解都是同样优的状态。

在学术研究中，ε 约束法是经典的求多目标函数帕累托前沿解集的方法[70]。ε 约束法是选取其中的一个目标函数作为单目标函数求解，其他的目标函数作为约束条件，依次求出每一目标函数的解作为一组帕累托最优解。该方法主要解决的有约束条件的单目标问题[70-71]。假设一个多目标的问题如下。

原问题：

$$\min f_i(x),\ i=1,\ 2,\ \cdots,\ I$$
$$x \in X$$

选择其中的一个目标函数作为单目标函数：

$$\min f = f_i(x),\ i \in \{1,\ 2,\ \cdots,\ I\}$$

其他的作为约束条件为：

$$f_j(x) \leqslant \varepsilon^*,\ \forall j \in \{1, 2, \cdots, I\},\ j \neq i$$

以一个双目标问题为例介绍 ε 约束法的使用方法：

$$f_1^I = \min f_1(x)$$

$$f_2^I = \min f_2(x)$$

$$f_1^N = \min\{f_1(x) \mid f_2(x) = f_2^I\}$$

$$f_2^N = \min\{f_2(x) \mid f_1(x) = f_1^I\}$$

表 1－9 描述了 ε 约束法的伪代码情况：

表 1－9　ε 约束法的伪代码

```
算法 3  ε 约束法伪代码
1. 计算两个相应的单目标问题,生成两个点(f1^I, f2^N),(f1^N, f2^I)
2. 生成理想点(f1^I, f2^I),非理想点(f1^N, f2^N)
3. 生成一个解集[f1^I, f2^N],设置 ε = f2^N − Δ(Δ = 0.1 针对该问题)
4. 若 ε ≥ f2^I 时,开始循环:
5.     1) 求解该 ε 约束问题,为单目标问题 f1(x)添加约束条件 f2(x) ≤ ε,生成新的最
          优解(f1^*, f2^*),存入解集 F
6.     2) 设置 ε = ε − Δ,返回循环
7. 结束循环
8. 移除解集 F 内所有被支配的点,输出一组帕累托最优解 F
```

运用第 2 章图 1－6 的工件 1 作为实验案例来进一步验证 ε 约束法求解该研究问题的有效性。整个求解过程采用 CPLEX 处理器 12.6。设工件 1 的需求量 $O^1=1$，共含操作 $|P|=20$ 个，全部操作详细的参数值见表 1－10。表 1－11 所示为优先操作约束，表 1－12 所示为排除约束，表 1－13 所示为包含约束[来源：Battaïa 等(2017)]。其他问题参数分别是 $C_1=10$ RMB，$C_2=5$ RMB，$C_3=2$ RMB，$C_4=4$ RMB，$C_5=2$ RMB，$C_6=2$ RMB/kW，$T_{MS}=T_{MT}=T_T=0.01$ min，$T_A=T_G=T_R=0.1$ min，$P_{MS}=P_{MT}=P_T=4$ kW，$P_R=P_G=2$ kW，$P_O=1$ kW/min，$P_A=5$ kW[来源：Afrin 等(2016)]。

表 1-10　工件 1 操作参数

p	j	$\lambda(p)$，mm	$\gamma_1(p)$，mm/min	$\gamma_2(p)$，mm/min	p	j	$\lambda(p)$，mm	$\gamma_1(p)$，mm/min	$\gamma_2(p)$，mm/min
1	1	47	39.2	62.9	11	1	91	22.8	81.3
2	1	34	27.2	248	12	1	89	44	86.5
3	1	47	39.2	62.9	13	2	29	24.6	83.6
4	1	34	27.2	248	14	2	9	28.3	106.3
5	1	107	22.8	81.3	15	2	29	24.6	83.6
6	1	105	44	86.5	16	2	9	28.3	106.3
7	1	107	22.8	81.3	17	2	29	24.6	83.6
8	1	105	44	86.5	18	2	9	28.3	106.3
9	1	107	22.8	81.3	19	2	29	24.6	83.6
10	1	105	44	86.5	20	2	9	28.3	106.3

表 1-11　工件 1 的优先操作约束

p	优先操作 p	p	优先操作 p
2 4	1 3	12	9 11
6 8	5 7 9	14 16 18 20	13 15 17 19
10	5 7 9	—	—

表 1-12　工件 1 的不同模块操作约束

p	排除约束 p	p	排除约束 p
2	1	14	1—13
4	3	15	1—12
6	5	16	1—12 15
8	7	17	1—12
10	9	18	1—12 17
12	11	19	1—12
13	1—12	20	1—12 19

表 1-13 工件 1 的相同模块操作约束

p	包含约束 p	p	包含约束 p
1	3	6	8 10
5	7 9	13	15 17 19

最终的计算结果见表 1-14,表中全部的解作为一组帕累托最优解。本实验将成本最小化 min f_1 作为目标函数,转动时间 $f_2(x) \leqslant \varepsilon$ 作为约束条件,从成本最优到时间最优得到一组帕累托最优解,在无偏好的情况下所有的解是同优水平的。当偏向成本最优时,最优解为 $(f_1^I, f_2^N)=(193.850\ 2, 8.2)$;当偏向转动时间最优时,最优解为 $(f_1^N, f_2^I)=(249.380\ 2, 2.6)$。最理想的情况下,成本与时间都为最小值的最优解为 $(f_1^I, f_2^I)=(193.850\ 2, 2.6)$,另非理想解为 $(f_1^N, f_2^N)=(249.380\ 2, 8.2)$。

表 1-14 工件 1 的运用 ε 约束法的计算结果

f_1, RMB	f_2, min	f_1, RMB	f_2, min	f_1, RMB	f_2, min
193.850 2	8.2	218.860 2	3.7	241.865 2	2.8
195.355 2	6.9	224.370 2	3.6	243.870 2	2.7
204.350 2	6.8	229.360 2	3.4	249.380 2	2.6
206.355 2	4.7	231.365 2	3.0	—	—
216.855 2	4.2	236.875 2	2.9	—	—

然而,随着问题规模的增大,ε 约束法的运行时间也会增加。因此,该方法无法高效地解决实际生产中的大规模问题,为了解决这个问题,本篇提出了两个高效启发式算法。

4.3.2 非支配排序遗传算法

首先采用经典的非支配排序遗传算法,该算法在可重组制造系统的研究中已经被证实求解效果较好。NSGA-Ⅱ最早由 Deb 教授等(2002)在 NSGA 的基础上提出,主要是基于经典遗传算法(GA)与降低 NSGA 复杂度的方法来解决多目标优化问题的快速非支配排序算法[72]。该算法在多目标寻找帕累托最优解的解的广泛性方面具有良好的效果。在传统的非支配排序遗传算法基础上，NSGA-Ⅱ具有三个方面的改进：提出了快速非支配排序算法，引进了精英策略，采用了拥挤度和拥挤度比较算子[73-74]。

本研究使用的 NSGA-Ⅱ基本流程描述如下，同时 NSGA-Ⅱ的基本流程见图 1-17：

步骤 1：设置算法参数，G，N，P_c，P_m，令 $g=0$。

步骤 2：初始化，生成种群规模为 N 的初始种群 Pop，个体携带的解的信息包括系统的工位、转塔、模块、主轴的使用情况。

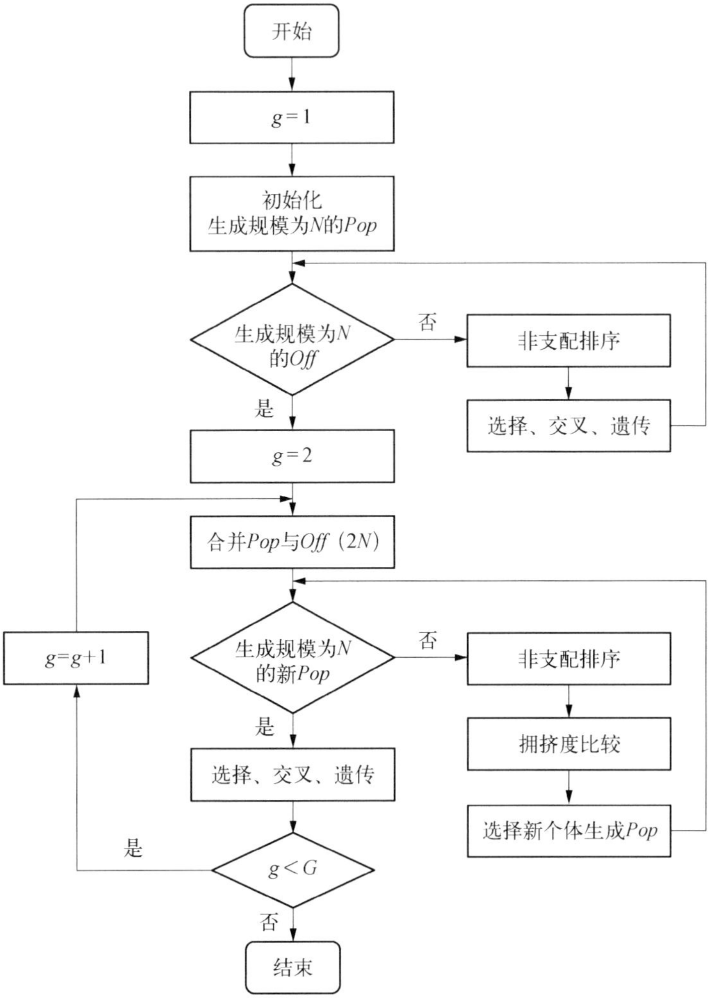

图 1-17 非支配排序遗传算法基本流程

步骤 3：非支配排序。对父代种群进行非支配排序，划分出非支配前沿解。

步骤 4：遗传操作。通过选择、交叉与突变生成子代种群（Off）。

步骤 5：父代种群（Pop）与子代种群（Off）结合成规模为 $2N$ 的种群 T_p，$T_p = Pop \cup Off$。

步骤 6：非支配排序。对种群 T_p 进行非支配排序，排名前 N 的个体组成最新的种群（Off）。

步骤 7：最新种群替代父代种群，若 $g < G$，返回步骤 4；反之，进入步骤 8。

步骤 8：输出非支配最优解。

NSGA-Ⅱ与经典的遗传算法一样，交叉与突变操作是其重要的遗传操作，依据本篇研究内容的特点，提出更有效的交叉与突变方案。

(1) 交叉方案

步骤 1：设置 $i = 1$。

步骤 2：将规模为 N 的父代种群（Pop）划分为 $N/2$ 组，每组包含两条染色体。

步骤 3：交叉操作。选择第 i 组相同操作方向为 j 的操作 p 与操作 q 进行交叉操作。

步骤 4：替换两个操作的执行方案，更新两条染色体信息，生成新的子代种群（Off）。

步骤 5：更新 $i = i + 1$，若 $i \leqslant N/2$，则返回步骤 3。反之，输出子代种群（Off）。

(2) 突变方案

步骤 1：设置 $i = 1$。依据不同的操作方向 j 分配操作集合 N_j，依据不同的工件 d 分配操作集合 N_d。

步骤 2：突变操作。选择突变基因，从父代染色体中选一条染色体，选择工件 d 中操作 p，操作方向为 j。

步骤 3：随机生成新的操作方向 j'，$j' \in \{1, 2\}$。若 $j' = j$，则进入步骤 4；反之，进入步骤 5。

步骤 4：随机更新操作 p 的操作方案，进入步骤 7。

步骤 5：在 $N_j \cap N^d$ 与 $N_{j'} \cap N^d$ 中替换与更新操作的执行方向，进入步骤 6。

步骤 6：随机更新工件 d 的操作方案，进入步骤 7。

步骤 7：更新子代种群的新染色体操作信息。

步骤 8：更新 $i = i + 1$。若 $i \leqslant N$，则返回步骤 2。反之，输出子代种群（Off）。

4.3.3　多目标模拟退火算法

为了有效解决实际规模的问题，基于模拟退火算法（SA）的原理[75-76]，本节进一步开发一个多目标模拟退火算法（MOSA）。模拟退火算法是受启发于冶金退火原理，利用退火过程寻找最优解。Bandyopadhyay 等提出了一种存档多目标模拟退火（Archived Multi-Objective Simulated Annealing，AMOSA）算法，它结合存档的概念来寻找多目标问题的帕累托前沿解集[77]。在存档集合 Archive 中存储着当前温度 T_{temp} 下的非支配解决方案。AMOSA 的扰动机制是从存档集合 Archive 中随机选择一个点 $current\_pt$，并根据给定的扰动规则生成一个新的点 new_pt。基于原点 $current\_pt$ 和新点 new_pt 之间的支配地位，下面介绍了三种情况：

情况 1：$current\_pt$ 支配 new_pt。

情况 2：$current\_pt$ 与 new_pt 无互相支配关系。

情况 3：new_pt 支配 $current\_pt$。

本研究改进了 AMOSA 的扰动原理，① 从存档集合 Archive 中随机选择一个点，以加速收敛过程；② 选择存档集合 Archive 中拥挤度最小的点，以扩展解决方案。算法 MOSA 的初始方案与 GA 的初始方案一样，算法 MOSA 的扰动方案与 NSGA-Ⅱ的突变方案一致。其中算法 MOSA 主要参数情况：① $\rho \in (0, 1)$ 表示退火速率；② T_{max} 表示最大（初始）温度；③ T_{min} 表示最小（结束）温度；④ $iter$ 是每个温度下的扰动的迭代次数；⑤ $prob \in (0, 1)$ 表示接受新方案的概率。算法 MOSA 的基本步骤如下：

步骤 1：设置算法参数，T_{max}，T_{min}，ρ，$iter$，令 $T_{temp} = T_{max}$。

步骤 2：初始化，生成规模为 N 的初始可行解集，包括系统的工位、转塔、模块、主轴的使用情况。

步骤 3：评估初始可行解，生成非支配解集存储进存档集合 Archive 中。

步骤 4：扰动操作。从存档集合 Archive 中随机选择一个点或者拥挤度最小的点，迭代生成一个新的解决方案。

步骤 5：评估新生成的解决方案，更新到存档集合 Archive。

步骤 6：设置 $T_{temp} = \rho \cdot T_{temp}$，当 $T_{temp} \geq T_{min}$，则返回步骤 4；反之，进入步骤 7。

步骤 7：输出存档集合 Archive 中的非支配最优解集。

图 1-18 为 MOSA 的基本流程图，表 1-15 为 MOSA 算法的伪代码：

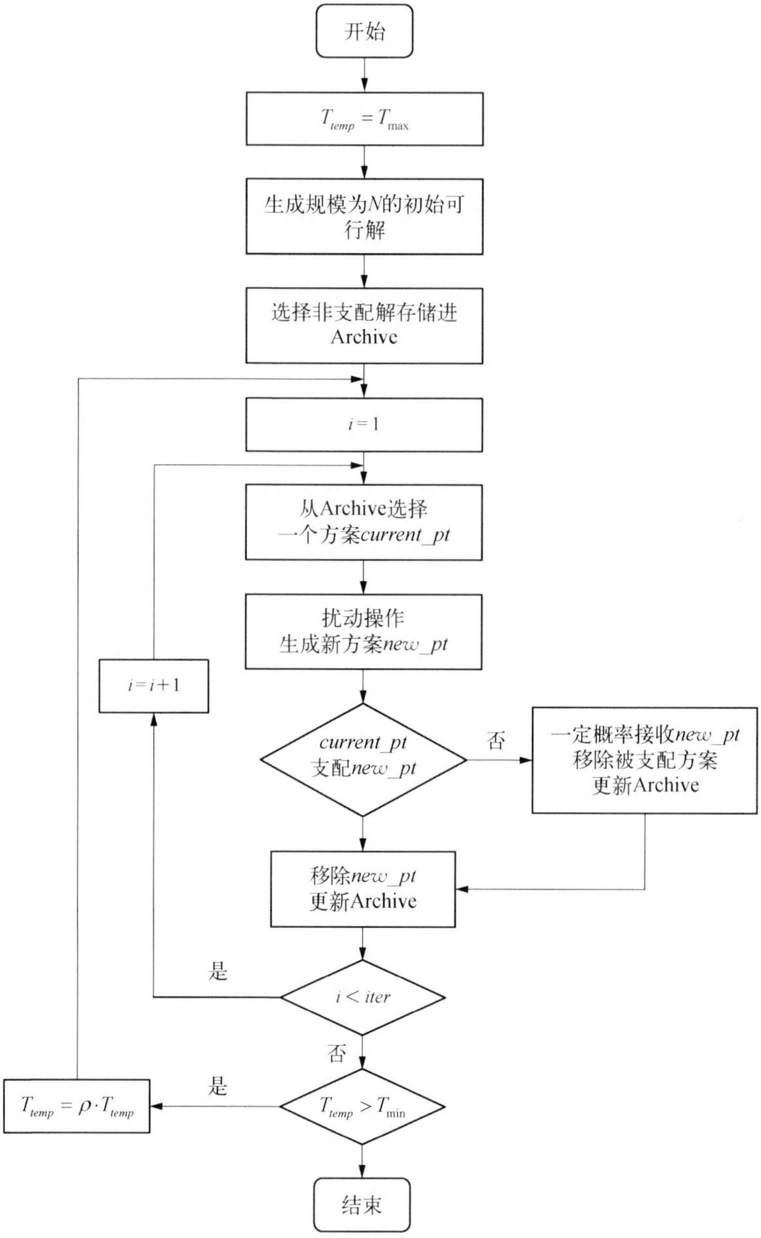

图 1-18　多目标模拟退火算法基本流程图

表 1-15　多目标模拟退火算法伪代码

算法 4　MOSA 伪代码

输入：算法参数 $\{T_{max}, T_{min}, iter, \rho, T_{temp}=T_{max}\}$，问题参数(初始可行解)
输出：非支配解集

评估初始可行解，生成存档集合 Archive
若 $T_{temp} \geqslant T_{min}$ 时，开始循环：
　令 i 从 1 到 $iter$，步长为 1，执行：
　　$current\_pt$ = 从集合 Archive 中随机选择一个点或选择一个拥挤度最小的点
　　new_pt = 扰动操作($current\_pt$)
　　检查 new_pt 与 $current\_pt$ 两点的支配状态
　　如果($current\_pt$ 支配 new_pt)时，执行：
　　　$\Delta dom_{avg} = \dfrac{\left(\sum_{i=1}^{k} \Delta dom_{i,\,new\_pt}\right) + \Delta dom_{current\_pt,\,new\_pt}}{k+1}$
　　　%k = 在集合 Archive 中支配 new_pt 的点的个数，$k \geqslant 0$
　　　$prob = \dfrac{1}{1+\exp(\Delta dom_{avg} \cdot temp)}$
　　　以概率 $prob$ 接受 new_pt，并代替 $current\_pt$
　　如果($current\_pt$ 与 new_pt 无互相支配的关系)时，执行：
　　　检查 new_pt 与集合 Archive 内其他点的支配关系
　　　如果[new_pt 被集合 Archive 内的 $k(k \geqslant 1)$ 个点支配]时，执行：
　　　　$prob = \dfrac{1}{1+\exp(\Delta dom_{avg} \cdot temp)}$
　　　　$\Delta dom_{avg} = \dfrac{\left(\sum_{i=1}^{k} \Delta dom_{i,\,new\_pt}\right)}{k}$
　　　　以概率 $prob$ 接受 new_pt，并代替 $current\_pt$
　　　如果(new_pt 不支配集合 Archive 内其他的点)时，执行：
　　　　用 new_pt 代替 $current\_pt$，并添加进集合 Archive
　　　如果[new_pt 支配集合 Archive 内的 $k(k \geqslant 1)$ 个点]时，执行：
　　　　用 new_pt 代替 $current\_pt$，并添加进集合 Archive
　　　　从集合 Archive 内移除该 k 个被支配的点
　　如果(new_pt 支配 $current\_pt$)时，执行：
　　　检查 new_pt 与集合 Archive 内其他点的支配关系
　　　如果[new_pt 被集合 Archive 内的 $k(k \geqslant 1)$ 个点支配]时，执行：
　　　　$\Delta dom_{min} = new\_pt$ 与该 k 个点之间最小的支配面积
　　　　$prob = \dfrac{1}{1+\exp(-\Delta dom_{min})}$
　　　　以概率 $prob$ 接受集合 Archive 中对应 Δdom_{min} 的点代替 $current\_pt$
　　　　否则用 new_pt 代替 $current\_pt$
　　　如果(new_pt 不支配集合 Archive 内其他的点)时，执行：
　　　　用 new_pt 代替 $current\_pt$，并添加进集合 Archive
　　　　从集合 Archive 内移除 $current\_pt$
　　　如果(new_pt 支配集合 Archive 内的 k 个点)时，执行：
　　　　用 new_pt 代替 $current\_pt$，并添加进解集 Archive
　　　　从集合 Archive 内移除该 k 个被支配的点
　$T_{temp} = \rho \cdot T_{temp}$，返回循环
结束循环

4.4 多目标算例验证与分析

为了评估ε约束法、NSGA-Ⅱ与MOSA算法的效果,研究进行了一系列不同规模的比较实验,实验的算法编辑运用Matlab 2014b,PC机运行环境CPU处理器为1.6 GHz Intel Core(TM)和内存8 GB RAM。

4.4.1 算法的性能评价指标

一般可以从两个方面衡量多目标算法的有效性:① 所获解集的收敛性,即算法的解与帕累托最优解之间的距离;② 所获解集的广泛程度。为了有效地评估算法的有效性,引入三个评价指标:① 距离指标 $I_D(A, R)$[78];② 解集覆盖率指标 $C(A, B)$[79];③ 最大传播指标 $MS(A)$[80]。

(1) 距离指标

指标 $I_D(A, R)$ 表示算法求得的解集与帕累托最优解的距离。集合 A 为算法求得的非支配解集,集合 R 表示作为对比的参考集合。在理想情况下,集合 R 应该是由精确算法(如ε约束法)获得的帕累托最优解集。然而,ε约束法对于解小规模的问题具有优势,但无法有效地解决大规模或情况复杂的实际问题。所以在本节讨论小规模问题时,集合 R 是由ε约束法获得的帕累托前沿解集,当讨论大规模问题时,集合 R 是由所有算法进行比较得到的综合非支配解集。在这个距离指标中 $d(x, y)$ 表示解 x 与 y 间的欧几里得距离。若有 M 个目标函数,$f_i^{\max}$ 表示第 i 个目标函数在参考集合 R 中的最大值,$f_i^{\min}$ 表示第 i 个目标函数在参考集合 R 中的最小值。

$$I_D(A, R)=\frac{1}{|R|}\sum_{y\in|R|}\min_{x\in A} d(x, y)$$

$$d(x, y)=\sqrt{\sum_{i=1}^{M}\left[\frac{f_i(x)-f_i(y)}{f_i^{\max}-f_i^{\min}}\right]^2}$$

(2) 解集覆盖率指标

指标 $C(A, B)$ 表示解集 A 与 B 之间的支配关系。$y \geqslant x$ 表示两个解之间的支配关系,y 解支配 x 解。此外,$C(A, B)\in[0, 1]$,如果 $C(A, B)=1$ 表示解集 B 中的全部解支配解集 A 中的解,如果 $C(A, B)=0$ 表示解集 A 中的全

部解支配解集 B 中的解，$C(A, B) \geqslant C(B, A)$ 表示集合 A 的支配情况优于集合 B。

$$C(A, B)=\frac{|x \in B \mid \exists y \in A: y \geqslant x|}{|B|}$$

(3) 最大传播指标

指标 $MS(A)$ 表示非支配前沿解的传播性能，即目标解集的覆盖范围。如 $MS(A)$ 值越大，则目标解集的覆盖范围越广。

$$MS(A)=\sqrt{\sum_{i=1}^{M}\left[\max_{x \in A} \frac{f_i(x)-f_i^{\min}}{f_i^{\max}-f_i^{\min}}-\min_{x \in A} \frac{f_i(x)-f_i^{\min}}{f_i^{\max}-f_i^{\min}}\right]^2}$$

4.4.2　算法参数设置

在进行实验之前，对这两种算法所涉及的参数进行了多次调整，首先针对 NSGA-Ⅱ，考虑以下 4 个参数，进行 36 种参数组合，取值如下：$N=\{50, 100\}$，$G=\{50, 100\}$，$P_c=\{0.5, 0.7, 0.9\}$，$P_m=\{0.1, 0.3, 0.5\}$。其次针对 MOSA，考虑以下 4 个参数，进行 32 种参数组合，取值如下 $N=\{50, 100\}$，$T_{\max}=\{100, 150\}$，$T_{\min}=\{0.01, 0.1\}$，$iter=\{20, 40\}$，$\rho=\{0.8, 0.9\}$。在调参实验中，设置调参的算例参数 $|D|=2$，$|P|=20$ 每一操作的详细参数、优先约束、包含约束与排除约束随机生成。其他参数设置为 $O^1=O^2=1$，$C_1=10$ RMB，$C_2=5$ RMB，$C_3=2$ RMB，$C_4=4$ RMB，$C_5=2$ RMB，$C_6=2$ RMB/kW，$T_{MS}=T_{MT}=T_T=0.01$ min，$T_A=T_G=T_R=0.1$ min，$P_{MS}=P_{MT}=P_T=4$ kW，$P_R=P_G=2$ kW，$P_O=1$ kW/min，$P_A=5$ kW。运用距离指标 $I_D(A, R)$ 来判断不同参数组合的运行效果，其中 A 表示相应的算法求得的非支配解集，参考集 R 是由 ε 约束法求得的帕累托前沿解集。考虑到算法获得结果具有随机性，因此针对每一种参数组合，进行了 10 次独立实验，并依据距离指标计算出 10 次实验的平均值。

计算结果如表 1-16 与表 1-17 所示，选择 $\bar{I}_D$ 值最小参数组合，则NSGA-Ⅱ的最优参数组合为 $\{N=100, G=100, P_c=0.9, P_m=0.1\}$，MOSA 的最优参数组合为 $\{N=100, T_{\max}=100, T_{\min}=0.1, iter=40, \rho=0.9\}$。

表 1－16 NSGA－Ⅱ参数调整的计算结果

$\{N, G, P_c, P_m\}$	$\bar{I}_D$	$\{N, G, P_c, P_m\}$	$\bar{I}_D$
{50, 50, 0.5, 0.1}	0.272	{100, 50, 0.5, 0.1}	0.221
{50, 50, 0.5, 0.3}	0.222	{100, 50, 0.5, 0.3}	0.288
{50, 50, 0.5, 0.5}	0.214	{100, 50, 0.5, 0.5}	0.227
{50, 50, 0.7, 0.1}	0.267	{100, 50, 0.7, 0.1}	0.216
{50, 50, 0.7, 0.3}	0.218	{100, 50, 0.7, 0.3}	0.206
{50, 50, 0.7, 0.5}	0.201	{100, 50, 0.7, 0.5}	0.218
{50, 50, 0.9, 0.1}	0.232	{100, 50, 0.9, 0.1}	0.209
{50, 50, 0.9, 0.3}	0.202	{100, 50, 0.9, 0.3}	0.173
{50, 50, 0.9, 0.5}	0.216	{100, 50, 0.9, 0.5}	0.195
{50, 100, 0.5, 0.1}	0.228	{100, 100, 0.5, 0.1}	0.209
{50, 100, 0.5, 0.3}	0.202	{100, 100, 0.5, 0.3}	0.207
{50, 100, 0.5, 0.5}	0.204	{100, 100, 0.5, 0.5}	0.228
{50, 100, 0.7, 0.1}	0.221	{100, 100, 0.7, 0.1}	0.189
{50, 100, 0.7, 0.3}	0.203	{100, 100, 0.7, 0.3}	0.181
{50, 100, 0.7, 0.5}	0.198	{100, 100, 0.7, 0.5}	0.157
{50, 100, 0.9, 0.1}	0.199	**{100, 100, 0.9, 0.1}**	**0.099**
{50, 100, 0.9, 0.3}	0.197	{100, 100, 0.9, 0.3}	0.119
{50, 100, 0.9, 0.5}	0.206	{100, 100, 0.9, 0.5}	0.104

注：字体加粗表示对应参数组合为最优参数组合。

表 1－17 MOSA 参数调整的计算结果

$\{N, T_{\max}, T_{\min}, iter, \rho\}$	$\bar{I}_D$	$\{N, T_{\max}, T_{\min}, iter, \rho\}$	$\bar{I}_D$
{50, 100, 0.01, 20, 0.8}	0.211	{50, 100, 0.1, 40, 0.8}	0.241
{50, 100, 0.01, 20, 0.9}	0.214	{50, 100, 0.1, 40, 0.9}	0.239
{50, 100, 0.01, 40, 0.8}	0.200	{50, 150, 0.01, 20, 0.8}	0.202
{50, 100, 0.01, 40, 0.9}	0.197	{50, 150, 0.01, 20, 0.9}	0.191
{50, 100, 0.1, 20, 0.8}	0.261	{50, 150, 0.01, 40, 0.8}	0.178
{50, 100, 0.1, 20, 0.9}	0.247	{50, 150, 0.01, 40, 0.9}	0.184

续　表

$\{N, T_{max}, T_{min}, iter, \rho\}$	$\bar{I}_D$	$\{N, T_{max}, T_{min}, iter, \rho\}$	$\bar{I}_D$
{50, 150, 0.1, 20, 0.8}	0.213	{100, 100, 0.1, 40, 0.8}	0.154
{50, 150, 0.1, 20, 0.9}	0.201	**{100, 100, 0.1, 40, 0.9}**	**0.148**
{50, 150, 0.1, 40, 0.8}	0.203	{100, 150, 0.01, 20, 0.8}	0.163
{50, 150, 0.1, 40, 0.9}	0.195	{100, 150, 0.01, 20, 0.9}	0.151
{100, 100, 0.01, 20, 0.8}	0.176	{100, 150, 0.01, 40, 0.8}	0.155
{100, 100, 0.01, 20, 0.9}	0.189	{100, 150, 0.01, 40, 0.9}	0.150
{100, 100, 0.01, 40, 0.8}	0.177	{100, 150, 0.1, 20, 0.8}	0.161
{100, 100, 0.01, 40, 0.9}	0.165	{100, 150, 0.1, 20, 0.9}	0.157
{100, 100, 0.1, 20, 0.8}	0.156	{100, 150, 0.1, 40, 0.8}	0.154
{100, 100, 0.1, 20, 0.9}	0.169	{100, 150, 0.1, 40, 0.9}	0.155

注：字体加粗表示对应参数组合为最优参数组合。

4.4.3　计算结果和性能分析

当$|D|=2$时，算法 MOSA 的性能可以与 ε 约束法进行比较。每一个工件有 4—20 个操作。由于 ε 约束法无法有效地解决大规模问题，当大规模问题产生时，只能将算法 MOSA 的性能与经典的双目标算法 NSGA－Ⅱ进行对比。计算结果与分析如下。

表 1－18 展示了小规模情况下，ε 约束法与算法 MOSA 的计算结果，即$|D|=2$，共进行了 10 次实验。表中字体加粗表示对应指标的最优均值，总体来看 ε 约束法在三个指标的性能表现优于算法 MOSA。均值$C(A, B)=1$，$C(B, A)=0$表示全部帕累托前沿解来自 ε 约束法。根据距离指标I_D与最大传播指标$MS(A)$的均值对比，算法 MOSA 略差于 ε 约束法，即算法 MOSA 的解集在小规模问题下非常接近帕累托前沿解（精确解）。根据运行时间指标，MOSA 的运行时间远少于 ε 约束法。在 10 次实验中，ε 约束法的运行时间为 8 760 秒到 51 675 秒，算法 MOSA 的运行时间为 29 秒到 77 秒。ε 约束法运行时间均值为 26 586 秒，远大于 MOSA 的运行时间均值 44 秒。该小规模实验的计算结果表示：① 算法 MOSA 的精确度非常接近帕累托前沿解；② 算法 MOSA 的运行时间远优于 ε 约束法。

表 1－18　ε 约束法与 MOSA 算法计算结果

实验	ε 约束法(标记为 A)				MOSA(标记为 B)			
	I_D	$C(A, B)$	MS	Time, s	I_D	$C(A, B)$	MS	Time, s
2_1	0	1	1.414	24 597	0.165	0	1.180	32
2_2	0	1	1.414	24 303	0.334	0	0.743	42
2_3	0	1	1.414	23 862	0.387	0	0.802	37
2_4	0	1	1.414	37 067	0.240	0	0.809	71
2_5	0	1	1.414	27 380	0.283	0	1.310	31
2_6	0	1	1.414	8 760	0.107	0	1.357	22
2_7	0	1	1.414	19 826	0.168	0	1.314	58
2_8	0	1	1.414	14 978	0.171	0	1.440	36
2_9	0	1	1.414	51 675	0.172	0	1.177	77
2_10	0	1	1.414	33 409	0.124	0	0.958	29
均值	**0**	**1**	**1.414**	26 586	0.215	0	1.108	**44**

注：字体加粗表示对应指标的最优均值。

表 1－19 展示了不同大规模情况下，算法 MOSA 与 NSGA－Ⅱ的计算结果。即 $|D| \in [4, 6, 8, 10]$，每一规模下进行了 10 次实验。表中字体加粗表示对应指标的最优均值，随着问题规模的增加，在距离指标 I_D 与最大传播指标 $MS(A)$ 算法方面，MOSA 较优于 NSGA－Ⅱ。如，当 $|D|=4$，距离指标的均值 $I_D(A) \leqslant I_D(B)$ 时，算法 MOSA 的解集更接近帕累托前沿解，$C(A, B) \geqslant C(B, A)$，算法 MOSA 的解集支配算法 NSGA－Ⅱ的解集。两个算法的性能在指标 $MS(A)$ 方面对比不明显，两个算法在解集的广泛度方面都表现较好。如当 $|D|=6$ 或 $|D|=8$ 时，$MS(A) \geqslant MA(B)$ 算法 MOSA 广泛度优于算法 NSGA－Ⅱ，当 $|D|=4$ 或 $|D|=10$ 时，$MS(A) \leqslant MA(B)$ 算法 NSGA－Ⅱ广泛度优于算法 MOSA。根据运行时间来看，两个方法的运行时间较为接近，能够快速找到近似精确解的解集。同时，① 随着工件与操作规模的增加，运行时间也相应地增加，如规模 $|D| \in [4, 6, 8, 10]$ 的运行时间的均值分别为 164 秒，236 秒，386 秒，774 秒。② 在相同的工件或操作规模的情况下，不同的技术约束，运行时间也不同，如 $|D|=10$ 的实验结果展示，最长的运行时间为 1 392 秒，最短的运行时间为 202 秒。

表 1-19　MOSA 与 NSGA-Ⅱ计算结果

实验	MOSA(标记为 A)				NSGA-Ⅱ(标记为 B)			
	I_D	$C(A, B)$	MS	Time, s	I_D	$C(A, B)$	MS	Time, s
4_1	0.002	0.937	1.414	205	0.064	0	1.465	276
4_2	0	1	1.414	118	0.116	0	1.708	142
4_3	0	1	1.414	75	0.157	0	2.147	86
4_4	0.007	0.625	1.414	178	0.057	0.125	1.204	193
4_5	0.004	0.937	1.414	300	0.092	0	0.956	566
4_6	0.004	0.917	1.414	88	0.099	0	1.303	126
4_7	0	1	1.402	69	0.141	0	1.746	232
4_8	0	1	1.414	129	0.198	0	1.441	262
4_9	0.015	0.800	1.414	315	0.153	0	1.099	533
4_10	0.019	0.700	1.414	162	0.114	0.250	1.411	169
均值	**0.005**	**0.892**	1.413	**164**	0.119	0.038	**1.448**	259
6_1	0	1	1.414	375	0.126	0	1.145	429
6_2	0	1	1.414	106	0.138	0	1.908	323
6_3	0.011	0.733	1.485	89	0.128	0.211	1.422	130
6_4	0	1	1.414	232	0.067	0	1.517	257
6_5	0	1	1.414	183	0.134	0	1.265	287
6_6	0.040	0.750	1.104	123	0.108	0	1.408	152
6_7	0.029	0.636	1.414	121	0.059	0	1.222	324
6_8	0.034	0.643	1.414	408	0.064	0.214	1.540	386
6_9	0	1	1.414	444	0.104	0	1.215	360
6_10	0.007	0.889	1.414	276	0.130	0	1.016	340
均值	**0.012**	**0.865**	**1.390**	**236**	0.106	0.042	1.366	300
8_1	0	1	1.414	147	0.127	0	1.547	172
8_2	0	1	1.414	131	0.087	0	1.318	194
8_3	0.002	0.733	1.414	293	0.084	0.100	1.443	386
8_4	0	1	1.414	671	0.155	0	0.910	1 023
8_5	0	1	1.414	144	0.127	0	1.882	154
8_6	0	1	1.414	141	0.214	0	1.424	381
8_7	0.008	0.923	1.414	3 366	0.202	0	1.287	383
8_8	0.013	0.727	1.414	1 612	0.044	0	1.342	2 127
8_9	0.003	0.867	1.414	149	0.150	0.056	1.376	151

续 表

实验	MOSA(标记为 A)				NSGA-Ⅱ(标记为 B)			
	I_D	$C(A, B)$	MS	Time, s	I_D	$C(A, B)$	MS	Time, s
8_10	0.013	0.722	1.326	232	0.072	0.095	1.317	313
均值	**0.004**	**0.897**	**1.405**	**386**	0.126	0.025	1.385	528
10_1	0	1	1.414	929	0.117	0	1.206	1 019
10_2	0	1	1.414	202	0.076	0	1.485	283
10_3	0	1	1.414	488	0.108	0	2.431	505
10_4	0	1	1.414	421	0.067	0	1.517	442
10_5	0	1	1.414	1 182	0.180	0	1.577	1751
10_6	0.006	0.875	1.414	254	0.079	0.059	1.396	292
10_7	0	1	1.414	721	0.146	0	1.830	910
10_8	0.007	0.750	1.414	1 392	0.106	0.200	1.756	1 841
10_9	0.016	0.882	1.236	818	0.117	0	1.559	1 179
10_10	0	1	1.414	1 336	0.148	0	1.295	1 386
均值	**0.003**	**0.951**	1.396	**774**	0.114	0.026	**1.605**	961

注：字体加粗表示对应指标的最优均值。

综合全部不同规模的实验结果，可以得出结论：① 在小规模实验中，在保证MOSA 解集质量的同时，算法 MOSA 的运行时间优于 ε 约束法。② 在大规模实验中，算法 MOSA 的解集质量优于算法 NSGA-Ⅱ。

为了清晰地表现算法 MOSA 的有效性，图 1-19 描述了由算法 MOSA 与算法 NSGA-Ⅱ在实验 4_1，6_1，8_1，10_1 下的解集的情况。如图 1-19(d)对应的实验表 1-19 的实验 10_1。根据表 1-19 的实验数据来看，距离指标 $I_D(A) \leqslant I_D(B)$ 表示算法 MOSA 的解集比 NSGA-Ⅱ的解集更接近帕累托前沿解。$C(A, B)=1$ 与 $C(B, A)=0$ 表示算法 MOSA 的解均优于算法 NSGA-Ⅱ的解。对应图 1-19(d)，“*”表示算法 MOSA 的解，“+”表示算法 NSGA-Ⅱ的解。在解决多目标最小化的问题上，根据表格中的指标情况，在图 1-19(d) 中算法 MOSA 的解的个数比算法 NSGA-Ⅱ的解的个数少。根据图 1-19，在以下几个方面算法 MOSA 优于算法 NSGA-Ⅱ：① 每个解代表一个装配方案，算法 MOSA 解的数量多于 NSGA-Ⅱ解的数量。② 算法 MOSA 的所有解都支配算法 NSGA-Ⅱ的解。③ 算法 MOSA 的解决方案比NSGA-Ⅱ的解决方案范围更广。

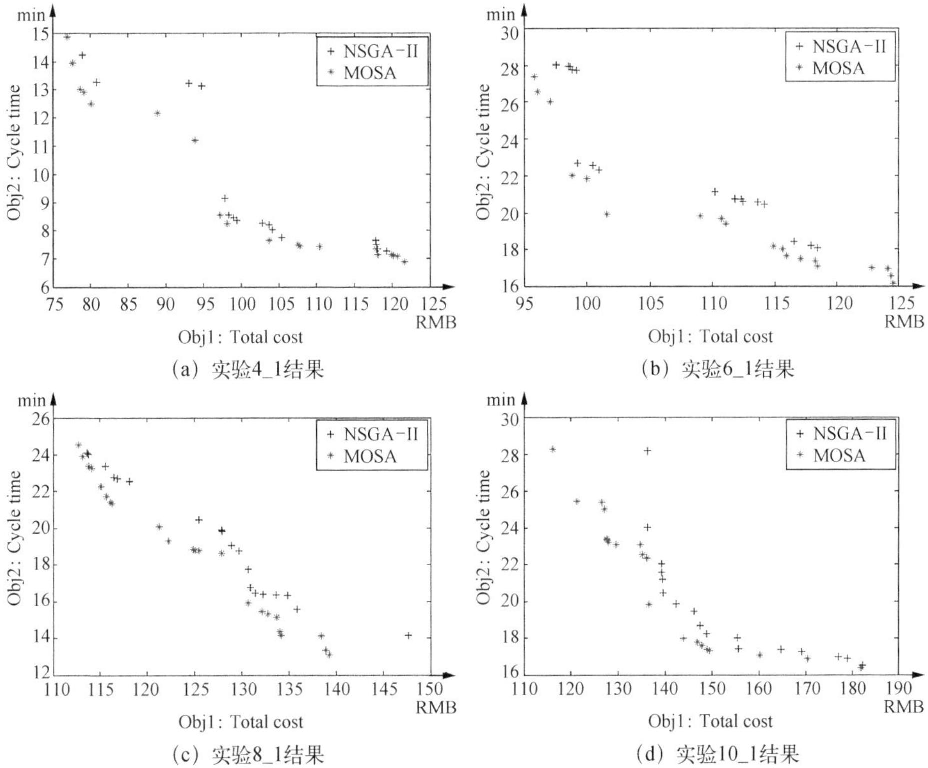

（a）实验4_1结果　（b）实验6_1结果　（c）实验8_1结果　（d）实验10_1结果

图 1－19　MOSA 与 NSGA－Ⅱ对比结果

4.5　本章小结

本章解决了多模块的可重组制造系统上的双目标问题，产品的生产包含两个阶段，即系统配置阶段与生产制造阶段。随着环保立法的不断深入，制造企业开始关注绿色制造实践。

为了评估算法 MOSA 的性能，本章对不同规模的问题进行了数值实验。实验结果表明：① 在小规模问题实验上，算法 MOSA 在运行时间上明显优于 ε 约束法；② 在规模问题实验上，算法 MOSA 优于经典的算法 NSGA－Ⅱ的方法。

综上所述，本章提出的方法是可行的、有效的，有助于员工选择加工模块时，有效地满足不同生产需求的系统配置。

第5章 结论与展望

本篇提出了基于多模块的可重组制造系统的多种产品变批量的优化问题。可重组制造系统可以根据需要加工的产品重新进行配置，以快速有效地响应生产需求。可重组制造系统的产品的生产分为两个阶段，即系统配置阶段与生产制造阶段。除系统配置阶段的安装成本外，本篇还提出了制造阶段能耗成本的计算模型。考虑到工业碳排放等政策，制造业的节能环保问题必须引起高度重视。

本篇主要的贡献在于以下方面：

（1）分析梳理了车间调度中能耗研究现状、可重组制造系统的学术文献和研究成果。归纳了目前研究的空缺，提出了本篇的研究方向与思路。提出了考虑能耗的可重组制造系统的系统配置与生产制造的两阶段的问题。

（2）考虑了可重组制造系统的两阶段问题。既考虑了系统配置阶段，又考虑了生产制造阶段，提出了一种混合整数规划模型。对模型进行了精确求解，由于数学模型求解的方法比较费时，本篇运用了遗传算法与改进的混合算法，并通过大量的实验对比分析了算法的使用效果，改进的混合算法在各种规模实验下，在目标函数的精确度与求解运行速度上效果优于遗传算法。

（3）考虑了可重组制造系统研究的双目标问题。双目标问题的求解与单目标问题差异较大，双目标的解是一组帕累托最优解，模型求解的效率会更慢。本篇对小规模的问题采用了 ε 约束法求模型解，在大规模问题下，运用了经典的非支配排序遗传算法与多目标模拟退火算法进行求解，并运用了衡量多目标求解的三个常用指标，即距离指标、解集覆盖率指标、最大传播指标，对算法的求解效果进行对比分析，通过大量的实验证明多目标模拟退火算法求得的解集在三个指标中的效果较好，且求解运行速度优于 ε 约束法与非支配排序遗传算法。

随着工业制造的发展，未来研究需要进一步考虑：① 为了实现制造过程的智能化、自动化和无人化，满足产品的个性化，需要考虑更新颖的可重构制造系统形式。② 运用一种基于分枝定界思想的精确算法和一种更有效的启发式方法来解决生产调度优化与可重组制造系统优化等相关的问题。③ 根据环境政策的要求，建立绿色节能、低碳化的生产车间可以减少企业的生产成本，增加企业的竞争力。因此未来的研究更应关注能源利用率与低能源成本等方面，以提高研究的实际应用价值。

参 考 文 献

[1] 贺正楚,潘红玉.德国"工业 4.0"与"中国制造 2025"[J].长沙理工大学学报(社会科学版),2015,30(3):103-110.

[2] LONG J, ZHENG Z, GAO X, et al. Scheduling a realistic hybrid flow shop with stage skipping and adjustable processing time in steel plants[J]. Applied Soft Computing, 2017(64):536-549.

[3] 王致刚.基于可靠性的可重组制造系统性能研究[D].镇江:江苏大学,2006.

[4] 楼洪梁,杨将新,林亚福,等.面向多品种变批量的可重构制造系统的设计方法研究[J].中国机械工程,2006(13):44-49,54.

[5] 王长梅,李晓舟.模块化的可重构制造系统研究[J].机械与电子,2014(8):38-40.

[6] LV CHAO, LI AP, XU LY. Research and optimization of reconfigurable manufacturing system configuration based on system reliability[J]. Kybernetes, 2010, 39(6):1058-1065.

[7] LI A, CHAO L, XU L. Analysis and research of system configuration and economic evaluation of reconfigurable manufacturing system[C]. IEEE International Conference on Robotics & Biomimetics. IEEE, 2007.

[8] BATTAÏA O, DOLGUI A, GUSCHINSKY N. Decision support for design of reconfigurable rotary machining systems for family part production [J]. International Journal of Production Research, 2017, 55(5):1368-1385.

[9] AFRIN K, IQUEBAL A S, KUMAR S K, et al. Towards green automated production line with rotary transfer and turrets: A multi-objective approach using a binary scatter tabu search procedure[J]. International Journal of Computer Integrated Manufacturing, 2016, 29(7):768-785.

[10] ZHANG YJ. Energy efficiency techniques in machining process: A review [J]. International Journal of Advanced Manufacturing Technology, 2014(71):1123-1132.

[11] 赵博,毕克新.我国制造业低碳突破性创新战略体系与战略组合研究[J].求是学刊,2016,43(1):72-79.

[12] 曹楠.面向可重构制造单元的调度方法研究[D].重庆:重庆大学,2012.

[13] 张漪.面向高效低碳的工艺规划和生产调度综合优化研究[D].武汉:华中科技大学,2018.

[14] 龚鼎,黄莺,张永炬,等.基于能耗分析的轴类零件生产调度优化[J].轻工机械,2017,35(5):91-95.

[15] FANG K，UHAN N，ZHAO F，et al. A new approach to scheduling in manufacturing for power consumption and carbon footprint reduction[J]. Journal of Manufacturing Systems，2011，30(4)：234－240.
[16] 王伟.面向能耗优化的车间调度方法研究及其应用环境开发[D].哈尔滨：哈尔滨工业大学，2011.
[17] BRUZZONE A A G，ANGHINOLFI D，PAOLUCCI M，et al. Energy-aware scheduling for improving manufacturing process sustainability：A mathematical model for flexible flow shops[J]. CIRP Annals — Manufacturing Technology，2012，61(1)：459－462.
[18] DAI M，TANG D，GIRET A，et al. Energy-efficient scheduling for a flexible flow shop using an improved genetic-simulated annealing algorithm[J]. Robotics and Computer-Integrated Manufacturing，2013，29(5)：418－429.
[19] LUO H，DU B，HUANG G Q，et al. Hybrid flow shop scheduling considering machine electricity consumption cost[J]. International Journal of Production Economics，2013，146(2)：423－439.
[20] 张奋扬.考虑设备性能的车间能耗优化方法及应用研究[D].哈尔滨：哈尔滨工业大学，2014.
[21] 李育锋.机械加工车间多能耗特征建模及任务节能优化配置方法研究[D].重庆：重庆大学，2015.
[22] 李爱平，鲍进，李聪，等.基于低能耗的平面端铣削粗/精加工参数全局多目标优化[J].中国机械工程，2015，26(14)：1888－1894.
[23] 胡狄，张华，鄢威，等.面向节能优化的数控铣削参数优化方法研究[J].机械设计与制造，2015(8)：110－113.
[24] LILES D H，HUFF B L. A computer based production scheduling architecture suitable for driving a reconfigurable manufacturing system [J]. Computers & Industrial Engineering，1990，19(1－4)：1－5.
[25] KOREN Y. Reconfigurable manufacturing systems [J]. Journal of Manufacturing Systems，1999，29(4)：130－141.
[26] RENZI C，LEALI F，CAVAZZUTI M，et al. A review on artificial intelligence applications to the optimal design of dedicated and reconfigurable manufacturing systems [J]. International Journal of Advanced Manufacturing Technology，2014，72(1－4)：403－418.
[27] ANDERSEN A L，BRUNOE T D，NIELSEN K，et al. Towards a generic design method for reconfigurable manufacturing systems ：Analysis and synthesis of current design methods and evaluation of supportive tools [J]. Journal of Manufacturing Systems，2017(42)：179－195.
[28] DOU JP，DAI XZ，MENG ZD. Graph theory-based approach to optimize single-product flow-line configurations of RMS [J]. International Journal of Advanced Manufacturing Technology，2009(41)：916－931.
[29] DOU JP，DAI XZ，MENG ZD. Optimisation for multi-part flow-line configuration of

reconfigurable manufacturing system using GA [J]. International Journal of Production Research, 2010, 48(14): 4071 - 4100.

[30] DOU JP, DAI XZ, MENG ZD. A GA-based approach for optimizing single-part flow-line configurations of RMS [J]. Journal of Intelligent Manufacturing, 2011, 22(2): 301 - 317.

[31] 韩文民,曾里义,魏允德,等.面向订单生产的制造单元动态重构方法研究[J].自动化仪表,2011,32(3): 29 - 32.

[32] GOYAL K K, JAIN P K, JAIN M. Optimal configuration selection for reconfigurable manufacturing system using NSGA II and TOPSIS [J]. International Journal of Production Research, 2012, 50(15): 4175 - 4191.

[33] YU J M, NAM S H. Iterative algorithms for part grouping and loading in cellular reconfigurable manufacturing systems[J]. Journal of the Operational Research Society, 2012, 63(12): 1635 - 1644.

[34] EGUIA I, MOLINA J C, LOZANO S, et al. Cell design and multi-period machine loading in cellular reconfigurable manufacturing systems with alternative routing [J]. International Journal of Production Research, 2017, 55(10): 2775 - 2790.

[35] BATTAÏA O, DOLGUI A, GUSCHINSKY N, et al. Combinatorial techniques to optimally customize an automated production line with rotary transfer and turrets [J]. Iie Transactions, 2014, 46(9): 867 - 879.

[36] BENSMAINE A, DAHANE M, BENYOUCEF L. A non-dominated sorting genetic algorithm based approach for optimal machines selection in reconfigurable manufacturing environment[J]. Computers & Industrial Engineering, 2013, 66(3): 519 - 524.

[37] HASAN F, JAIN P K, KUMAR D. Optimum configuration selection in reconfigurable manufacturing system involving multiple part families [J]. Opsearch, 2014, 51(2): 297 - 311.

[38] 张青雷,郝文玲,段建国,等.考虑系统重用和加工任务重现的制造系统布局重组规划[J].机械工程学报,2015,51(3): 170 - 181.

[39] BENDERBAL H H, DAHANE M, BENYOUCEF L. Hybrid heuristic to minimize machine's unavailability impact on reconfigurable manufacturing system using reconfigurable process plan [J]. Ifac Papersonline, 2016, 49(12): 1626 - 1631.

[40] BENDERBAL H H, DAHANE M, BENYOUCEF L. Modularity assessment in reconfigurable manufacturing system (RMS) design: An archived multi-objective simulated annealing-based approach [J]. International Journal of Advanced Manufacturing Technology, 2018, 94(1 - 4): 1 - 21.

[41] 梁福军,宁汝新.可重构制造系统理论研究[J].机械工程学报,2003(6): 40 - 47.

[42] 郭聚东,钱惠芬.柔性制造系统的优势及发展趋势[J].轻工机械,2004(4): 4 - 6.

[43] 江志斌,胡宗武.论制造系统模式的新进展[J].工业工程与管理,2002(2): 5 - 11.

[44] 沈浩然,李爱平,刘光富.基于混合遗传算法的可重组制造系统作业计划方法[J].机电一体化,2007(1): 8 - 12.

[45] 初红艳，费仁元.可重组制造系统的生产调度问题研究[J].现代制造工程，2005(3)：88－90.

[46] 姜晓鹏，王润孝，库祥臣.可重构制造系统研究进展[J].机床与液压，2007(4)：237－240.

[47] 彭忆炎.面向 MES 的离散制造系统可重构技术及其仿真研究[D].南京：南京理工大学，2017.

[48] 高一.基于混合遗传算法的作业车间多目标优化调度及系统开发研究[D].上海：东华大学，2014.

[49] LEU S S，HWANG S T. GA-based resource-constrained flow-shop scheduling model for mixed precast production[J]. Automation in Construction，2002，11(4)：439－452.

[50] MAHFOUD S W，GOLDBERG D E. Parallel recombinative simulated annealing：A genetic algorithm[J]. Parallel Computing，1995，21(1)：1－28.

[51] ZHANG C，LI P，RAO Y，et al. A new hybrid GA/SA algorithm for the job shop scheduling problem[C]. Evolutionary Computation in Combinatorial Optimization，5th European Conference，EvoCOP 2005，Lausanne，Switzerland，March 30 — April 1，2005，Proceedings. 2005.

[52] 潘全科，段俊华，赵清理，等.解决车间调度问题的改进模拟退火算法[J].机械科学与技术，2007，26(1)：112－114.

[53] DORIGO M. Ant colony optimization：A new meta-heuristic [C]. Congress on Evolutionary Computation. IEEE，2002.

[54] 姜桦，李莉，乔非，等.蚁群算法在生产调度中的应用[J].计算机工程，2005(5)：84－86，109.

[55] CVIJOVIĆ D，KLINOWSKI J. Taboo search：An approach to the multiple minima problem[J]. Science，1995，267(5198)：664－666.

[56] 刘忠耀，彭重嘉，伍乃骐.基于禁忌搜索算法的生产调度[J].微计算机信息，2008，24(6)：55－56.

[57] 李运霞，杜娟，孙王路，等.基于多种群遗传算法的路径柔性车间调度问题[J].组合机床与自动化加工技术，2014(3)：152－155.

[58] 张国辉，张海军，张理涛，等.改进遗传算法求解低碳约束的柔性车间调度问题[J].组合机床与自动化加工技术，2018(6)：184－188.

[59] 牛琳.改进的初始种群的遗传算法在柔性车间调度中的应用[J].组合机床与自动化加工技术，2017(8)：161－164.

[60] 窦建平，戴先中，李俊.基于遗传算法的可重构制造系统多零件流水线构形优化[J].计算机集成制造系统，2010，16(7)：81－89.

[61] 郑玉彬，韩峰，何宇，等.基于遗传算法的可重构制造单元布局研究[J].机械设计与制造，2009(9)：198－199.

[62] 李占国，唐慧君，王彤宇，等.基于遗传算法的可重构制造单元设备布局优化方法的研究[J].长春理工大学学报，2003(2)：20－21，42.

[63] 张富生.基于遗传算法的车间动态调度研究[D].济南：山东大学，2013.

[64] 冯世扣.基于遗传退火算法的车间调度研究与应用[D].杭州：浙江理工大学，2015.

[65] 曾益.一种基于改进遗传算法的车间调度问题研究[J].机械设计与制造,2011(7): 185-187.

[66] METROPOLIS N, ARIANNA W, ROSENBLUTH, etc. Equation of state calculations by fast computing machines[M]. United States of America: AIP Publishing, 1953.

[67] 刘燚.基于模拟退火遗传算法的车间动态调度研究[D].济南: 山东大学,2017.

[68] LIU M, AN L, ZHANG J, et al. Energy-oriented bi-objective optimisation for a multi-module reconfigurable manufacturing system[J]. International Journal of Production Research, 2018: 1-22.

[69] JASZKIEWICZ A, LUST T. Proper balance between search towards and along Pareto front: Biobjective TSP case study[J]. Annals of Operations Research, 2017, 254(1-2): 111-130.

[70] HAIMES Y Y, LASDON L S, WISMER D A. On a bicriterion formulation of the problems of integrated system identification and system optimization[J]. IEEE Transactions on Systems Man and Cybernetics, 1971, 1(3): 296-297.

[71] LAUMANNS M, THIELE L, ZITZLER E. An efficient, adaptive parameter variation scheme for metaheuristics based on the epsilon-constraint method[J]. European Journal of Operational Research, 2006, 169(3): 932-942.

[72] DEB K, PRATAP A, AGARWAL S, et al. A fast and elitist multiobjective genetic algorithm: NSGA-Ⅱ[J]. IEEE Transactions on Evolutionary Computation, 2002, 6(2): 1-197.

[73] 陈鸿海,蒋增强,左乐,等.基于近亲变异 NSGA-Ⅱ算法的多目标柔性作业车间调度[J].农业机械学报,2015,46(4): 344-350.

[74] 鞠海华,刘长安,张伟,等.基于带精英策略的 NSGA-Ⅱ遗传算法的车间作业调度研究[J].组合机床与自动化加工技术,2008(4): 19-23.

[75] KIRKPATRICK S, GELATT C D, VECCHI M P. Optimization by Simulated Annealing[J]. Science, 1983(220): 671-680.

[76] KIRKPATRICK S, GELATT C D, VECCHI M P. Optimization by simulated annealing[J]. Science, New Series, 1983(220): 671-680.

[77] BANDYOPADHYAY S, SAHA S, MAULIK U, et al. A simulated annealing-based multiobjective optimization algorithm: AMOSA[J]. IEEE Transactions on Evolutionary Computation, 2008, 12(3): 269-283.

[78] COELLO C A C, NARELI CRUZ CORTÉS. Solving multiobjective optimization problems using an artificial immune system[J]. Genetic Programming and Evolvable Machines, 2005, 6(2): 163-190.

[79] ZITZLER E, DEB K, THIELE L. Comparison of multiobjective evolutionary algorithms: empirical results[J]. Evolutionary Computation, 2000, 8(2): 173-195.

[80] LIU M, LEE C Y, ZHANG Z, et al. Bi-objective optimization for the container terminal integrated planning[J]. Transportation Research Part B Methodological, 2016(93): 720-749.

附录　工件 1—6 参数情况

表 A1　工件 1—6 的操作参数

p	d	j	$\lambda(p)$，mm	$\gamma_1(p)$，mm/min	$\gamma_2(p)$，mm/min	p	d	j	$\lambda(p)$，mm	$\gamma_1(p)$，mm/min	$\gamma_2(p)$，mm/min
1	1	1	47	39.2	62.9	24	2	1	18	26.7	160.2
2	1	1	34	27.2	248	25	2	2	6	35.2	105.6
3	1	1	47	39.2	62.9	26	2	2	7	35.2	105.6
4	1	1	34	27.2	248	27	2	2	7	35.2	105.6
5	1	1	107	22.8	81.3	28	2	2	7	35.2	105.6
6	1	1	105	44	86.5	29	2	2	6	35.2	105.6
7	1	1	107	22.8	81.3	30	2	2	6	35.2	105.6
8	1	1	105	44	86.5	31	3	1	103	39.2	62.9
9	1	1	107	22.8	81.3	32	3	1	18	27.2	248
10	1	1	105	44	86.5	33	3	1	47	39.2	62.9
11	1	1	91	22.8	81.3	34	3	1	34	27.2	248
12	1	1	89	44	86.5	35	3	1	92	22.8	81.3
13	1	2	29	24.6	83.6	36	3	1	90	44	86.5
14	1	2	9	28.3	106.3	37	3	1	92	22.8	81.3
15	1	2	29	24.6	83.6	38	3	1	90	44	86.5
16	1	2	9	28.3	106.3	39	3	1	77	22.8	81.3
17	1	2	29	24.6	83.6	40	3	1	75	44	86.5
18	1	2	9	28.3	106.3	41	3	1	77	22.8	81.3
19	1	2	29	24.6	83.6	42	3	1	75	44	86.5
20	1	2	9	28.3	106.3	43	3	2	29	24.6	83.6
21	2	1	35	50.2	170.1	44	3	2	9	28.3	106.3
22	2	1	19	31.9	197.1	45	3	2	29	24.6	83.6
23	2	1	19	26.9	161.6	46	3	2	9	28.3	106.3

续　表

p	d	j	$\lambda(p)$，mm	$\gamma_1(p)$，mm/min	$\gamma_2(p)$，mm/min	p	d	j	$\lambda(p)$，mm	$\gamma_1(p)$，mm/min	$\gamma_2(p)$，mm/min
47	3	2	29	24.6	83.6	64	5	1	22	27.8	249.5
48	3	2	9	28.3	106.3	65	5	1	72	22.8	81.3
49	3	2	29	24.6	83.6	66	5	1	70	48.7	91
50	3	2	9	28.3	106.3	67	5	1	72	22.8	81.3
51	4	1	35	50.2	170.1	68	5	1	70	48.7	91
52	4	1	19	31.9	197.1	69	5	2	24	24.6	83.6
53	4	1	19	26.9	161.6	70	5	2	9	28.3	106.3
54	4	1	18	26.7	160.2	71	5	2	24	24.6	83.6
55	4	2	7	35.2	105.6	72	5	2	9	28.3	106.3
56	4	2	7	35.2	105.6	73	5	2	24	24.6	83.6
57	4	2	7	35.2	105.6	74	5	2	9	28.3	106.3
58	4	2	7	35.2	105.6	75	5	2	24	24.6	83.6
59	4	2	7	35.2	105.6	76	5	2	9	28.3	106.3
60	4	2	6	35.2	105.6	77	6	1	5	42.7	128.2
61	5	1	34	37.7	63.4	78	6	1	5	42.7	128.2
62	5	1	22	27.8	249.5	79	6	1	5	42.7	128.2
63	5	1	34	37.7	63.4	80	6	1	5	42.7	128.2

表 A2　工件 1—6 操作优先约束

p	优先操作 p	p	优先操作 p
2	1 3 31 33	20	13 15 17 19
4	1 3 31 33	22	21 51
6	5 7 9 35 37 39	23	22 52
8	5 7 9 35 37 39	24	23 53
10	5 7 9 11 35 37 39 41	32	1 3 31 33
12	9 11 39 41	34	1 3 31 33
14	13 15 17 19	36	5 7 9 35 37 39
16	13 15 17 19	38	5 7 9 35 37 39
18	13 15 17 19	40	5 7 9 11 35 37 39 41

续　表

p	优先操作 p	p	优先操作 p
42	9 11 39 41	62	61 63
44	43 45	64	61 63
46	43 45	66	65 67
48	47 49	68	65 67
50	47 49	70	69 71 73 75
52	21 51	72	69 71 73 75
53	22 52	74	69 71 73 75
54	23 53	76	69 71 73 75

表 A3　工件 1—6 不同模块的操作约束

p	排除约束 p	p	排除约束 p	p	排除约束 p
2	1	34	3 13—20 33	55—60	1 3 21—24 31 33 51—54
4	3	35	6 13—20		
6	5	36	5 13—20 35	61	25—30 55—60
8	7	37	8 13—20	62	61
10	9	38	7 13—20 37	63	25—30 55—60
12	11	39	10 13—20	64	63
13	1—12	40	9 13—20 39	66	65
14	1—13	41	12—20	68	67
15	1—12	42	11 13—20 41	69	61—68
16	1—12 15	43	1—12 31—42	70	61—69
17	1—12	44	1—12 31—42 43	71	61—68
18	1—12 17	45	1—12 31—42	72	61—68 71
19	1—12	46	1—12 31—42 45	73	61—68
20	1—12 19	47	1—12 31—42	74	61—68 73
22	21	48	1—12 31—42 47	75	61—68
23	21 22	49	1—12 31—42	76	61—68 75
24	21—23	50	1—12 31—42 49	77 78	1 3 13 15 17 19 31 33 43 45 47 49 61 63= **
25—30	1 3 21—24	51	22—30		
31	2 13—20 25—30	52	21 23—30 51		
32	1 13—20 31	53	21 22 24—30 51 52	79	** ,77
33	4 13—20 25—30	54	21—23 25—30 51—53	80	** ,78

表 A4　工件 1—6 不同转塔的操作约束

p	排除约束 *p*	*p*	排除约束 *p*
13—20	1—12	51—54	25—30
25—30	21—24	55—60	21—24 51—54
31—42	13—20	69—76	61—68
43—50	1—12 31—42	77—80	21 51

表 A5　工件 1—6 不同工位的操作约束

p	排除约束 *p*	*p*	排除约束 *p*
21	1—20	51	1—20 25—50
25—30	1 3 21	55—60	1 3 21 31 33 51
31	21—30	61 63	25—30 55—60
32	21	69—76	21 51
33	21—30	77—80	1 3 13 15 17 19 31 33 43 45 47 49 61 63
34—50	21		

表 A6　工件 1—6 相同模块的操作约束

p	包含约束 *p*	*p*	包含约束 *p*
1	3	40	42
5	7 9	43	45
6	8 10	47	49
13	15 17 19	61	63
35	37	65	67
36	38	66	68
39	41	69	71 73 75

第二篇

供应失效下的柔性作业车间重调度模型研究

刘　威

第1章 绪 论

1.1 研究背景

随着信息化与工业化的融合逐步深入，全球制造开始不断转型升级，酝酿着进入下一个工业时代。2013年4月德国政府在汉诺威工业博览会上率先提出了“工业4.0”概念，得到了热烈响应。世界各国开始推出与各自国情相匹配的类“工业4.0”战略，美国的互联网巨头和传统制造企业于2014年联手成立了“工业互联网联盟”，我国在2015年颁布“中国制造2025”行动纲领。无疑，对我国来讲，新一轮的工业转型浪潮既是机遇，也是挑战。

在新的工业时代，大规模批量生产将转变为定制生产，集中生产将开始向异地协同生产转变。工业制造企业需紧随时代背景，同步实现产品生产周期的缩短、定制化服务普及、生产质量提升、生产成本降低等新要求。要想实现这些新的要求，企业要不断优化自身的生产系统和整个供应链，而优化供应链的基础和前提就是供应链的稳定性，供应的不确定性是导致供应链不稳定最主要的原因之一。供应链一旦失效将会给企业造成较大伤害，如1999年台湾地区地震导致很多计算机配件供应失效，这次失效直接影响了依赖台湾地区供货的摩托罗拉和博通，供应商和制造商因此都损失惨重；再比如2000年一场雷击事件导致了飞利浦公司在阿尔布开克的半导体工厂停产，依靠这家厂商供应芯片的爱立信不得不推迟手机的生产，其公司的股票立马下跌了14%；2001年美国的“9·11”事件直接导致了福特的多条装配线停产；2012年德国赢创集团的一家化工厂发生爆炸，这家化工厂为全球多家驻车系统生产公司提供树脂材料，这一事件导致了多家刹车系统生产商的出货延期。除上面这些损失惨重的影响较大的失效案例外，很多中小型企业也面临着供应失效风险。有65%的中小板上市企业在其招股说明书中载明，其企业的采购面临供应不确定风险[1]。这些失效可能会发生在运输过程中，比如有可能运输中货物储存环境潮湿或发生撞击等造成货物损失；有可能是供应商出货能力有限，比如一些半导体行业的有效产出率经常低于50%[2];有可能是因为供应商资金链断裂;还有可能是因为政局动乱,人为事故;等等。虽然通过前期对风险的评估排查可以减少风险发生的概率,但是这并不能完全消除风险发生的可能。在供应失效发生后,企业管理者该如何采取科学有效的措施,妥善对企业内部和外部进行科学合理的安排,这已成为近年来学术界和工业界关注的热点问题之一。

在供应失效发生之后,企业决策者首先要对相应的外部作出决策,即解决生产环节的输入端问题,用最合适的应急策略、最快的速度恢复供应。在输入端的问题解决后,企业要对生产计划重新审视。因为一旦输入端发生变化,那么原先的生产计划很可能无法执行,或不再是最优。不难看出,在这个过程中,输入端和过程端是紧密相连的,二者都会直接影响生产输出端的表现。在面临供应失效危机中,企业考虑的首要问题是尽可能降低经济损失。因此,本篇试图将生产环节的输入端和过程端结合考虑,找寻使输出端表现最优的重调度方案。

1.2 研究意义

本篇研究内容为供应失效下柔性制造车间的重调度问题。本篇对供应失效下模型的研究主要分为两个部分:一部分是外部应对策略的研究,即供应失效风险下企业应急管理策略研究;另一部分是重调度模型研究。

本篇对供应失效下企业的应急管理策略相关研究成果进行了梳理和总结,发现了以往学者解决供应失效问题的底层逻辑,即学者们多半从金融、管理运营和与供应商关系三个方面展开。在具体研究每个方面时,又将问题分为事前、事中和事后三个维度。本篇研究主要是对作出外部决策提供理论基础,对应的是模型中输入端部分的研究内容。本篇丰富了供应失效下企业应急管理领域的研究内容,可为后续相关领域研究人员提供参考。

本篇所建立的重调度模型基于供应失效下的情形。以往学者在研究调度问题的时候,往往更关注调度性能,即加工时间最小化、机器占用率最大化等,这样的研究往往基于机器不会发生故障,物料不会出现短缺等假设下。但是在实际生产中,机器会发生故障,物料也会出现供应失效,于是有研究者试图将研究问题复杂化,更贴近实际化,开始研究动态调度。但是这些研究往往将机器失效作为重点研究对象,较少有人专门对供应失效进行研究,本篇的研究可以作为重调度相关领域的研究的一个启示和参考。

本篇的研究对象是柔性作业车间，这类车间的模型与现实更为贴近，同时也更为复杂，是 NP 难问题(Non-deterministic Polynomial Complete Problem，多项式复杂程度的非确定性难题)。本篇应用改进的遗传算法求解模型，为模型求解提供了思路和解决方法，以期为后续相关研究者提供理论参考。

企业生产过程的输入端会影响过程端的计划和输出端的表现，输入端一旦发生变化，过程端的计划就可能要随之作出调整，输出端的表现也会随之发生变化。因此，本篇将输入端和过程端联合考虑，建立重调度流程模型，有助于企业快速找出使输出端表现最好的方案。像这样将输入端和过程端放在一起考虑的研究思路也较为少见。

供应失效风险在一定程度上可以预防，却无法消除，无论采用何种措施，风险还是可能会发生。风险一旦发生，企业必须作出快速应对。本篇提出的模型可以为企业决策者准备此类应急预案提供决策支持，因而具有实际意义。

1.3　研究内容及结构

1.3.1　主要研究内容

(1) 供应失效风险下企业应急管理策略研究。本篇对供应失效风险下企业应急管理策略相关研究成果进行梳理和总结，试图找寻以往面对供应失效问题的管理策略的底层逻辑。既有的研究多半是从金融角度、管理运营角度和与供应商关系角度三个角度，以及事前、事后两个维度入手的，并提出了不同的解决措施。本篇详细列举了各种措施，并对每种措施结合相关文献进行了综述。

(2) 构建供应失效下柔性作业车间重调度数学模型。本篇将研究对象设定为柔性作业车间，因为这种车间更符合实际中小型工厂的加工情况。在一般柔性作业车间调度模型基础上，考虑了物料短缺情况，加入了新的假设，调整了目标函数，引入了新的约束，提出了适用于供应失效下的数学模型。

(3) 构建供应失效下柔性作业车间重调度流程模型。本篇不仅考虑了供应失效下的生产环节，同时考虑了将生产输入端和生产环节连接，结合应对供应失效常见的运营管理策略——安全库存策略、应急采购策略和等待主供应商恢复策略，提出了供应失效下柔性作业车间调度流程模型，给出了从输入端到加工生产环节的相关决策支持。

(4) 应用改进的遗传算法求解文章所提模型。本篇采用改进的遗传算法求解所提出的模型,给出了在应用改进的遗传算法过程中涉及的各个步骤的详细应用方法。并给出了应用改进的遗传算法求解所提模型的具体应用实例和过程。

(5) 给出重调度方案评价指标。本篇提出了用于评价所得出的重调度方案的评价指标。该指标可用于筛选几个目标值相同的重调度方案,同时也可作为采用重调度方案的决策支持。

1.3.2 章节结构安排

第1章：绪论。主要介绍研究背景,提出所研究问题,表明研究意义。讲述了本篇的研究方法和技术路线。对各章节主要内容作出安排和介绍。

第2章：相关理论与文献综述。从调度问题的描述及其分类、调度问题的特征等方面介绍了调度问题所涉及的相关理论知识,为后文模型提出奠定理论基础。之后对相关问题的国内外研究现状进行综述,分别为供应失效风险下的企业应急管理策略研究现状综述和重调度相关研究综述,随后对重调度问题的求解方法进行介绍。

第3章：供应失效下的重调度问题与模型构建。先对一般柔性作业车间调度问题进行描述,并在此基础上描述了供应失效下的柔性作业车间调度问题,据此建立了混合整数规划模型。随后结合生产输入端(物料)扰动常见的应对策略——安全库存策略,应急采购策略和等待主供应商恢复策略建立了供应失效下柔性作业车间调度流程模型。本篇通过一个小规模的问题对模型进行了解析。

第4章：重调度模型求解。介绍了资源优化重设和相应的重调度操作,接下来详细地介绍了用于求解数学模型的改进的遗传算法,包括初始解、编码和解码、交叉操作、变异操作、选择操作、适应度函数等内容,给出了用于筛选最优方案和决策是否启用重调度方案的评价指标。

第5章：重调度模型的应用。首先介绍了模型应用企业的概况,接下来给出了实验目的、实验环境并简述了实验过程。最后对所得实验结果进行分析,以验证所研究问题的必要性和所提出模型的有效性。

第6章：总结与展望。总结本篇主要结论和研究成果,对研究中存在的不足进行剖析,并展望相关研究的下一步工作。

1.4 研究方法与技术路线

本篇采取的研究方法主要有：文献研究方法、归纳分析方法、数学建模方法、仿真实验方法等。

（1）文献研究方法：对现有相关内容的研究成果即文献进行阅读、梳理和总结。明确所研究领域的研究现状、存在的问题，以及下一步的研究方向。本篇对供应失效风险下的企业应急管理策略相关研究以及柔性作业车间的重调度问题相关研究进行回顾、梳理和总结，明确了研究问题的范围、方向和意义。

（2）归纳分析方法：归纳分析是通过分析一类事物的部分对象具有的某种特质，归纳出它们所体现出的共有特性，从而得到一般性的结论。本篇对以往供应失效风险下的企业应急管理策略相关研究进行归纳分析，找出企业应对此类风险的外部策略的通用逻辑，为下文构建模型打下基础。

（3）数学建模方法：对一类实际问题作出简化，然后用数学语言进行描述，表达成一般情况下的通用模型。在面临实际不同时，研究者将问题的不同参数带入数学模型便可对问题进行求解的方法称之为数学建模法。本篇在分析柔性作业车间重调度问题时主要采取了这种方法。将供应失效下的柔性作业车间调度问题表示成数学模型，然后便可用数学模型求解这一类问题。

（4）仿真实验方法：对所研究的实际问题进行简化，然后用仿真软件模拟实际问题，在实验室环境下对实际问题进行仿真，快速找到实验问题，得到实验结果。这样的方法可以节省在现实中进行实验的时间、材料和成本。本篇在验证所提模型有效性的时候采用了仿真实验的方法。将采集的实际工厂加工信息数据带回实验室进行仿真实验，通过对结果的分析验证了所研究问题的必要性和所提模型的有效性。

本篇研究的技术路线如下：首先确立了研究问题。其次，通过大量文献阅读，对供应失效下的企业应急管理策略进行梳理、研究和总结，得出主要的外部应对策略。在此基础上对企业重调度问题进行研究，得出供应失效下的重调度数学模型。然后，结合前文所得出的企业外部应急策略，建立重调度流程模型，接下来用改进的遗传算法求解所提数学模型。最后，用仿真实验验证模型的有效性，并给出本篇的总结与展望。见图 2－1。

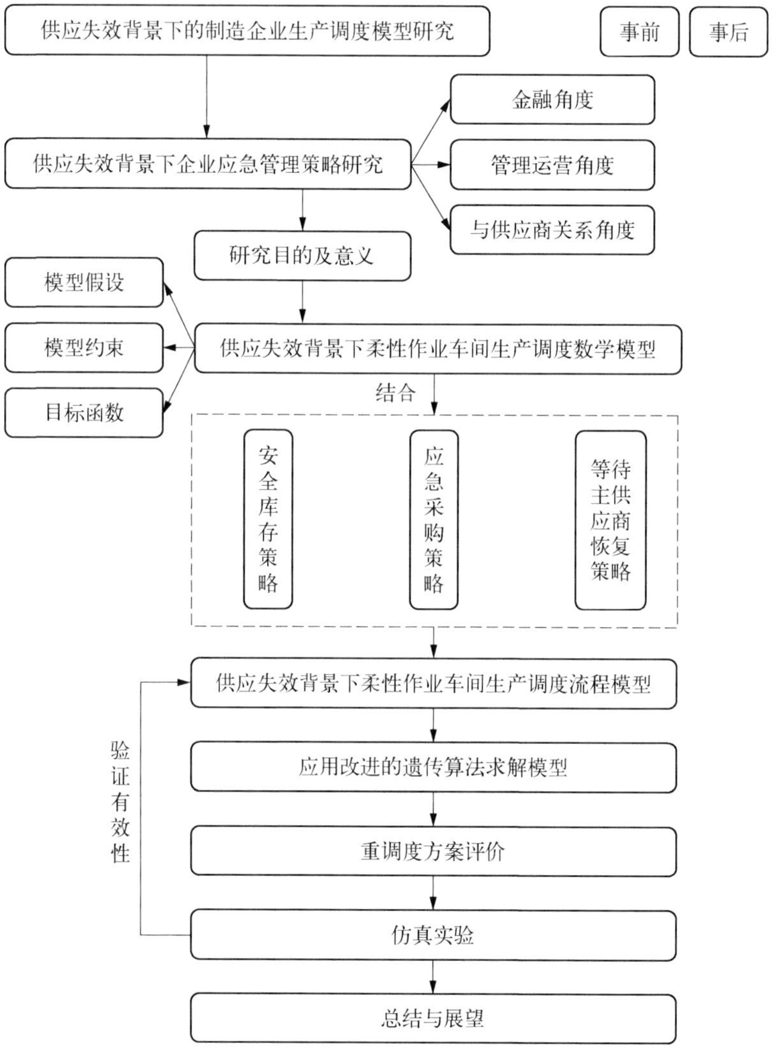

图 2-1　本篇技术路线示意图

第 2 章　相关理论与文献综述

本章主要介绍研究过程中涉及的概念与理论，明确研究问题范围和模型适用条件，综述相关研究的国内外现状，分析现有研究的趋势、特点和不足，最后介绍求解重调度问题的方法。

2.1　相关概念与理论

本篇主要研究内容有两大部分，一部分是供应失效风险应急策略相关研究，另一部分是柔性作业车间重调度研究。本章将分别针对这两部分研究内容对本篇所用的概念和理论进行介绍。

2.1.1　供应失效问题

本篇研究内容涉及供应失效下的柔性作业车间重调度问题，所以首先要明确“供应失效”的概念。以往不同的学者对供应失效作出了不同的定义，Lewis[3]将供应商因自身问题不能出货和因运输问题不能及时将产品送达的情况统称为供应失效。卫芬芬[4]将供应失效定义为供应链上游供应商因受到自然灾害影响或者人为因素影响而不能正常供应的情况。

本篇研究的供应失效事件是指供应商不能按时按量交付合格产品的事件。供应失效可能存在的形式有：交货延期、交货质量不达标、交货数量不达标、无法交货等。

引起失效的原因分为供应商的内部原因和外部原因。其中，内部原因有：基础设施故障、员工罢工、资金链断裂或短缺、产品质量不达标；外部原因有：自然灾害、政治事件及政府政策、经济危机、恐怖袭击或战争。见图 2-2。

本篇模型适用的失效类型为：在短期内可通过各种外部策略，如帮助供应商恢复生产，启动备用供应商等在一段时间内能恢复供应的供应失效。不包括无法恢复的供应失效事件，如 2018 年初，在中美贸易摩擦的影响下，中兴

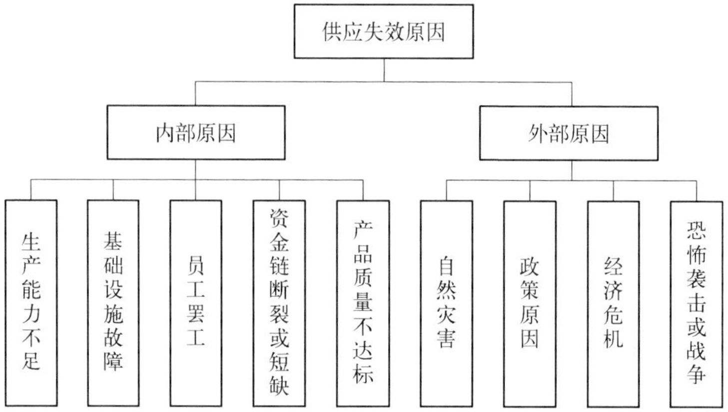

图 2-2 引起供应失效的原因

通讯的供应链被切断，因为没有其他供应商加上政策等原因无法在短时间内恢复供应。

2.1.2 柔性作业车间重调度问题

要想解决柔性作业车间重调度问题，首先要先了解生产调度、重调度的基本概念，再在此基础上明确柔性作业车间的特点，才能得出柔性作业车间重调度问题需要解决的内容。

1. 柔性作业车间生产调度问题

本篇研究的柔性作业车间是众多生产车间类型中较为贴近实际的一中。要研究这个问题首先要从什么是生产调度入手。在制造业中，生产调度是一项在最大可能满足生产约束条件的基础上，针对一项可分解的过程，通常指生产加工工程，对其各个加工工作所用资源、加工时间、加工顺序作出安排，进而使调度结果例如加工时间、加工成本等达到最优的工作。科学高效的调度技术可以对企业生产的性能作出显著改善，如使库存成本降低，使设备利用率提高，使准时交货率增加，还可以对一些客户的紧急订单，突发状况，市场变化作出迅速反应。

相关研究最早开始于 20 世纪 50 年代 Jonson 研究的由两台机床组成的 Flow Shop 型问题[5]。经过近七十年的发展，生产调度的相关研究日趋完善，且已经取得了丰富的研究成果。不同的加工车间类型所面临的调度问题不同，常见的研究对象有作业车间（Job-shop）、流水作业车间（Flow-shop）、置换流水线

(Permutation flow-shop)、开放式车间(Open-shop)、并行机(Parall machine)等。本篇选择的研究对象是柔性作业车间,它是作业车间的延伸。

作业车间调度问题是最基本、最经典的调度问题,相关研究较为完善,另外在实际生产中,尤其是中小型企业的生产中,一般采用的加工车间多为作业车间。作业车间调度问题一般可描述如下:

在作业车间中有加工机器 m 台,待加工工件 n 个。其中每个工件需要经过 k 道加工工序的加工,且工序与工序之间存在先后顺序约束。每个工件的工序需在指定机器上进行。调度任务是在满足所有生产约束的条件下,安排各个工件的工序在其加工机器上的开始时间,尽可能使调度目标最优。

基本的调度目标大体可分为 4 类:

(1) 有关于加工时间的调度目标,如使最大完工时间 $C_{\max}$ 最小化、使平均完工时间 $\bar{C}$ 最小化等。

(2) 有关于交货期的调度指标,如使最大拖期时间 $D_{\max}$ 最小化、使总拖期时间 $\sum_{i=1}^{n} D_i$ 最小化,使拖期工件个数 n_T 最小化等。

(3) 有关于库存的调度指标,如使平均在制品数 $\overline{N_w}$ 最小化、

(4) 有关于机器使用率的调度目标,如使平均机器占用率 p 最大化,使平均机器空闲时间 I 最小化等。

除了这些较为常见的基本调度目标之外,还有一些学者开始考虑绿色加工问题,将生产过程中的能源消耗作为优化目标。在以往的研究中,也有很多学者开始把单一目标结合多目标调度考虑,如把最大加工时间最小化与机器占用率结合考虑。

在传统的作业车间调度问题中,每个工件的工序需要在指定的机器上加工,但是很多加工车间在实际生产中具有一定的柔性,即任意工件的工序可选的加工机器不止一台。因此便展开了柔性作业车间调度问题的相关研究。柔性作业车间与传统作业车间最大的不同在于每道工序可以在多台不同的机器上进行加工,在每台加工机器上的加工时间不同。这样的加工环境具有柔性,较为符合现代加工需求,因此本篇选择的研究对象为柔性作业车间。

柔性作业车间调度问题(Flexible Job-shop Scheduling Problem, FJSP)还可以进一步分为部分柔性作业车间调度问题(Partial-FJSP, P-FJSP)和完全柔性作业车间调度问题(Total-FJSP, T-FJSP)。其中,在部分柔性作业车间中,任意工件的工序可使用的加工机器数量有限,是全部加工机器的真子集。而

在完全柔性作业车间中，任意工件的工序可使用的加工机器为全部加工机器组成的集合。可以看出，完全柔性作业车间是部分柔性作业车间的特例，两个可以相互转化，本篇将研究通用性更强的部分柔性作业车间。

在安排柔性作业车间调度问题时，首先要确定各工件工序的加工机器，在此基础上再确定在每台加工机器上各个加工工件的开始时间。表 2-1 为一个有 5 台机器 3 个待加工工件的柔性作业车间各个工件工序加工时间表，以工件 1 的第一道工序为例，它的可选加工机器有 M_1，M_3，M_4，且在每台机器上的加工时间不同。在安排车间调度计划时，首先要先选定该工序的加工机器，再决定该工序在选定加工机器上的开始加工时间。

表 2-1　柔性作业车间工件的加工时间示例

工件	工序	加工时间				
		M_1	M_2	M_3	M_4	M_5
J_1	O_{11}	4	—	2	4	—
	O_{12}	2	—	—	—	8
J_2	O_{21}	—	6	—	—	6
	O_{22}	7	—	—	4	—
	O_{23}	8	5	3	—	6
J_3	O_{31}	—	—	8	6	—
	O_{32}	—	9	5	—	4

2. 重调度问题

在传统的生产调度问题中，常常对生产环境作出一些较为理想的假设，比如生产过程机器不会发生故障，物料不会出现短缺，各工件工序加工时间不会出现变动，在计划执行过程中不会有新任务到达，即生产环境是相对静态的。但是在实际加工过程中，常常会出现这样或那样的扰动，比如机器发生故障，新订单到达，物料不能及时到达生产线等，每当这些扰动事件发生时，生产系统中原本的生产计划往往不再可行，或不再是最优，需要作出调整，这个调整的过程就称之为重调度。本篇研究的是供应失效下的柔性作业车间重调度问题，供应失效属于发生在制造车间的一类特殊扰动，其发生概率往往不能预测，发生次数通常较低，因此不同于机器故障、新订单到达等发生的概率高，后二者往往是可以预测的扰动，其本质上属于风险发生后的应急预案，因此有必要单独讨论供应失效这种情形。

在解决重调度问题的过程中，通常需要解决两个主要问题，一是对扰动事件的处理，即何时启动重调度流程，生成重调度策略。系统中的扰动时有发生，有的扰动对原计划的影响并不大，在这种情况下，执行原计划比重调度计划更为合适。因此，相关研究要定义什么时候开启重调度流程最为合适；二是如何生成重调度方案，在解决重调度问题时，最常用的办法就是建立数学模型，但是作业车间调度问题包括柔性作业车间调度问题都属于 NP 难问题，可行解数量庞大，求解过程较为困难，因此要不断找寻更好的算法来求解此类问题。目前相关研究常用的基本算法有遗传算法、模拟退火算法等。

重调度的一般流程如下：确定扰动类型→确定重调度策略→确定重调度方法→对重调度方案进行评价。接下来本篇将对重调度流程涉及的各个步骤进行简要介绍。

（1）扰动分类

发生在系统中的不确定扰动有很多种，基本的分类方法是由 Suresh[6] 提出的，他将各种扰动事件按照其来源分为 4 类：

① 源于工件的扰动：工件加工时间不确定、工件到达产线时间不确定、工件优先级发生变化、工件交货期发生变化、新订单到达等；

② 源于机器的扰动：机器故障、机器维护等；

③ 源于工序的扰动：工序加工时间延长、工序加工质量不达标等；

④ 其他来源的扰动：操作工人操作失误、原材料供应失效等。

除了这种基本的分类方法以外，还有很多文献[7-8] 会将不确定事件分为显性和隐形两类。其中，那些发生一次就会对生产造成明显后果的扰动，可称为显性扰动，如供应失效、机器故障、加工工序质量不达标、新订单加入等。发生一次不会对生产结果有明显的影响，但是累计起来的结果可能会使生产明显偏离原计划，即为隐形扰动，包括加工工序完成时间在允许范围内的误差，在缓冲区内待加工工件数量的积累等。

（2）重调度策略

重调度策略主要有三大类：完全反应式调度、预反应式调度、鲁棒调度。前两种是调度方法中的预调度方案是在不考虑干扰影响的情况下产生的，而鲁棒调度方法中的预调度方案是在预测并考虑干扰情况下产生的。接下来分别介绍三种调度策略。

完全反应式调度实质上是一种在线调度方式,在这种调度方式下,待加工件将按照一些分派规则和优先级顺序排队,按照机器空闲顺序指派给相应机器进行加工。较为常用的分派原则有按照加工时间大小和按照交货期早晚。完全反应式调度需要处理的信息较少,计算量不高,反应速度快。但是当扰动发生后,会导致车间物料计划修改频繁,进而增大调度成本。这种方法在实际生产中并不多见,不适用于本研究。

预反应式调度是制造车间重调度较为常用的策略。这种调度方式需要首先生成一个静态环境下的调度计划,制造车间先按照此调度计划进行生产,一旦发生扰动事件,或到达重调度时刻,就启动重调度流程生成重调度方案。最常见的重调度驱动机制有:事件型驱动重调度,即发生某扰动事件后,就开启重调度流程;周期型驱动重调度,即按照特定周期对生产系统进行重调度。混合型驱动重调度,即将事件型驱动和周期型驱动相结合。本篇所研究的扰动为供应失效,是一类发生频率较难预测的扰动,采用预反应式调度最为合适,在 3.2.3 节中将对驱动机制部分进行进一步的介绍。

最初,在实际生产中,管理者们往往是在生产系统发生扰动后给出重调度方案。这时产生的方案可能会与原方案产生较大偏差,即稳定性较差。在这种情况下,有学者开始研究能否找到一种调度方法,在一定程度上能抵抗在系统内发生的干扰。为此产生了一种新的调度方案评价指标——鲁棒性。如果一个调度在干扰情况下依然保持良好的性能,则称该调度是鲁棒的。在鲁棒性概念的基础上,有学者开始研究鲁棒性调度,即在制定调度计划时,对生产车间可能会发生的扰动事件进行预测,在考虑预测结果的基础上生成重调度方案。使用这种方法产生的重调度方案对实际生产中系统发生的不确定事件有一定的抵抗能力,即当不确定事件发生后,原调度计划依然可行且较优。但是此种方法只适用于可以预测的扰动。

(3) 重调度方法

重调度,即使用什么样的方法产生新的调度方案,有以下三个最基本方法。

① 全局重调度:在重调度时刻对所有未加工工件的全部未加工工序进行重新调度。这种调度方法不会牺牲调度目标,但是得到的调度结果可能较原调度结果有一定的偏离程度。

② 部分重调度:在重调度时刻,对受到干扰影响的部分工件的相关工序进行重调度。这种调度方法较好地平衡了新调度较原调度偏离的程度。

③ 右移重调度:在重调度时刻,不选择生成新的调度方案,而是将受到影响

的工件的相关工序右移至可行开始时刻。这种方法产生的调度方案不会产生移动工件等程序和费用，但是在很大程度上往往会牺牲优化结果。

本篇重点研究的是如何使企业在供应失效中的经济损失最小，因此考虑使用的是不牺牲优化结果的全局重调度，并在重调度方案评价中考虑方案偏移所引起的搬运成本，进而综合考虑选出最优方案。

(4) 重调度性能评价

重调度性能评价即指基于一些性能指标评估重调度对作业车间的实际生产造成的影响[9]。根据这些评价指标的特点，可以大体将其分成以下三类[10]。

① 调度效率指标通常是时间相关指标：如生产周期、平均延迟时间、平均流动时间、平均资源利用率和最带延迟时间等。

② 调度稳定性指标中最常用的就是调度方案的稳定性和鲁棒性。其中，稳定性是指一个调度与干扰情况下的实际调度之间的偏差，这种偏差又分为时间偏差和顺序偏差。调度的鲁棒性是指一个调度在干扰情况下保持良好性能的能力。

③ 重调度的成本由三部分组成：计算费用、机器预热产生的费用、搬运费用。相关的指标有：工件单位利润、总成本、总拖期成本、总搬运成本等。对于制造企业管理者来说，直接地体现在经济上的指标远比调度效率相关指标重要。

2.2 国内外研究现状

本篇试图将生产环节的输入端和过程端联合考虑，用以优化供应失效下的生产输出端表现结果。这里涉及外部应急管理策略和内部重调度问题，因此本篇将分两部分对国内外研究现状进行综述。

2.2.1 供应失效风险下的企业应急管理策略研究现状

供应失效并不是一个新的课题，它从供应链产生的时刻就存在。但是近年来，随着全球化采购的盛行、制造业生产方式的转变——不断向精益生产这种能快速满足客户多样化需求的生产方式靠拢，供应链不稳定性因素增加，而核心制造企业对供应稳定性的要求越来越高，这些都导致供应失效问题越来越成为广大专家学者们研究的热点。经过 20 余年的研究发展，国内外学者在如何应对供应失效风险这一领域取得了丰硕的研究成果。本篇通过回顾并总结国内外大量文献，发现以往学者们是从以下三个方面、两个维度切入研究的。三个方面为：

金融策略方面、管理运营策略方面、与外部关系策略方面，两个维度为：事前、事后。每个方面在不同维度下有不同的应对措施，总结见图 2-3。

		事　前	事　后
金融策略		营业中断保险	
管理运营策略	风险预防管理	① 安全库存策略 ② 采购管理策略 ③ 供应网络设计	
	风险应急措施		① 备用供应商策略 ② 顾客需求管理策略
与外部关系策略		① 主、备用供应商供应合同设计 ② 供应商供应能力恢复投资激励政策	① 等待主供应商恢复

图 2-3　企业应对供应失效风险措施

接下来，本篇将分别从这三个方面进行文献综述。

1. 金融策略

供应失效风险带来最直接的损失就是经济损失，因此一些专家学者试图从金融工具的角度来对企业生产过程进行防护，在风险发生后尝试用金融手段弥补损失，最常见的手段便是购买营业中断保险。营业中断保险[11]，又称业务中断保险，是指对企业（被保险人）因物质财产遭受自然灾害或意外事故等导致损毁后，在一段时间内停产、停业或营业受影响的间接经济损失及营业中断期间发生的必要的费用支出提供保障的保险。

使用相应的营业中断保险抵御供应失效风险，属于营业中断保险研究领域的具体应用，相关研究成果如下。

Dong 等[12]研究了库存和紧急采购策略与营业中断保险的相互影响，研究表明，营业中断保险和运营策略（库存管理、紧急采购）在有些情况下可以同时采用，购买营业中断保险后管理者可以适当增加安全库存，和/或在采用紧急采购策略时减缓采购价格上升带来的损失。Li 等[13]的研究证明，营业中断保险能缓解供应失效带来的损失，是应对供应失效的有效措施。蔡鹏[14]在企业应对供应风险的策略中加入使用营业中断保险措施，并在此条件下研究了引入该保险对企业利润和生产库存水平的影响，并构建了相关决策模型，证明企业在是否购买营业中断保险的两种情况下均存在最优库存水平，说明营业中断保险与库存策略可以结合使用。于辉等[1]建立了一个由保险公司、供应商和零售商三方参与组成给的博弈模型,对保费的费率以及保险公司和供应链之间的相互影响进行了讨论。结果表明,在费率合理的情况下,购买营业中断保险能够实现三方共赢。尤顺利[15]在蔡鹏研究的基础上考虑了单节点(即考虑制造商)、双节点(考虑供应商和制造商)两种情形下的三种情况:未发生中断、发生中断但未购买保险、发生中断且购买保险,试图在采购成本、固定费用、生产成本、库存成本、缺货成本以及惩罚成本中为决策者寻求最佳平衡,为企业提供基于营业中断保险的供应链风险控制策略建议。

2. 管理运营策略

从管理运营角度切入,找寻抵御供应失效风险方法是管理者和研究者们的常见思路,研究成果也最为丰硕。从应对供应失效风险时间来看,常用的风险管理策略又可以划分为事前预防和事后处理两个阶段,事前预防阶段对应的是风险预防管理策略,事后处理阶段对应的是风险应急处理策略。本篇将从这两个阶段分别进行文献综述。

(1) 风险预防管理

风险预防就是在风险未发生之前采取相应的措施,从而使生产系统有更强的风险抵抗能力。在面对供应失效风险时,主要有以下三种预防策略。

① 安全库存策略

在生产过程中合理地设置安全库存是缓解供应失效最为常见和直接的方法之一。一旦供应发生中断,企业可通过库存来满足顾客需求,避免损失,然而,长期的大量库存也会导致成本增加,影响企业的长期营利能力。因此,公司管理者需要通过合理的分析确定安全库存数量以及采购时刻和数量。在需求已知、生产能力已知的经典简化模型中,是可以求出相应闭式解的。但是一旦问题变得更复杂,比如在考虑供应风险存在情况下,很多参数就不再是常量。谈晓菲[16]针对钢铁企业,介绍了供应失效的几种情况及其对钢铁企业的影响,并以钢铁企业的采购库存成本为目标函数建立了数学模型,给出相应的采购库存策略。其研究问题方法对其他类型生产企业同样具有参考意义。娄山佐等[17]研究了随机供应失效和退货环境下的库存策略问题,在这种环境下库存的变化不再像传统意义上的机械简单,而是呈现复杂的随机波动状态。基于此他们提出了一个综合应急控制策略,使用应急采购策略缓解供应失效带来的库存短缺问题,针对退货超出现有储存空间的问题,使用应急处理策略。娄山佐等[18]的研究表明,当供应商的可靠性较低或中断类型均为频率低、持续时间久的时候,双源采购策略能够有效缓解供应失效对库存的影响。李珊珊等[19]的研究表明,库存策略仅适用于管理持续时间较短的中断。面对长时间的供应中断，可以采用他们提出的混合动态管理策略。若应急采购成本高，则在中断发生后首先以最大速率消耗库存，在库存消耗结束后进行应急采购。若应急采购成本低，则在中断初始时刻进行库存与应急采购联合使用策略。张以彬等[20]以厂商利润最大化为优化目标，以市场需求流失率、相关中断参数和核心技术延迟时间为变量的模型，试图找出如何利用应急供应商策略和库存策略来解决顾客流失率问题。

Atasoy 等[21]给出了在供应商提供一些基本预测信息，如库存信息、生产进度和合同义务的情况下，存在固定采购成本和不存在固定采购成本的最佳订货库存水平。Xanthopoulos 等[22]给出了一种双源采购策略下通用的库存策略模型。Azura 等[23]给出了在考虑碳排放和安全库存的两阶段供应链供应失效恢复模型。Huang 等[24]建立了一个三级食物供应链（供应商、分销商、顾客）的博弈模型，给出了最优定价策略、库存策略和储存策略。Maihami 等[25]研究了易腐产品的三级供应链模型的库存策略和定价策略问题。

② 采购管理

在采购管理中，决策者应在考虑供应失效风险的前提下，决定供应商数量、供应商选择、供应商订货批量等常见采购问题。以往的大量研究表明，双源采购在很多情况下能够有效抵御供应失效风险。因此，当学者们试图从采购角度切入时，研究课题往往都为双源或多源采购问题。

陈崇萍等[26-27]研究了在供需均随机的情况下，制造商在面对供应原料存在质量差异的两个不同的供应商时，采用对供应方进行缺陷改善投资的双源采购决策问题。其研究又表明，制造商采用双源采购是应对供应随机和中断风险下的暂时策略，在风险足够低的情况下，制造商可以采用单源采购。周林等[28]给出了改善供应商可靠性策略和后备产能订购策略之间合理的平衡决策建议。李志鹏等[29]研究了在采购商借助逆向拍卖机制来发现价格和选择供应商的背景下，采购商如何设定最优批发单价投标机制，进而从多个具有成本私有信息的不可靠供应商中选择出合适供应商进行双源采购。徐鸿雁等[30]在考虑信息更新的情况下，给出了一个两阶段动态采购决策模型，制造商在第一阶段向存在供应风险的一个或两个主供应商订货，在第二阶段根据主供应商风险信息的更新决定是否向后备供应商订货。李幻云等[31]在考虑供应链中断风险的前提下，研究了军工企业在采用双源采购策略情况下如何分配订单问题。刘靓等[32]以一个制造商和多个供应商组成的供应链为研究对象，构建了一个存在失效风险的、以成本和风险线性加权最小化为优化目标的弹性供应组合模型，其中决策变量包括供应商数量选择、订单分配、设防供应商数量选择和应急库存分配

Yu 等[33]评估了在两级供应链中顾客需求不确定且价格敏感的情况下，供应失效风险对单源采购和双源采购策略的影响，并给出两种策略各自的适用条件。Sawik[34]研究了国内供应商和国外供应商存在供应风险时在单源采购和双源采购策略下的最优采购策略。在 Zhu[35]的研究中，双源采购的供应商分别位于国内和海外，结论如下：① 国内供应商的供应失效相较于海外而言带来成本效率恶化效应更大；② 国内供应商生产信息透明化为企业带来的价值高于海外供应商；③ 当企业同时采用国内外供应商时，供应失效信息能够大幅节约成本。Silbermagr 等[36]根据供应商的初始采购成本，学习效率和可靠性三个特点决策采购订单分配策略。Li 等[37]给出了在企业设定损失规避标准情况下的双源采购策略下的从每个供应商处的订货数量。He 等[38]给出了在考虑主供应商存在供应失效风险、需求和价格不确定情况下企业利润最大化的最优订货数量模型。

③ 供应网络设计

在供应网络设计上，决策者要在知晓风险的前提下，考虑仓库选址等问题。

刘茵[39]将研究对象设计为五级供应链网络，将失效情景细化，并赋予不同情景相应的发生概率。以系统内部期望总成本最小化为优化目标，建立弹性供应链网络，并给出各节点的选址及任务分配策略。舒艺[40]在传统三级设施选址—库存模型基础上，建立了考虑供应失效风险加入上游供应商选择的四级选址—库存模型，并利用均值—方差理论在四级模型中加入风险态度系数，讨论了决策者在面临风险时的不同态度对供应链设计结果的影响。邱若臻等[41]考虑了在供应链网络中存在由上游供应商设备故障引起的节点失效的情况下，建立随机需求和供应失效下基于路径的供应链网络设计非线性规划模型，给决策者在不确定环境中设计具有鲁棒性的供应链网络提供决策支持。孟宏旭[42]研究了多时段节点失效修复和需求波动的弹性供应链网络优化设计，在传统供应链网络基础上加入弹性反应机制，这使得网络对突发中断事件的抵御能力得到大幅增强。

Farahani 等[43]研究了供应链网络中上游制造商设备故障或网络中节点间链接失效导致的供应失效情况，建立了随机需求和供应失效下基于路径的供应链网络设计模型，分析了供应存在中断情况下的库存选址问题。Fattahi 等[44]研究了在用户对交付时间较为敏感情况下的存在供应失效风险的多阶段供应网络设计模型，又研究了存在中断风险的生物燃料供应网络设计问题。Jabbarzadeh 等[45]设计了一个可以抵御中断的闭环供应网络设计模型，模型利用横向转运策略

来缓解供应失效风险，通过模型决策者可以得出最佳选址地点和横向转运数量。

（2）风险应急管理

风险应急管理在一定程度上能增加企业抵御风险的能力，但这些并不是铜墙铁壁，风险依然可能会发生。在风险发生之后，可以及时采取有效措施，减轻风险带来的损失。在供应失效发生后，常见的处理措施有以下两种。从供应侧的角度解决：备用供应商策略；从需求侧的角度解决；顾客需求管理策略。

① 备用供应商策略

Chen 等[46]的研究表明，主供应商的供应可靠性和中断恢复速度是制造商首要考虑的因素，在主供应商供应失效期间，备用供应商的供应能力不必一定强于最大需求，尤其是当备用供应商供货价格较高时。Giri 等[47]在 Jafari 对双源闭环可回收供应链的研究基础上，考虑了供应失效问题，引入了备用供应商，建立了新的供应链博弈分析模型。

李艳等[48]将研究对象设置为存在供应失效风险的易腐品供应链，给出了应对供应节点失效的修复失效供应商、内部供应商柔性生产以及启用备份供应商的应急策略。颜荣芳等[49]从制造商最终获取利润角度对比研究了最优采购策略和应急采购策略，得出当主供应商可靠性小于 0.8 时，最优采购策略优于应急采购策略。李新军等[50]研究了在一个由主供应商、后备供应商和制造商组成的二级供应链中不同期权执行模式对制造商的影响。一种期权执行模型是需求未知情况下提前向后备供应商订货的推式订货模式，另一种是获知需求信息后再向后备供应商订货的推拉相结合的订货模式。

② 顾客需求管理策略

在风险发生之后，可以从需求侧入手，通过使用改变产品价格等方法，使顾客购买需求转向库存充足的同类商品，进而降低市场对由供应中断引发脱产的商品的需求压力。这不失为一种巧妙的解决思路。台湾地区是全球半导体的主要供应地，1999 年台湾地区发生地震，致使很多电脑零部件供应商因停产而无法供应。戴尔公司在这场危机中采用的应急策略就是顾客需求管理策略，调整同类商品价格，转移顾客需求焦点，其当年的收入非但没降，反而增长了 41%[51]。

Cheung[52]为减少供应失效可能带来的订单流失问题，建立了一种根据交货时间制定的打折策略，结果表明这种折扣策略可以让消费者接受交付延迟。Decroix 等[53]的研究表明，为顾客提供经济激励能够有效的缓解因供应失效问题带来的客户流失问题。Ding 等[54]根据顾客对价格的敏感程度将顾客分级，提出了一个分阶段的动态折扣策略模型，帮助管理者获取最大利润。Tomlin[55]的研究表明，在两种产品来自同一供应商情况下，顾客需求转移便不再好用，但是如果替代品的供应失效概率较低时，顾客需求转移就是应对危机的完美办法。

孙胜楠等[56]提出了以减少市场份额损失为目的的价格调整策略(PS 策略)和以降低供应链利润损失为目标的价格调整策略(PP 策略)。得出结论：PS 策略是供应失效产品价格调整和未中断产品价格调整的协同策略，而 PP 策略则退化为基于供应失效产品价格调整的纯策略，且供应失效产品的价格调整量总是大于未中断产品的价格调整量；PP 策略在降低利润损失的同时也能够减少市场份额损失，PS 策略在大多数情况下也有助于减少供应失效造成的利润损失。

3. 与供应商关系策略

前面两个角度(金融和管理经营)都是从公司内部出发的应对策略。供应失效是由供应商引起的，因此除了加强自身风险抵抗以及应对能力外，企业还需要从外部与供应商关系入手，通过合适的经营管理策略，加强与供应商之间的关系实现对供应商的制约，减少由于供应商自身原因引起失效风险的可能。这部分的研究大多是从供应商签订采购合同和通过一些激励政策鼓励供应商进行恢复能力投资两个方面入手的。

(1) 采购合约

合适的采购合约可以更好地约束供应商，在一定程度上减少供应失效风险。此外，很多企业会采用备份供应商来应对供应失效风险，这个前提就是备份供应商的高可靠性。因此，如何通过合同设计来保障后备供应商的可靠性也是部分学者关注的问题。

Sting 等[57]研究了在面临供应和需求双重不确定条件下如何与备用供应商签订合同。Zeng 等[58]研究了在主供应商供应失效情况下，确保备用供应商可以提供可靠货源，并给出了考虑与后备供应商关系的后备供应合同设计模型。Vahidi 等[59]给出了在考虑失效风险下的一种基于 SWOT - QFD 模型的供应商选择方法，并给出了如何与后备供应商签订合同的方法。

李新军等[60]给出了包含制造商给供应商的固定支付、订货量、联动支付及惩罚成本等内容的最优契约设计模型。他们建立了应用双源采购策略下以利润最大化为目标的两阶段博弈模型，给出了制造商的最优契约设计模型。申笑宇等[61]研究了在供应商存在中断风险和延期交货风险且可靠性为其私有信息的情况下，制造商的最优采购合同设计。周林等[62]研究了在供应链存在中断风险时，后备产能订购与回购契约同时作用于供应链时制造商和备用供应商的决策问题。当供应失效风险较大时，回购契约对制造商的价值相对较小，制造商会从备用供应商处预定更多产能。

(2) 激励政策

如果供应商在风险发生之前可以进行一些恢复能力投资,那么风险发生之后便可尽快恢复供应。但是由于突发事件往往是小概率事件,所以对恢复能力的投资还要考虑风险未发生情况下的机会成本,所以很多供应商并不愿意单独承担这部分开销。在这种情况下,如果制造商能够通过一些激励政策,引导供应商进行相关投资,就不失为一种双赢的策略。

朱传波等[63]建立了一个一定置信水平控制下的供应链恢复能力投资决策模型,说明了制造商风险规避程度对供应链最优恢复能力的投资水平的影响。周莹[64]研究了批发价格激励、奖励机制激励和成本分担激励下装配系统产能恢复的最优决策。

Kim 等[65]的研究表明可以根据供应链恢复能力投资绩效来设计补偿契约。Hu 等[66]研究了制造商如何利用激励政策来引导供应商在恢复能力方面进行投资,并将通过使用激励政策引导供应商恢复和启用采购价格较高但可靠性大这两种策略进行了对比。Yin 等[67]的研究表明,单位销量激励政策和一次性激励政策都能够提高供应链上的公司的服务水平和利润。

总之,供应失效风险的相关研究一直是专家学者们的热点研究。在应对供应失效风险的策略方面,以往的研究成果主要集中在三个方面:金融策略、管理运营和与外部关系。其中,金融策略主要是指购买营业中断保险来弥补供应失效风险带来的损失;管理运营包含风险预防管理和风险应急管理,其中,风险预防管理策略主要包括安全库存策略、采购策略和供应网络设计,风险应急管理主要有备用供应商策略和顾客需求管理策略。与外部关系方面主要是指与供应商之间的管理,在采购之前可以通过设计合理的采购合同来约束供应商,也可以设计相应的契约来提高备用供应商的积极性和可靠性。此外,制造商还可以采用一定的激励政策来鼓励供应商进行恢复能力投资,减少其供应失效时长。

当然,在实际生产中,管理者们往往会组合使用多种策略,如邵鲁生等[68]提出了一种综合应急策略,该策略将备选供应商策略、重新优化供应计划和修复失效供应商策略相结合,主要针对在三级供应链中出现节点供应失效的情况。李珊珊等[19]提出了基于安全库存和双源采购策略的混合动态管理策略。

本篇的研究主要从管理运营角度入手,试图给出在制造商使用基于库存策略、备用供应商策略和等待主供应商恢复策略组成的组合策略的情况下的最佳生产调度安排。

2.2.2 柔性作业车间重调度研究现状

柔性作业车间重调度问题的解决一般分为三个部分：一是确定重调度策略，即在何时何种情况下开启重调度流程；二是用什么样的方法可以更好地求解重调度模型；三是在得到模型后需要用一定的评价指标来评价所得重调度方案，进而决策是否适用所得重调度方案。接下来，本篇将从这三个方面对柔性作业车间重调度研究现状进行综述。

对于最开始研究重调度模型的小规模问题，研究者们可以用枚举法等精确解的求解方法来得到最优方案，但是随着研究问题规模的增大，模型的解开始呈指数上涨，这时便无法再用精确解方法来求解问题，需要使用一些近似解的求解算法，如遗传算法，模拟退火算法等。近年来很多学者将研究重点放在优化算法的提出上，以期能更快更好地解决问题。王世进等[69]提出了一种基于过滤定向搜索启发式算法，用来解决柔性制造环境中不断发生内外扰动，需要进行快速高效重调度的问题。吴秀丽[70]针对生产系统可能会因为出现质量问题而返工的动态事件，提出了一种结合免疫算法和遗传算法的 MOIGA 优化算法。刘爱军等[71]以最小化工件的拖期惩罚和工件加工时间为目标，针对柔性作业车间动态调度问题建立了多目标动态调度数学模型，提出了一种基于自适应遗传算法的多目标柔性动态调度算法。王春等[72]考虑了工序延迟、紧急订单插入、机器故障三种动态情况，并给出了不同情况下各个待加工工件相关工序的优先级，使用遗传算法求解模型，并在编码过程中考虑工序优先级问题。朱伟[73]建立了包括最小完工时间、最小生产成本、最大设备利用率、最大交货满意度和最优人工分配在内的多目标组合优化模型，并利用改进的 NSGA－Ⅱ方法对调度问题进行求解。曹庆奎等[74]针对柔性作业车间调度在机器故障扰动和工件交货期模糊的情况，以加工能耗最小、最大完工时间最小、客户满意度最大为目标，构建调度模型，设计了遗传算法与模拟退火算法相结合的 GASA 算法。杨洪涛等[75]为了提高柔性作业车间动态调度的实际可操作性，计算效率与车间扰动实时响应能力，提出了一种从更具有工业大数据特点的调度相关历史数据中挖掘调度规则的方法。Ahmadi 等[76]研究了存在机器故障扰动的柔性作业车间，并使用改进的 NSGA 和 NSGA－Ⅱ算法求解模型。Li 等[77]针对存在新订单到达、老订单取消、机器故障等扰动事件的生产系统，设计了一种基于禁忌搜索算法的混合人工蜂群算法。Gao 等[78]针对存在有新工件到达、工序加工时间模糊等动态事件发生的柔性作业车间动态调度问题，提出了一种改进的两阶段人工蜂群算法。

Kato 等[79]提出了一种基于粒子群优化算法和随机重启爬山算法的改进算法来解决柔性作业车间调度问题。Wang 等[80]针对有存在订单随机到达扰动的柔性作业车间，提出了一种改进的粒子群算法（PSO）。Rylan 等[81]针对柔性作业车间调度问题提出了一种改进的 Jaya 优化算法。

在重调度策略的研究方面，刘明周等[82]采用主动触发式解决不确定条件下发生在生产系统中的显性扰动，用被动触发式重调度驱动规则来应对隐形扰动。刘国宝等[83]主要考虑了设备故障扰动，提出了一种将改进事件型驱动和周期型驱动相结合的混合驱动的重调度机制，认为重调度机制能对不必要的重调度进行过滤，同时能跟踪系统的变化并根据系统的变化进行周期重调度。汪双喜等[84]将各个工件的到达时间用概率方法表示，运用周期型重调度策略对工件加工进行安排。吴正佳等[85]针对柔性作业车间机器故障扰动进行研究，提出了插入重调度和完全重调度策略，实验结果表明插入重调度策略配合改进的遗传算法可以有效解决考虑机器故障的柔性作业车间动态调度问题。朱传军等[86]研究的动态环境中工件到时间随机，机器存在发生故障风险，提出了周期与事件驱动的混合重调度策略，在每个重调度点对工件进行完全重调度或右移重调度。王雷等[87]提出了一种基于可变重调度区间的重调度策略，在系统中出现扰动后，只需要对受扰动直接影响的部分工件进行重调度。包博等[88]提出一种组合重调度策略，主要是为了解决存在机器故障扰动的柔性作业车间调度问题。针对设备随机故障条件下的柔性作业车间调度问题，他们提出了一种基于组合策略的重调度方法。唐秋华等[89]针对机器故障扰动提出了融合调度仿真与改进概率神经网络的重调度方式预测方法。张喆等[90]针对设备故障、订单追加、紧急订单插入三种不确定事件分别给出了重调度策略。Hamzadayi 等[91]提出了一种事件驱动的重调度策略。Moghaddam 等[92]针对新订单到达扰动提出了一种重调度方法。Nouiri 等[93]主要针对绿色制造环境下柔性作业车间调度问题，其中优化目标主要为生产过程中的能源消耗。Wang 等[94]提出了一种基于实时调度（MPPRS）的方法，用于解决基于 IoT 技术、有低碳要求的柔性作业车间动态调度问题。Xu 等[95]针对存在机器故障扰动的生产系统提出了一种基于机器状态的中期维护重调度策略，该策略可以根据机器状态监控设备提供的信息，安排机器维护以及进行重调度。

重调度评价指标一般与上述两部分放在一起进行研究。吴文瑞[96]从有效性和稳定性两个方面对重调度驱动机制进行评价，其中有效性是衡量更新调度后生产系统实际获得目标值相对于原目标函数的改进程度。稳定性衡量两个方面，一是通过开工时间的波动性来衡量更新调度前后生产制造系统的工件实际加工时间的平均变化情况，二是衡量交货期的稳定性。左乐[8]从重调度方法实施过程中带来的额外成本方面来对重调度方案进行评价，主要由搬运惩罚成本，拖期惩罚成本。Pfeiffer 等[97]提出了一种基于仿真技术用于评价重调度方案的稳定性和鲁棒性。

可以看出，以往学者在研究柔性作业车间的动态问题时，多数人将目光集中在机器故障、新订单到达等问题上，很少有学者专门针对供应失效扰动进行研究，因此本篇欲针对供应失效问题进行研究，以期能得到供应失效下的柔性作业车间调度模型为管理者提供决策支持。

2.3　重调度问题的求解方法

绝大多数调度问题是极困难的 NP 组合优化问题，其求解方法主要有两种，一种是精确方法，另一种是近似方法。精确方法可以求出全局最优解，但是往往需要耗费大量的计算成本，适用于小规模问题的求解。一旦问题的规模变大，其解的数量便呈指数形式上涨，精确方法便不再适用，这时一般采用近似方法。近似方法求得的解是较优解，在一般情况下都可满足实际问题的需要。图 2－4 所示为求解柔性作业车间调度问题的方法汇总。

在对柔性作业车间调度问题求解的研究中，比较常用的算法是元启发算法。这些算法有的是从自然界的生物规律中获得的启发，如遗传算法、蚁群算法等；有些是从物理学中的一些规律获得的灵感，比如模拟退火法，禁忌搜索方等。在对于各种算法的研究中，比较常见的一种思路是对一些基本算法的改进和结合。因此本篇将择三例较为常用的经典算法进行介绍。

（1）遗传算法

遗传算法是美国密歇根州立大学的 Holland 教授在 1975 年提出的。该算法是从生物总是向着更适应环境方向发生进化的规律中获得启发的，Holland 将所求问题的解对应于生物进化过程中的染色体，将求解的问题表示成进化环境。在进化过程中，适应性好的染色体，即问题的较优解将获得更多的生存机会，经过一代代的迭代进化，最终会进化为环境适应度最高的染色体，即算法搜索过程中最好的解。运用遗传算法求解问题，主要涉及五个步骤：算法参数设置、编码和解码、初始种群、遗传操作、适应度函数。在以往对遗传算法的研究中，学者们通过对编码解码方法、遗传操作方法等的改进来提升算法性能。基本的遗传算法步骤如下：

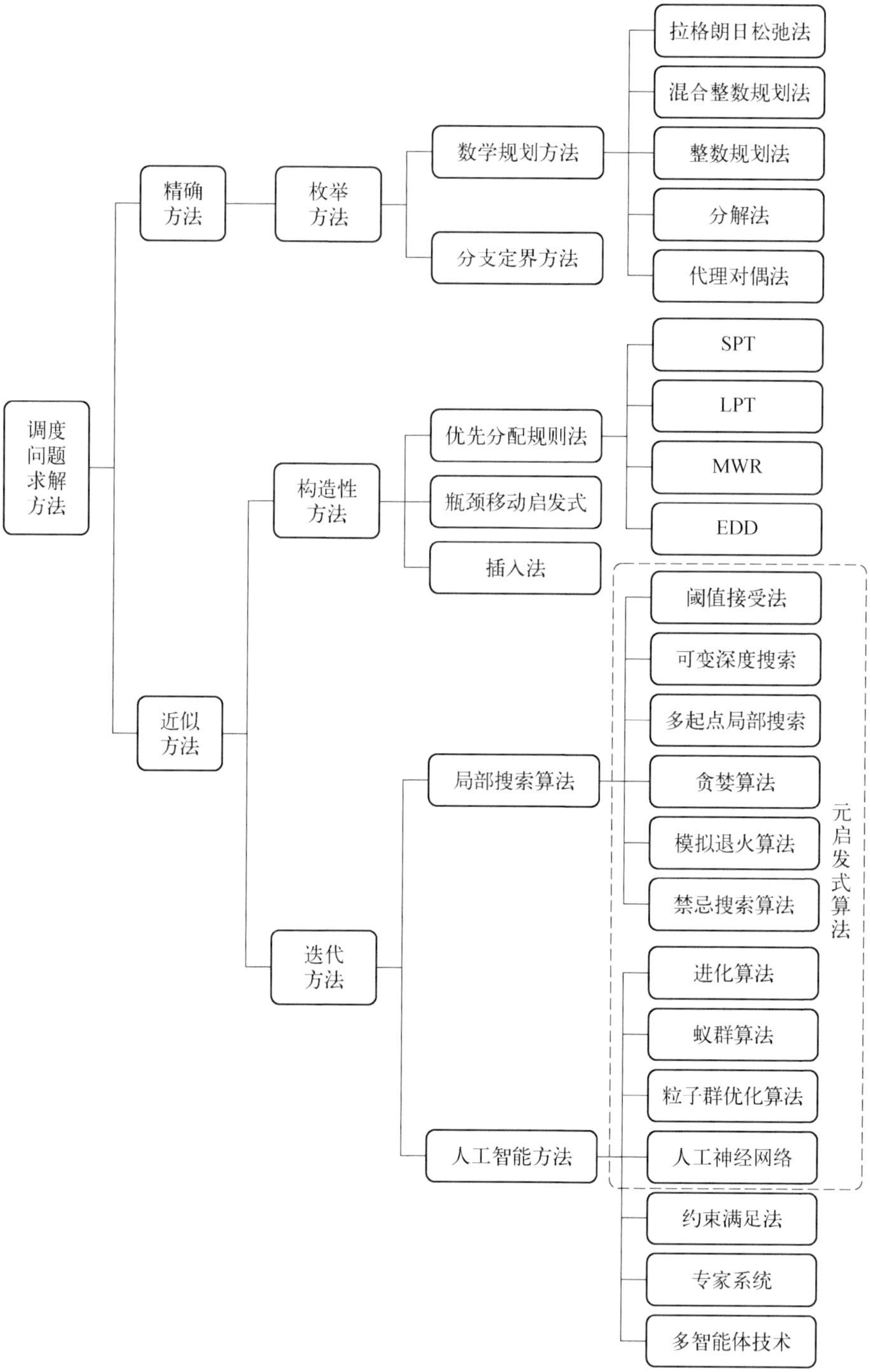

图 2－4 柔性作业车间调度问题的研究方法汇总

步骤 1：确定算法参数，产生初始种群。

步骤 2：计算种群中各个染色体的适应度。

步骤 3：使用遗传操作，主要有交叉变异等来产生下一代种群。

步骤 4：判断是否满足算法终止条件，若满足则终止算法，若不满足则返回步骤 2。

步骤 5：将进化过程中适应度最好的染色体输出，将其解码成问题的解。

（2）蚁群优化算法

蚁群算法的提出，源于生物学家对蚁群研究的启示。生物学家的研究表明，蚂蚁在寻找食物的行动中，单个蚂蚁的行为比较简单，但是整个蚁群却表现为一些智能现象。它们在不同的环境中都可以找到最短的到达食物源的路径。这是因为单个的蚂蚁在行动中会给同伴留下“外激素”（stigmergy），这是一种化学物质，可以作为一种信号被后来的蚂蚁同伴感知，感知到的蚂蚁同伴同样会留下外激素从而对信号进行加强。这样会形成一种正向反馈机制，它们会沿着外激素浓度较高的路径行走，经过一段时间这个蚁群就会沿着最短的路径到达食物源。蚁群算法把蚂蚁行走的路径对应成问题的一个可行解，即，整个蚁群走过的所有路径构成了解空间。路径较短的蚂蚁，即较优的解被标记的次数会增加，这样经过一段时间后就会找到最短路径，即问题的最优解。

（3）爬山法

爬山法（Hill-Climbing Method，也称“基本局部搜索算法”）是一种较为常用的局部搜索算法。该算法的主要思路如下：首先生成一个初始解 s，$s \in S$，然后用一定的规则对初始解进行变换，得到 s 的邻域解集合 $N(s)$。然后再 $N(s)$ 中搜索比 s 更好的解，如果找到比 s 更好的解 s'，则用 s'取代 s，再产生 s'的邻域解，不迭代这个过程，直到无法找到更有解为止。其一般性的算法步骤如下。

步骤 1：找到一个初始解 s，给定一个初始解 s，设为当前解 s^*。

步骤 2：生成初始解 s 的邻域解集合 $N(s)$。

步骤 3：若在 $N(s)$中找到比 s 更优的解 s^*，则用 s^* 代替当前解 s，返回步骤 2；若在 $N(s)$找不到更优的解，则输出当前解，终止算法。

2.4　本章小结

本章首先介绍了研究问题所涉及的相关理论与概念，随后对供应失效风险下企业应急管理策略国内外相关研究和柔性作业车间重调度国内外相关研究现状作出了综述，最后对柔性作业车间重调度模型的求解方法进行了简要介绍。

第 3 章　供应失效下的重调度问题与模型构建

本章将在一般柔性作业车间调度问题的基础上对供应失效下的重调度问题进行描述，并构建相应的数学模型。在此基础上结合考虑上一章研究得出的企业应对供应失效风险的外部常用策略，建立流程模型。最后以一个小规模数学问题为例使用精确解方法求解问题，对模型进行解析。

3.1　问题描述

本章研究的是供应失效下的柔性作业车间重调度问题，问题可描述如下：

假设在一个柔性作业车间中有加工机器 m 台，M_1，M_2，…，M_m，有 n 个待加工工件，J_1，J_2，…，J_n。其中每个工件需要经过 q_i 道加工工序的加工，且工序与工序之间存在先后顺序约束。每个工件的工序需在其可选加工机器上进行加工，同一个工件的工序在不同机器上的加工时间不同。

在 t_0 时刻发现供应发生失效，需要对内外部重新作出安排。

在供应失效下，制造企业有多种外部风险应对策略：① 库存策略，制造企业往往会预留安全库存，以应对种种不确定风险，包括供应失效风险，对于中断时间较短的失效，安全库存便可抵御。② 应急采购策略，制造企业往往备有备用供应商，一旦主供应商供应失效时，可采取紧急采购策略向备用供应商采购，但是此时采购价格相对于主供应商而言将高出 C_b 元/件，且由于应急采购需要提前期，所以应急采购物料到达产线所需时间为 T_b，意味着客户需要多等待 T_b。③ 等待供应商恢复供应策略，制造企业可以选择协助或者等待供应商恢复供应，此时采购价格不变，但是新物料重新到达产线所需时间为 T_w，意味着客户最多需要多等待 T_w。

在发生供应失效时，无论企业采取何种措施应对，都不可避免地会面临可能由应急采购成本上升、拖期惩罚、订单流失等带来的经济损失。因此，此时企业管理者关注的首要事项将不再是单纯的最大完工时间、每台机器的工作量饱和等传统的调度性能指标，而往往是失效带来的直接经济损失。如果可以从生产调度角度入手，结合考虑安全库存，应急采购和帮助主供应商恢复等策略，找寻使总经济损失达到最小的调度方案，便可以帮助管理者更好地解决供应失效问题。本篇在上述问题背景下，将供应失效风险管理运营策略与供应失效下的重调度问题结合，提出供应失效下的柔性作业车间重调度模型，如图 2-5 所示。

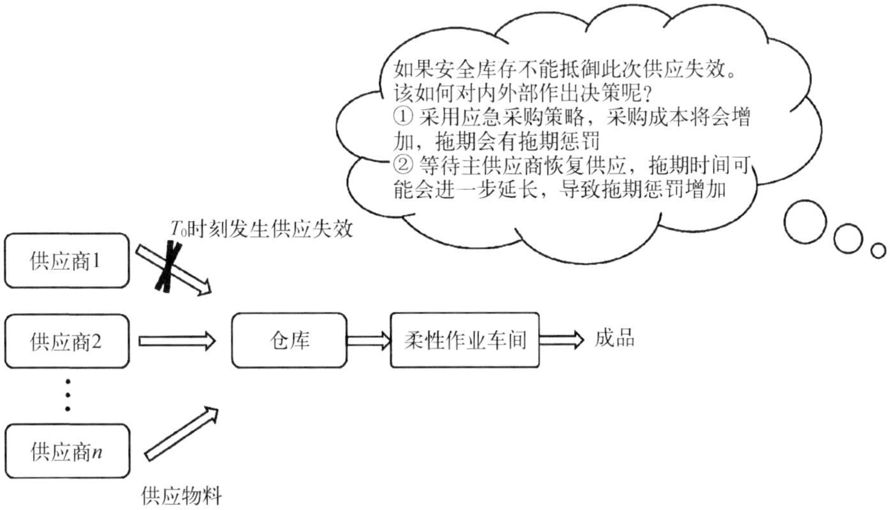

图 2-5　供应失效下柔性作业车间重调度问题示意图

在对外部作出决策后，需配合外部对内生成重调度方案。重调度任务是在满足所有生产约束、满足不同外部策略下的物料达到生产线时间约束，对各个工件所有工序的加工机器作出选择，对每台加工机器上待加工工件的开始加工时间作出安排。尽可能使优化目标达到最优，即将企业在此次供应失效危机中的经济损失最小。

本章假设如下：

(1) 所有机器在零时刻均处于可用状态。

(2) 任意机器在任意时刻只能对一个工件的一道工序进行加工。

(3) 同种工件的不同工序之间存在约束关系，即工序 $j+1$ 只能在工序 j 完成之后开始加工。不同种类工件的工序之间不存在约束关系。

(4) 任意工件在任意时刻只能被一台机器加工。

(5) 工件和工件之间不存在优先级关系。

(6) 任意工件的所有工序在不同机器上的加工时间确定，且该时间已包含加工准备时间。

(7) 加工工厂有相应的安全库存策略。

(8) 制造商有可靠备用供应商，即备用供应商不会发生失效。

(9) 主供应商失效后在一定时间内可以恢复供应。

(10) 备用供应商订货提前期小于等待主供应商恢复供应所需时间。

(11) 每个工件只需要一种原材料。

3.2 模型构建

3.2.1 参数设计

为了方便分析和构建供应失效下柔性作业车间调度模型，本篇引入若干符号及变量，现将用到的符号及其定义列于表 2-2。

表 2-2 文章模型所涉及符号和含义

符 号	含 义
C_{loss}	企业在供应失效时的总经济损失
Cb_i	工件 i 所需物料应急采购价格较原采购价格高出的成本
Cd_i	工件 i 交货拖期单位惩罚成本
n_i	0/1 变量，等于 1 时表示工件 i 原材料需要应急采购，否则不需要
n	工件总数
m	机器总数
M	总的机器集合
i, e	机器序号，i, $e=1, 2, 3, \cdots, m$
j, k	工件序号，j, $k=1, 2, 3, \cdots, n$
h_j	第 j 个工件的工序总数
l	工序序号，$l=1, 2, 3, \cdots, h_i$
M_{jh}	第 j 个工件的第 h 道工序的可选加工机器集
m_{jh}	第 j 个工件的第 h 道工序的可选加工机器数
O_{jh}	第 j 个工件的第 h 道工序
M_{ijh}	第 j 个工件的第 h 道工序在机器 i 上加工

续　表

符　号	含　　义
p_{ijh}	第 j 个工件的第 h 道工序在机器 i 上的加工时间
s_{jh}	第 j 个工件的第 h 道工序开始加工时间
f_{jh}	第 j 个工件的第 h 道工序加工完成时间
L	一个足够大的正数
D_j	第 j 个工件的拖期
T_j	第 j 个工件的交货期
F_j	第 j 个工件的完成时间
$F_{\max}$	最大完工时间
T_o	$T_o = \sum_{j=1}^{n} h_j$，所有工件工序总数
x_{ijh}	0/1 变量，等于 1 时表示工序 O_{jh} 选择机器 i，等于 0 时表示不选择
y_{ijhkl}	0/1 变量，等于 1 时表示 O_{ijh} 先于 O_{ikl} 加工，等于 0 时表示反之

3.2.2　数学模型构建

在供应失效情况下，企业管理者可以采用安全库存、应急采购、等待主供应商恢复等管理运营策略。不同的策略会引发不同的成本增加，比如应急采购策略可能伴随着单位采购价格上涨和供应拖期惩罚；等待主供应商恢复策略可能面临着拖期惩罚。因此本章要在考虑每种策略可能所带来的成本增加的前提下，找寻最优重调度方案。目标函数设置为最小化成本增加，其数学表达式为：

$$\min C_{loss}$$

· 在企业采用应急采购策略时：

$$C_{loss} = \sum_{i=1}^{n} Cd_i \times D_i + \sum_{i=1}^{n} n_i \times Cb_i \tag{3.1}$$

· 在企业采用等待主供应商恢复策略时：

$$C_{loss} = \sum_{i=1}^{n} Cd_i \times D_i \tag{3.2}$$

其中 T_{di} 为工件 i 的拖期，可表示为：

$$D_i = \max\{0,\ F_i - T_i\} \tag{3.3}$$

模型约束为：

$$s_{jh}+x_{ijh}\times p_{ijh}\geqslant f_{jh} \tag{3.4}$$

式中：$i=1, 2, 3, \cdots, m$；$j=1, 2, 3, \cdots, n$；$h=1, 2, 3, \cdots, h_j$

$$f_{jh}\leqslant s_{j(h+1)} \tag{3.5}$$

式中：$j=1, 2, 3, \cdots$, n；$h=1, 2, 3, \cdots, h_j-1$

$$f_{jh_j}\leqslant F_{\max} \tag{3.6}$$

式中：$j=1, 2, 3, \cdots$, n

$$s_{jh}+p_{ijh}\leqslant s_{kl}+L(1-y_{ijhkl}) \tag{3.7}$$

式中：$j=0, 1, 2, \cdots$, n；$k=1, 2, 3, \cdots$, n；$h=1, 2, 3, \cdots,, h_j$；$l=1, 2, 3, \cdots, h_k$；$i=1, 2, 3, \cdots$, m

$$c_{jh}\leqslant s_{j(h+1)}+L[1-y_{iklj(h+1)}] \tag{3.8}$$

式中：$j=0, 1, 2, \cdots$, n；$k=0, 1, 2, \cdots$, n；$h=1, 2, 3, \cdots,, h_j-1$；$l=1, 2, 3, \cdots, h_k$；$i=1, 2, 3, \cdots$, m

$$\sum_{i=1}^{m_{jh}} x_{ijh}=1 \tag{3.9}$$

式中：$h=1, 2, 3, \cdots, h_j$；$j=1, 2, 3, \cdots$, n

$$\sum_{j=1}^{n}\sum_{h=1}^{h_j} y_{ijhkl}=x_{ikl} \tag{3.10}$$

式中：$i=1, 2, 3, \cdots$, m；$k=1, 2, 3, \cdots$, n；$l=1, 2, 3, \cdots, h_k$

$$\sum_{k=1}^{n}\sum_{l=1}^{h_k} y_{ijhkl}=x_{ijh} \tag{3.11}$$

式中：$i=1, 2, 3, \cdots$, m；$j=1, 2, 3, \cdots$, n；$h=1, 2, 3, \cdots, h_k$

$$s_{jh}\geqslant 0,\ c_{jh}\geqslant 0 \tag{3.12}$$

式中：$j=0, 1, 2, \cdots$, n；$h=1, 2, 3, \cdots, h_j$

约束(3.4)和(3.5)为同一工件的工序先后约束；约束(3.6)表示每个工件的工序的完工时间不能大于工件的完工时间；约束(3.7)和(3.8)表示任意时刻同一台加工机器只能对某一个工件的某一道工序进行加工；约束(3.9)表示任意时

刻某一工件的某一道工序只能被一台机器加工；约束(3.10)和(3.11)表示所有机器都存在循环操作；约束(3.12)表示所有模型中所有参数均为正数。

在供应发生失效时，如果企业所备安全库存无法满足生产需求，那么企业需要采用应急采购策略或者等待主供应商恢复策略来应对供应失效危机。

当企业采用应急采购策略时，设在0时刻向备用供应商发出订货请求，新物料到达产线时间为 T_b，则有受影响工件 J_k 开始加工时间在新物料到达产线时刻 T_b 之后：

$$s_{kl} \geqslant T_b \tag{3.13}$$

当企业采用等待供应商恢复策略时，设发现供应失效并决定采用等待主供应商恢复策略时刻为0，新物料到达产线时间为 T_w，则有受影响工件 J_k 开始加工时间在新物料到达产线时刻 T_w 之后：

$$s_{kl} \geqslant T_w \tag{3.14}$$

以上为供应失效下柔性作业车间生产调度数学模型。与传统柔性作业车间调度模型相比，本章提出的模型主要考虑在供应失效时企业采用安全库存、应急采购和等待主供应商恢复策略的情况下，企业应该如何结合上述策略制定生产调度方案，从而使得企业在供应失效时经济损失最小化。所以模型相较于传统模型在假设条件中加入了(3.7)(3.8)(3.9)(3.10)(3.11)五条与供应商失效相关的假设条件。在调度的目标函数方面，与传统考虑最小化最大完工时间、平均流经时间、机器平均占用率等调度性能指标不同，本章所提出模型重点考虑了企业在应对供应失效时可能面临的成本增加问题，以企业总经济损失 C_{loss} 最小化为目标函数。在模型的约束方面，较传统模型相比，本章所提模型考虑在采用应急采购和等待主供应商恢复策略时，新物料到达产线时间会影响相应工件的加工开始时间，加入了约束(3.13)(3.14)。

本章模型应对供应失效的管理运营策略的向后延伸，是柔性作业车间动态调度问题的向前延伸，将二者结合可以进一步完成对柔性作业车间生产调度的优化，从而降低企业在供应失效风险中的经济损失。

3.2.3　流程模型构建

上一节给出了在供应失效下柔性作业车间重调度的数学模型，其是应对供应失效危机的管理运营策略的向后延伸，是柔性作业车间重调度问题的向前延伸，因此本节将给出何时启用重调度策略以及所提模型的具体框架和流程。

当供应失效问题发生时，柔性作业车间原本的生产调度计划往往会受到影响，很多时候无法再继续执行下去，因此需要进行相应的重调度。目前常用的重调度驱动机制有事件驱动机制、周期驱动机制以及混合驱动机制。

1. 事件驱动机制

事件驱动重调度（Event-driven Rescheduling）是一种具有较强实时性的重调度策略，每当系统中发生扰动时就立刻启动重调度流程。图 2－6 所示为事件驱动机制的简要调度流程。

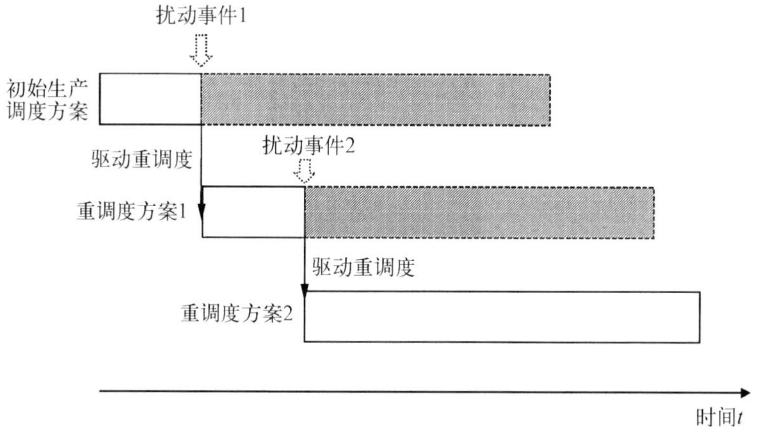

图 2－6　事件驱动重调度机制示例

事件驱动机制可以快速地对系统中发生的扰动作出响应，生成新的调度方案。但也存在缺点和不适用情况，在扰动过于频繁的生产加工环境下，如果使用事件驱动机制则会产生频繁重调度的现象，使系统稳定性降低，同时也极大地增加了计算开销。

2. 周期驱动机制

周期驱动重调度（Periodic Rescheduling）根据一定规则在生产系统设定周期时钟，每隔一段时间就启动重调度流程。一些成熟稳定的生产加工系统常常会采用这种方式。这种方式在消除系统中因为某些微小误差的积累，如工序加工时间的微小变动，而实时生产进度较原计划产生较大偏离的同时，较好地保持了系统的稳定性。但是不能及时处理系统中发生的一些紧急事件，如供应失效等，缺乏灵活性。另外在实际中常常是，除了根据工程师的经验来设置周期的长度，没有更好更科学的办法。因此这种调度机制一般不被单独使用。其调度流程示意图如图 2－7 所示。

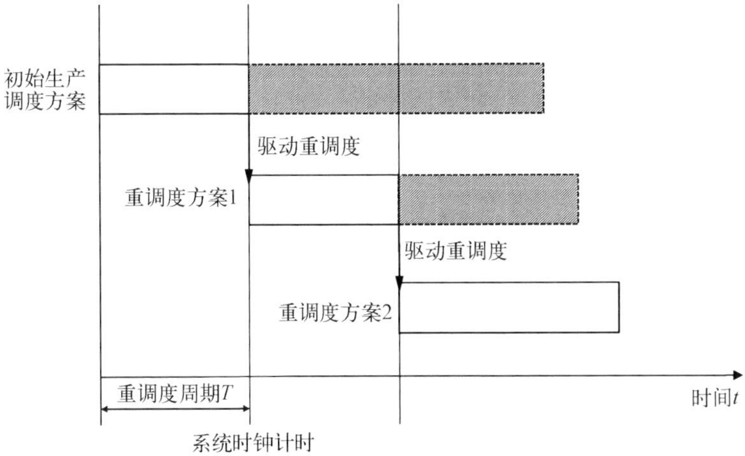

图 2－7　周期驱动重调度机制示例

3. 混合驱动机制

混合驱动重调度(Hybrid-driven Rescheduling)将事件型驱动机制和周期型驱动机制相结合,使这两种策略各自的优势得以发挥。这是较为常见的动态调度研究中的一种重调度机制,很多学者的研究也是在此基础上进行优化的。图 2－8 所示,是一种混合驱动机制的简要调度流程。

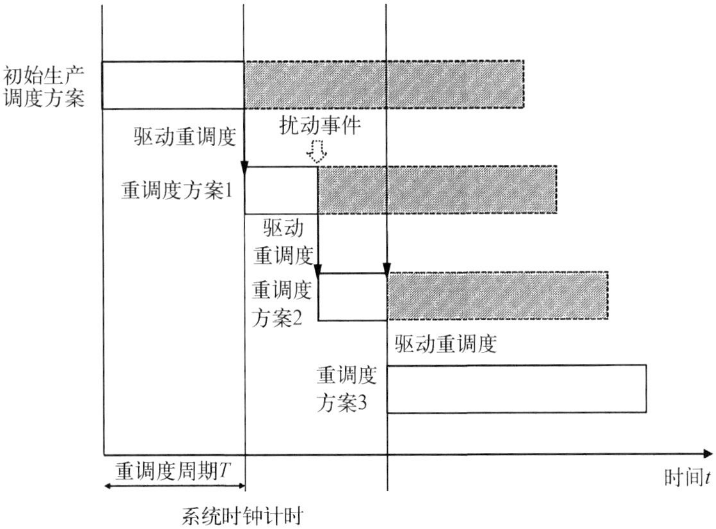

图 2－8　一种混合驱动重调度机制示例

虽然混合驱动机制更为常用，但是本章研究问题为在供应失效下的重调度模型，是一类并不十分频繁的显性扰动，根据所研究问题特点，应选择事件驱动机制，即当有供应失效事件发生时假如安全库存不能应对此次危机，则启动重调度流程。

流程模型基本内容如下：

在发生供应失效事件后，启用重调度流程。企业需同步询问用户是否可以接受时间最长为 T_R 的供货拖期，如果可以接受，则进一步确定拖期惩罚成本，如不可接受，则进一步判断安全库存是否能满足该类客户的出货需求总和，如可

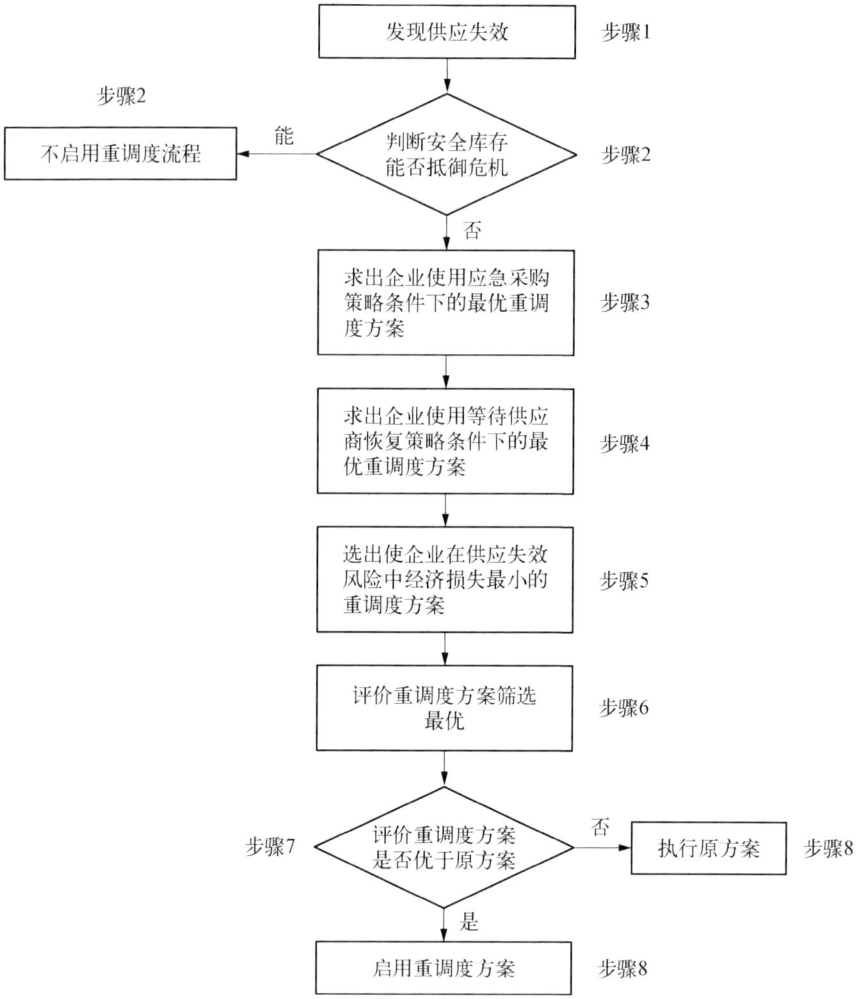

图 2-9 供应失效下柔性作业车间调度流程模型框架图

以将其拖期成本设置为 **N**(足够大的正数),如不可以,剔除实在无法满足的客户,让其取消订单。取消订单可能会产生相应的赔偿费用,但是在供应失效的情况下,这部分客户的需求无论用哪种策略都无法满足,因此这部分损失不考虑在优化范围内。接下来,需重置各资源优化集初始参数(订单数量、未完成工件数量、新物料到达时间等)。以企业最小经济损失为优化目标,运用遗传算法,分别产生在使用应急采购策略和等待主供应商恢复策略情况下的新调度方案。最后对两种策略下求出的新调度方案进行评价,并与执行原调度方案(即右移调度)做对比,综合比较所有重调度方案,择出最优。重置资源优化集和用改进的遗传算法求解新的调度方案,将在下一章进行具体阐述。流程模型基本步骤见图 2-9。

步骤 1:发现供应失效,启用重调度流程模型。

步骤 2:判断现有安全库存是否能抵御此次失效危机,如果可以,则选择用安全库存缓解危机,不改变内部生产调度计划,结束重调度流程。如果不可以,进入步骤 3。

步骤 3:求出企业使用应急采购策略下的最优重调度方案。

步骤 4:求解使用等待供应商恢复策略下的最优重调度方案。

步骤 5:选出使企业在供应失效风险中经济损失最小的重调度方案。

步骤 6:评价重调度方案筛选最优。

步骤 7:评价重调度方案是否优于原方案。

步骤 8:决定执行重调度方案还是执行原方案。

3.3 模型解析

本节将以一个小规模数学问题为例,使用精确解求解方法对模型求解。进一步解释所研究问题。假设在部分柔性作业车间有两台加工机器、两个待加工工件(共 5 个工序)。其每道工序在对应机器上的加工时间如表 2-3 所示。

表 2-3 小规模柔性作业车间调度问题的加工时间表

工 件	工 序	M_1	M_2
J_1	O_{11}	5	3
	O_{12}	2	—
	O_{13}	2	1

续 表

工 件	工 序	M_1	M_2
J_2	O_{21}	3	4
	O_{22}	—	3

针对这个小规模问题，本章采用了穷举方法求其精确值，运用 Excel 进行计算。在这个小规模案例中一共会产生 30 种可行调度方案。在没有发生供应失效情况下，方案 23 为两个工件最大完工时间的最小值，可看成原调度方案，如图 2－10 所示。

重调度方案		J_1完成时间	J_2完成时间	重调度方案		J_1完成时间	J_2完成时间
1	O_{111}, O_{121}, O_{211}, O_{131}, O_{222}	12	13	16	O_{211}, O_{121}, O_{131}, O_{222}, O_{112}	13	6
2	O_{111}, O_{121}, O_{131}, O_{211}, O_{222}	9	15	17	O_{121}, O_{131}, O_{112}, O_{212}, O_{222}	7	10
3	O_{111}, O_{211}, O_{121}, O_{131}, O_{222}	12	11	18	O_{121}, O_{131}, O_{212}, O_{222}, O_{112}	14	7
4	O_{211}, O_{111}, O_{121}, O_{131}, O_{222}	12	6	19	O_{121}, O_{131}, O_{212}, O_{112}, O_{222}	11	10
5	O_{111}, O_{121}, O_{131}, O_{212}, O_{222}	9	7	20	O_{121}, O_{211}, O_{112}, O_{132}, O_{222}	6	11
6	O_{111}, O_{121}, O_{211}, O_{132}, O_{222}	8	13	21	O_{121}, O_{211}, O_{112}, O_{222}, O_{132}	12	11
7	O_{111}, O_{121}, O_{211}, O_{222}, O_{132}	14	13	22	O_{211}, O_{121}, O_{112}, O_{132}, O_{222}	6	9
8	O_{111}, O_{211}, O_{121}, O_{132}, O_{222}	11	14	**23**	$\boldsymbol{O_{211}}$, $\boldsymbol{O_{121}}$, $\boldsymbol{O_{112}}$, $\boldsymbol{O_{222}}$, $\boldsymbol{O_{132}}$	**7**	**6**
9	O_{111}, O_{211}, O_{121}, O_{222}, O_{132}	12	11	24	O_{211}, O_{121}, O_{222}, O_{112}, O_{132}	12	6
10	O_{111}, O_{121}, O_{132}, O_{212}, O_{222}	8	15	25	O_{121}, O_{112}, O_{212}, O_{222}, O_{132}	11	10
11	O_{111}, O_{121}, O_{212}, O_{222}, O_{132}	8	7	26	O_{121}, O_{112}, O_{132}, O_{212}, O_{222}	6	13
12	O_{111}, O_{121}, O_{212}, O_{132}, O_{222}	8	11	27	O_{121}, O_{112}, O_{212}, O_{132}, O_{222}	8	11
13	O_{121}, O_{211}, O_{131}, O_{112}, O_{222}	10	11	28	O_{121}, O_{212}, O_{112}, O_{222}, O_{132}	11	10
14	O_{121}, O_{131}, O_{211}, O_{112}, O_{222}	7	13	29	O_{121}, O_{212}, O_{222}, O_{112}, O_{132}	13	7
15	O_{211}, O_{121}, O_{131}, O_{112}, O_{222}	7	6	30	O_{121}, O_{212}, O_{112}, O_{132}, O_{222}	10	13

图 2－10 小规模问题调度方案列举

如果在 0 时刻工件 1 所需物料发生供应失效，此时判断安全库存不能抵御此次供应失效，需启用重调度流程。假设在采用应急采购策略时，新物料到达生产线时间为时刻 4，应急采购增加的成本为 2；假设在采用等待主供应商恢复策略时，新物料到达生产线的时间为时刻 6。工件 1 的交期为时刻 10，拖期成本为 3，工件 2 的交期为时刻 9，拖期成本为 1。此时，采用应急采购策略情况下的最优方案为 11、15、19、23、24、28，其总经济损失为 8。采用等待主供应商恢复策略时，最优方案为 24，总经济损失为 6。所以在上述情况下，应采用等待主供应商恢复策略，24 号重调度方案。其结果展示如图 2－11 和图 2－12 所示。

	重调度方案	J_1 完成时间	J_2 完成时间	总经济损失		重调度方案	J_1 完成时间	J_2 完成时间	总经济损失
1	O_{111}, O_{121}, O_{211}, O_{131}, O_{222}	16	17	44	16	O_{211}, O_{121}, O_{131}, O_{222}, O_{112}	13	6	11
2	O_{111}, O_{121}, O_{131}, O_{211}, O_{222}	13	19	41	17	O_{121}, O_{131}, O_{112}, O_{212}, O_{222}	11	14	20
3	O_{111}, O_{211}, O_{121}, O_{131}, O_{222}	16	15	38	18	O_{121}, O_{131}, O_{212}, O_{222}, O_{112}	14	7	14
4	O_{211}, O_{111}, O_{121}, O_{131}, O_{222}	13	6	11	**19**	**O_{121}, O_{131}, O_{212}, O_{112}, O_{222}**	**11**	**10**	**8**
5	O_{111}, O_{121}, O_{131}, O_{212}, O_{222}	13	7	11	20	O_{121}, O_{211}, O_{112}, O_{132}, O_{222}	10	15	20
6	O_{111}, O_{121}, O_{211}, O_{132}, O_{222}	12	17	32	21	O_{121}, O_{211}, O_{112}, O_{222}, O_{132}	16	15	38
7	O_{111}, O_{121}, O_{211}, O_{222}, O_{132}	18	17	50	22	O_{211}, O_{121}, O_{112}, O_{132}, O_{222}	10	13	14
8	O_{111}, O_{211}, O_{121}, O_{132}, O_{222}	15	18	44	**23**	**O_{211}, O_{121}, O_{112}, O_{222}, O_{132}**	**11**	**10**	**8**
9	O_{111}, O_{211}, O_{121}, O_{222}, O_{132}	16	15	38	**24**	**O_{211}, O_{121}, O_{222}, O_{112}, O_{132}**	**12**	**6**	**8**
10	O_{111}, O_{121}, O_{132}, O_{212}, O_{222}	12	19	38	25	O_{121}, O_{112}, O_{212}, O_{222}, O_{132}	15	14	32
11	**O_{111}, O_{121}, O_{212}, O_{222}, O_{132}**	**12**	**7**	**8**	26	O_{121}, O_{112}, O_{132}, O_{212}, O_{222}	10	17	26
12	O_{111}, O_{121}, O_{212}, O_{132}, O_{222}	12	15	26	27	O_{121}, O_{112}, O_{212}, O_{132}, O_{222}	12	15	26
13	O_{121}, O_{211}, O_{131}, O_{112}, O_{222}	14	15	32	**28**	**O_{121}, O_{212}, O_{112}, O_{222}, O_{132}**	**11**	**10**	**8**
14	O_{121}, O_{131}, O_{211}, O_{112}, O_{222}	11	17	29	29	O_{121}, O_{212}, O_{222}, O_{112}, O_{132}	13	7	11
15	**O_{211}, O_{121}, O_{131}, O_{112}, O_{222}**	**11**	**10**	**8**	30	O_{121}, O_{212}, O_{112}, O_{132}, O_{222}	10	13	14

图 2-11　采用应急采购策略条件下的重调度方案 1

	重调度方案	J_1 完成时间	J_2 完成时间	总经济损失		重调度方案	J_1 完成时间	J_2 完成时间	总经济损失
1	O_{111}, O_{121}, O_{211}, O_{131}, O_{222}	17	18	50	16	O_{211}, O_{121}, O_{131}, O_{222}, O_{112}	13	6	11
2	O_{111}, O_{121}, O_{131}, O_{211}, O_{222}	14	20	47	17	O_{121}, O_{131}, O_{112}, O_{212}, O_{222}	12	15	26
3	O_{111}, O_{211}, O_{121}, O_{131}, O_{222}	17	16	44	18	O_{121}, O_{131}, O_{212}, O_{222}, O_{112}	14	7	14
4	O_{211}, O_{111}, O_{121}, O_{131}, O_{222}	14	6	14	19	O_{121}, O_{131}, O_{212}, O_{112}, O_{222}	12	11	14
5	O_{111}, O_{121}, O_{131}, O_{212}, O_{222}	14	7	14	20	O_{121}, O_{211}, O_{112}, O_{132}, O_{222}	11	16	26
6	O_{111}, O_{121}, O_{211}, O_{132}, O_{222}	13	18	38	21	O_{121}, O_{211}, O_{112}, O_{222}, O_{132}	17	16	44
7	O_{111}, O_{121}, O_{211}, O_{222}, O_{132}	19	18	56	22	O_{211}, O_{121}, O_{112}, O_{132}, O_{222}	11	14	20
8	O_{111}, O_{211}, O_{121}, O_{132}, O_{222}	16	19	50	23	O_{211}, O_{121}, O_{112}, O_{222}, O_{132}	12	11	14
9	O_{111}, O_{211}, O_{121}, O_{222}, O_{132}	17	16	44	**24**	**O_{211}, O_{121}, O_{222}, O_{112}, O_{132}**	**12**	**6**	**8**
10	O_{111}, O_{121}, O_{132}, O_{212}, O_{222}	13	20	44	25	O_{121}, O_{112}, O_{212}, O_{222}, O_{132}	16	15	38
11	O_{111}, O_{121}, O_{212}, O_{222}, O_{132}	13	7	11	26	O_{121}, O_{112}, O_{132}, O_{212}, O_{222}	11	18	32
12	O_{111}, O_{121}, O_{212}, O_{132}, O_{222}	13	16	32	27	O_{121}, O_{112}, O_{212}, O_{132}, O_{222}	13	16	32
13	O_{121}, O_{211}, O_{131}, O_{112}, O_{222}	15	16	38	28	O_{121}, O_{212}, O_{112}, O_{222}, O_{132}	12	11	14
14	O_{121}, O_{131}, O_{211}, O_{112}, O_{222}	12	18	35	29	O_{121}, O_{212}, O_{222}, O_{112}, O_{132}	13	7	11
15	O_{211}, O_{121}, O_{131}, O_{112}, O_{222}	12	11	14	30	O_{121}, O_{212}, O_{112}, O_{132}, O_{222}	11	14	20

图 2-12　采用等待主供应商恢复策略条件下的重调度方案 1

如果改变参数，依然设在 0 时刻工件 1 所需物料发生供应失效，此时判断安全库存不能抵御此次供应失效，需启用重调度流程。假设在采用应急采购策略时，新物料到达生产线时间变为时刻 5，应急采购增加的成本为 2；假设在采用等待主供应商恢复策略时，新物料到达生产线的时间变为时刻 7。工件 1 的交期为时刻 10，拖期成本为 3，工件 2 的交期为时刻 9，拖期成本为 1。此时，采用应急采购策略情况下的最优方案为 24，其总经济损失为 8。采用等待主供应商恢复策略时，最优方案为 24，总经济损失为 12。所以在上述情况下，应采用应急采购策略，24 号重调度方案。其结果展示如图 2-13 和图 2-14 所示。

	重调度方案	J_1 完成时间	J_2 完成时间	总经济损失
1	$O_{111}, O_{121}, O_{211}, O_{131}, O_{222}$	18	19	54
2	$O_{111}, O_{121}, O_{131}, O_{211}, O_{222}$	15	21	51
3	$O_{111}, O_{211}, O_{121}, O_{131}, O_{222}$	18	17	48
4	$O_{211}, O_{111}, O_{121}, O_{131}, O_{222}$	15	6	15
5	$O_{111}, O_{121}, O_{131}, O_{212}, O_{222}$	15	7	15
6	$O_{111}, O_{121}, O_{211}, O_{132}, O_{222}$	14	19	42
7	$O_{111}, O_{121}, O_{211}, O_{222}, O_{132}$	20	19	60
8	$O_{111}, O_{211}, O_{121}, O_{132}, O_{222}$	17	20	54
9	$O_{111}, O_{211}, O_{121}, O_{222}, O_{132}$	18	17	48
10	$O_{111}, O_{121}, O_{132}, O_{212}, O_{222}$	14	21	48
11	$O_{111}, O_{121}, O_{212}, O_{222}, O_{132}$	14	7	12
12	$O_{111}, O_{121}, O_{212}, O_{132}, O_{222}$	14	17	36
13	$O_{121}, O_{211}, O_{131}, O_{112}, O_{222}$	16	17	42
14	$O_{121}, O_{131}, O_{211}, O_{112}, O_{222}$	13	19	39
15	$O_{211}, O_{121}, O_{131}, O_{112}, O_{222}$	13	12	18
16	$O_{211}, O_{121}, O_{131}, O_{222}, O_{112}$	13	6	9
17	$O_{121}, O_{131}, O_{112}, O_{212}, O_{222}$	13	16	30
18	$O_{121}, O_{131}, O_{212}, O_{222}, O_{112}$	14	7	12
19	$O_{121}, O_{131}, O_{212}, O_{112}, O_{222}$	13	12	18
20	$O_{121}, O_{211}, O_{112}, O_{132}, O_{222}$	12	17	30
21	$O_{121}, O_{211}, O_{112}, O_{222}, O_{132}$	18	17	48
22	$O_{211}, O_{121}, O_{112}, O_{132}, O_{222}$	12	15	24
23	$O_{211}, O_{121}, O_{112}, O_{222}, O_{132}$	13	12	18
24	$\mathbf{O_{211}, O_{121}, O_{222}, O_{112}, O_{132}}$	**12**	**6**	**6**
25	$O_{121}, O_{112}, O_{212}, O_{222}, O_{132}$	17	16	42
26	$O_{121}, O_{112}, O_{132}, O_{212}, O_{222}$	12	19	36
27	$O_{121}, O_{112}, O_{212}, O_{132}, O_{222}$	14	17	36
28	$O_{121}, O_{212}, O_{112}, O_{222}, O_{132}$	13	12	18
29	$O_{121}, O_{212}, O_{222}, O_{112}, O_{132}$	13	7	9
30	$O_{121}, O_{212}, O_{112}, O_{132}, O_{222}$	12	15	24

图 2-13　采用应急采购策略条件下的重调度方案 2

由此可见，在发生供应失效时，柔性作业车间原调度方案（在此例子中为方案 23）往往不再可行，简单采用右移重调度时，所产生的方案也不再是最优，在此例子中可以看见方案 23 在两组参数下均不再是最优解。应急采购提前期、应急采购增加成本、主供应商恢复时间、工件交期、工件拖期惩罚等参数的改变都会对最优方案的产生造成影响。小规模问题实例初步证明了所研究问题的必要性和模型的有效性。

重调度方案		J_1 完成时间	J_2 完成时间	总经济损失	重调度方案		J_1 完成时间	J_2 完成时间	总经济损失
1	$O_{111}, O_{121}, O_{211}, O_{131}, O_{222}$	20	21	66	16	$O_{211}, O_{121}, O_{131}, O_{222}, O_{112}$	15	6	15
2	$O_{111}, O_{121}, O_{131}, O_{211}, O_{222}$	17	23	63	17	$O_{121}, O_{131}, O_{112}, O_{212}, O_{222}$	15	18	42
3	$O_{111}, O_{211}, O_{121}, O_{131}, O_{222}$	20	19	60	18	$O_{121}, O_{131}, O_{212}, O_{222}, O_{112}$	15	7	15
4	$O_{211}, O_{111}, O_{121}, O_{131}, O_{222}$	17	6	21	19	$O_{121}, O_{131}, O_{212}, O_{112}, O_{222}$	15	14	30
5	$O_{111}, O_{121}, O_{131}, O_{212}, O_{222}$	17	7	21	20	$O_{121}, O_{211}, O_{112}, O_{132}, O_{222}$	14	19	42
6	$O_{111}, O_{121}, O_{211}, O_{132}, O_{222}$	16	21	54	21	$O_{121}, O_{211}, O_{112}, O_{222}, O_{132}$	20	19	60
7	$O_{111}, O_{121}, O_{211}, O_{222}, O_{132}$	22	21	72	22	$O_{211}, O_{121}, O_{112}, O_{132}, O_{222}$	14	17	36
8	$O_{111}, O_{211}, O_{121}, O_{132}, O_{222}$	19	22	66	23	$O_{211}, O_{121}, O_{112}, O_{222}, O_{132}$	15	14	30
9	$O_{111}, O_{211}, O_{121}, O_{222}, O_{132}$	20	19	60	**24**	$\boldsymbol{O_{211}, O_{121}, O_{222}, O_{112}, O_{132}}$	**14**	**6**	**12**
10	$O_{111}, O_{121}, O_{132}, O_{212}, O_{222}$	16	23	60	25	$O_{121}, O_{112}, O_{212}, O_{222}, O_{132}$	19	18	54
11	$O_{111}, O_{121}, O_{212}, O_{222}, O_{132}$	16	7	18	26	$O_{121}, O_{112}, O_{132}, O_{212}, O_{222}$	14	21	48
12	$O_{111}, O_{121}, O_{212}, O_{132}, O_{222}$	16	19	48	27	$O_{121}, O_{112}, O_{212}, O_{132}, O_{222}$	16	19	48
13	$O_{121}, O_{211}, O_{131}, O_{112}, O_{222}$	18	19	54	28	$O_{121}, O_{212}, O_{112}, O_{222}, O_{132}$	15	14	30
14	$O_{121}, O_{131}, O_{211}, O_{112}, O_{222}$	15	21	51	29	$O_{121}, O_{212}, O_{222}, O_{112}, O_{132}$	14	7	12
15	$O_{211}, O_{121}, O_{131}, O_{112}, O_{222}$	15	14	30	30	$O_{121}, O_{212}, O_{112}, O_{132}, O_{222}$	14	17	36

图 2-14　采用等待主供应商恢复策略条件下的重调度方案 2

3.4　本章小结

本章首先对所研究问题进行描述并作出相应假设，建立了相关数学模型；其次，结合供应失效管理运营策略——安全库存策略、应急采购策略和等待主供应商恢复策略，建立了供应失效下柔性作业车间重调度问题流程模型；最后，以一个小规模问题为例，进一步解释了所研究问题，初步证明了所研究问题的必要性和模型的有效性。

第4章 重调度模型求解

上一章展示了针对小规模问题可以用精确解方法求出最优解，但是在实际生产中，因为问题往往不再是小规模，那么解的数量也开始呈指数化上涨，精确解方法便不再适用。因此本章主要解决针对大规模问题模型的求解方法。首先引入资源优化集概念，资源优化集是实际生产中进行重调度时必须用到的工具。接下来，采用改进的遗传算法求解模型。最后给出重调度模型的评价指标，用以决策是否采用重调度方案。

4.1 资源优化集的重设及相应重调度操作

柔性作业车间的生产资源大致有三个部分：可用机器、待加工任务和每个待加工工件所需物料。重调度任务就是对这三种生产资源进行合理化配置，在约束条件下寻找优化目标，达到最优的解。

设 $M=\{M_1, M_2, \cdots, M_m\}$ 为设备优化集合，其中，$M_k=0$ 或 $(1, t_f)$，等于 0 时表示设备 M_k 空闲，否则等于 $(1, t_f)$，其中，t_f 表示该工序的完工时间。

设 $J=\{J_1, J_2, \cdots, J_n\}$ 为任务优化集合，包含全部未加工的加工工件工序，即未完成的加工任务，其中 $J_i=\{O_{i1}, O_{i2}, \cdots, O_{ij}\}$，表示工件 i 待加工工序的集合。

设 $MA=\{MA_1, MA_2, \cdots, MA_n\}$ 为物料优化集合，表示待加工工件需要的全部物料。其中 $MA_i=(R_i, p)$，R_i 表示工件 i 所需物料的到达时间，用 p 来表示工件 i 的物料完成程度，即工件 i 已经完成加工的工序。

资源优化集是对生产系统中任意时刻生产资源和任务的一种表达形式，是生成生产调度计划的辅助工具，可以帮助实现对生产过程的监控和对各类扰动事件的处理。在加工过程中，首先需要根据资源优化集生成原始调度方案，在生成过程中需要实时更新资源优化集，一旦需要进行重调度，则需根据当前系统中各资源优化集产生重调度方案。

下面为一个在生产过程中更新资源优化集的实例。以图 2-15 所示调度方案为例，设在 t_0 时刻发现供应失效。

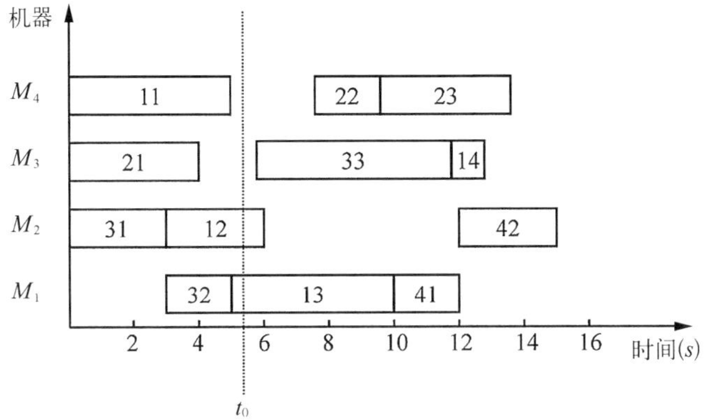

图 2-15　在 t_0 时刻发现供应失效的调度案例甘特图

① 初始时刻各资源优化集

设备优化集 $M=\{M_1, M_2, M_3, M_4\}=\{0, 0, 0, 0\}$；

任务优化集 $J=\{J_1, J_2, J_3, J_4\}=\{O_{11}, O_{12}, O_{13}, O_{14}\}, \{O_{21}, O_{22}, O_{23}\}, \{O_{31}, O_{32}, O_{33}\}, \{O_{41}, O_{42}\}$；

物料优化集 $M=\{MA_1, MA_2, MA_3, MA_4\}=\{(0, 0), (0, 0), (0, 0), (10, 0)\}$。

② 设 t_0 时刻发现工件 4 物料供应失效，此时如果采用应急采购策略，工件 4 物料将会在时刻 12 到达生产线，则各资源优化集将更新为：

设备优化集 $M=\{M_1, M_2, M_3, M_4\}=\{(1, 10), (2, 6), 0, 0\}$；

任务优化集 $J=\{J_1, J_2, J_3, J_4\}=\{O_{12}, O_{13}, O_{14}\}, \{O_{22}, O_{23}\}, \{O_{33}\}, \{O_{41}, O_{42}\}$；

物料优化集 $M=\{MA_1, MA_2, MA_3, MA_4\}=\{(0, 1), (0, 1), (0, 2), (12, 0)\}$。

③ 设 t_0 时刻发现工件 4 物料供应失效，此时如果采用等待主供应商恢复策略，工件 4 物料将会在时刻 14 到达生产线，则各资源优化集将更新为：

设备优化集 $M=\{M_1, M_2, M_3, M_4\}=\{(1, 10), (2, 6), 0, 0\}$；

任务优化集 $J=\{J_1, J_2, J_3, J_4\}=\{O_{12}, O_{13}, O_{14}\}, \{O_{22}, O_{23}\}, \{O_{33}\}, \{O_{41}, O_{42}\}$；

物料优化集 $M=\{MA_1, MA_2, MA_3, MA_4\}=\{(0, 1), (0, 1), (0, 2), (14, 0)\}$。

4.2 用改进的遗传算法求解重调度模型

遗传算法具有优异的全局搜索能力，是解决 FJSP 问题最合适的算法之一。Kamal 等[98]的研究表明，在对近 20 年 FJSP 相关研究的统计中发现，采用遗传算法求解问题的占比高达 26.4%。因此，本篇将采用刘琼等[99]提出的改进遗传算法求取供应失效下的生产调度优化方案。

4.2.1 初始解

柔性作业车间调度问题属于典型的 NP 难问题，较为复杂，初始解的质量对最终的求解效果有较大影响，除了随机生成初始种群外，目前较采用较多的方法是局部优化方法。这种方法在生成初始解时考虑了每台机器的最短加工时间或总加工时间，有利于算法在此基础上寻找更有解，但是，用这种方法生成的解缺乏多样性，容易陷入早熟。因此本篇采用改进的方法生成初始种群。首先，随机产生基于工序加工顺序的染色体。然后在每道工序的可选加工机器集合中随机选取两台加工机器。根据 0—1 之间生成的随机数判断最终选取哪台机器。如果产生的随机数小于 0.8，选择加工时间较长的机器，反之，选择加工时间较短的机器。使用这种方法产生的初始解可以有效地增加初始种群的多样性。

4.2.2 编码和解码

编码过程是将所研究问题的解变成对应染色体的过程，而解码是其逆过程，编码时需要将解中包含的全部信息表达在染色体中。在用遗传算法求解一般的作业车间调度问题时，一般采用设定工序顺序的变法方法，但是在柔性车间调度问题中，解不但包含工序顺序，还要包括工序所选加工机器。因此通常采用双层编码、解码法则。

(1) 编码

本篇采用刘琼等[99]设计的编码方法。这种编码方式由两个部分分别进行编码。第一部分是各个工件工序的加工顺序。第二部分是每道工序的加工机器。

第一部分的基因串所包含基因的数量即为需要加工工序总数，每个基因位置上的数字为工件号，从左到右，同一工件号第几次出现即表示这个工件的第几道工序，如图 2－16 中第三个基因位上的数字为工件 3，工件 3 是第 2 次出现，则第三个基因位的含意为工件 3 的第 2 道工序。

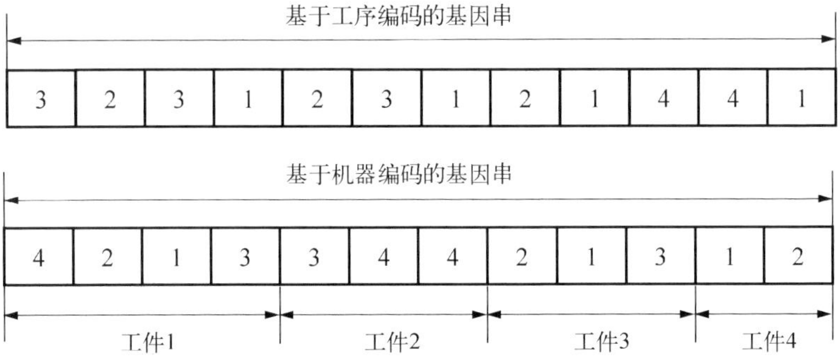

图 2－16　双层整数编码实例

第二部分基因串所包含的基因数量同样为需要加工的工序总数，每个基因的位置为表示的是某一道加工工序。对应染色体第一个位置上的基因表示工件 1 的第一道加工工序，第二个位置表示第 1 个工件的第二道加工工序，以此类推。每个位置上的数字为其对应工序的机器编号，例如，图 2－16 中第三个基因位上的数字是 1，表示工件 1 的第 3 道工序在机器 1 上加工。

采用这种方式产生的染色体就是问题的一个可行解。且在这种方式下产生的解在交叉后依然是可行解。

图 2－16 为利用此种编码方式产生的基因串，其表示的工序和机器序列为：(O_{31}, M_2)，(O_{21}, M_3)，(O_{32}, M_1)，(O_{11}, M_4)，(O_{22}, M_4)，(O_{33}, M_3)，(O_{12}, M_2)，(O_{23}, M_4)，(O_{13}, M_1)，(O_{41}, M_1)，(O_{42}, M_2)，(O_{14}, M_3)，设各工序在所在机器上的加工时间为[3, 4, 2, 5, 2, 6, 3, 4, 5, 2, 3, 1]。

（2）解码

解码是编码的逆过程，需按照一定规则染色体转化成调度解。设 u 为基于工序编码的基因串的任意一个基因块，即表示某一工序 O_{ij}，将其开始加工时刻设为 ST_u，加工所需时间设为 p_u，完工时间可 $ST_u + p_u$ 表示 。将工序 u 的工件紧前工序表示为 $J_p[u]$ 为将它的机器紧前工序表示为 $M_p[u]$，那么工序 u 工件紧前工序的完成时间则为 $ST_{J_p[u]} + p_{J_p[u]}$，其机器紧前工序完成时间为

$ST_{M_p[u]}+p_{M_p[u]}$。如果工序 u 没有紧前工序，则 0 时刻开始加工。否则，在其工件紧前工序和机器紧前工序都完成后开始加工，计算公式如下：

$$ST_u=\max(ST_{J_p[u]}+p_{J_p[u]},\ ST_{M_p[u]}+p_{M_p[u]}) \tag{4.1}$$

通过式 4.1 可以得到所有工件的工序在所选机器上的开始时间，使用其开始时间加上加工时间就可以得到其结束时间，进而得到完整的调度方案。所得调度方案，一般用甘特图表示。图 2－17 即为图 2－16 所示染色体所对应的调度方案。

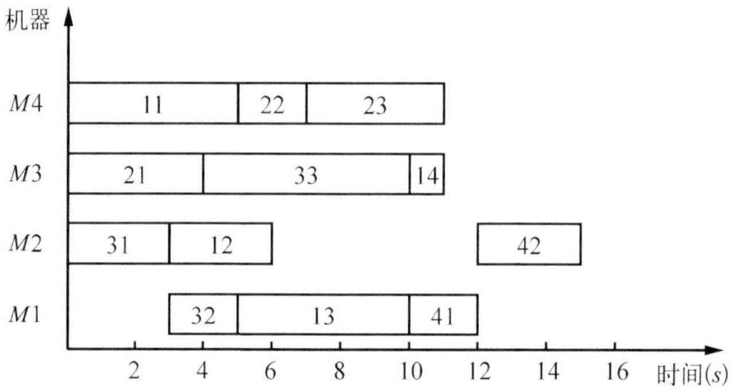

图 2－17　染色体解码得到的调度解甘特图实例

得到每道工序在对应机器上的开始时间，一般用甘特图表示所得调度方案。如图 2－17，为上文双层整数编码实例对应的甘特图。

4.2.3　交叉操作

交叉操作是把可行解种群中的两个基因串中的某些基因块进行随机交换，以得到新的基因串。柔性作业车间调度问题不同于以往传统的调度问题，有两类基因串，一类是确定工序顺序的，另一类是确定工序机器的，两种不同类型的基因串需要采用不同的交叉方法，针对于工序顺序，本篇采用 IPOX 交叉操作[112]，对于工序机器基因串，本篇采用 MPX 交叉操作。

(1) IPOX 交叉操作

采用的编码方式为双层编码，针对不同类型的基因串有不同的遗传操作方法。IPOX 仅针对用于确定工序顺序的基因串。以下为某一次 IPOX 操作实例：P_1，P_2 为父代中两条基于工序加工顺序的基因串，先将其中包含的工件随机分成两个子集，G_1 和 G_2。接下来在 P_1 中找出 G_1 集合中所包含的全部工件的所有工序，将其复制到 C_1 中，并保持位置不变。然后在 P_2 中找出 G_2 集合中所包含的全部工件的所有工序，将其复制到 C_1 中，并保持工件的工序顺序不变。这时，已经生成了一条完整的子代基因串 C_1。再接下来，用同样的方法，将 P_2 中与 G_2 所包含工件相同的工件的工序按照位置不变原则复制到 C_2，将 P_1 中与 G_1 所包含工件相同的工件的工序按照顺序不变原则复制到 C_2。

图 2-18 为 IPOX 交叉操作实例，在这个例子中，设 $G_1=\{1, 3\}$，$G_2=\{2, 4\}$，由父代 P_1 和 P_2 通过 IPOX 交叉操作产生的子代为 C_1 和 C_2。

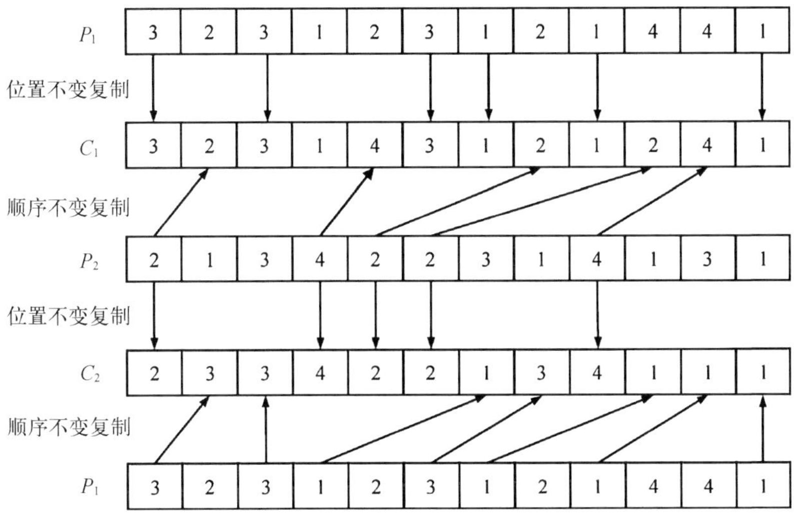

图 2-18　IPOX 交叉操作实例

(2) MXP 交叉操作

针对用于确定工序机器的染色体，采用 MXP 交叉方法产生下一代。以下为某一次 MXP 交叉过程实例：先随机生成一个与染色体长度相等的辅助基因串，该基因串上每个基因位置上的数字为随机产生的 0 或者 1.则这个基因串中的每一个元素(0 或 1)都对应着 P_1，P_2 中的一个基因块。接下来，把 P_1，P_2 中所有“1”位置对应的基因块交换产生下一代 C_1，C_2。因为是对同一工件的同一道加工工序的加工机器进行交换，所以由这种操作产生的下一代仍然为可行解。图 2-19 为通过 MXP 交叉操作产生子代的实例。

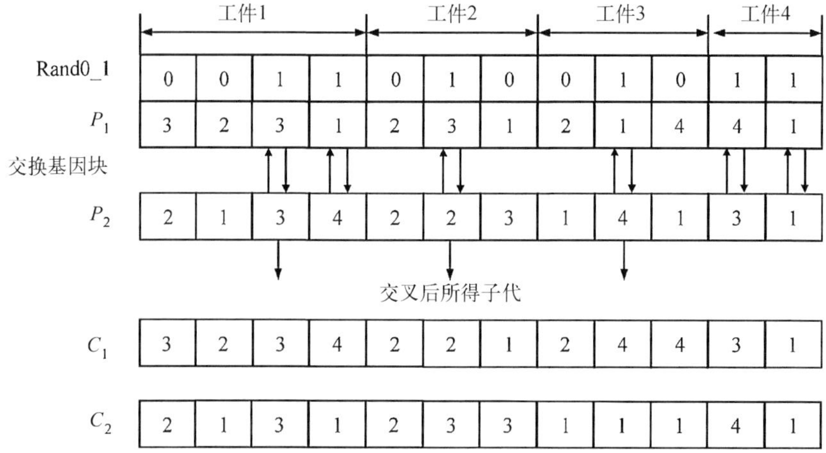

图 2-19　MXP 交叉操作实例

4.2.4　变异操作

在自然界的生物遗传计划过程中，染色体除了会与另一条染色体进行交叉外，其自身也会产生变异，以保持物种多样性。遗传算法同样模仿了这一过程，以维持解的多样性，避免产生早熟现象。本篇针对不同类型的染色体使用不一样的变异方法。

对于确定工序的基因串，使用插入变异操作方法。在基因串中随机选择一个基因块将其随机插入另一个基因块前面。图 2-20 为针对基于工序编码的基因串变异操作实例。在实例中，随机选取 P_1 中第 5 个基因位置上的基因块，将其插入到随机选取的第 2 个基因位置上的基因块前面，完成一次变异操作。

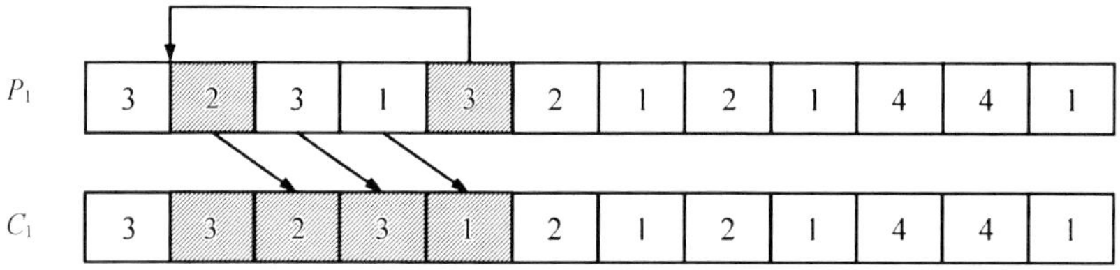

图 2-20　基于工序编码的基因串变异操作实例

对于确定工序机器编码的染色体，使用随机替换变异操作方法。具体操作过程如下：先在父代基因串中随机选取两个基因块作为变异点，在这个基因块所对应工序的机器集合中随机选取机器替换该基因块。图 2-21 为针对基于工序机器编码的基因串变异操作实例。在实例中，先随机选取 P_1 中第 5 和第 8 个基因位作为变异基因位，第 5 个基因位对应的工序是 O_{21}，其可选加工机器集合为 $M_{21}=\{M_1, M_2, M_4\}$，接下来随机选取 M_4 替换原基因位上的 M_2。同理，第 8 个基因位上的工序是 O_{31}，其可选加工机器集合为 $M_{31}=\{M_1, M_2, M_3\}$，选取 M_2 替换原位置上的 M_1。至此，一次变异操作完成。

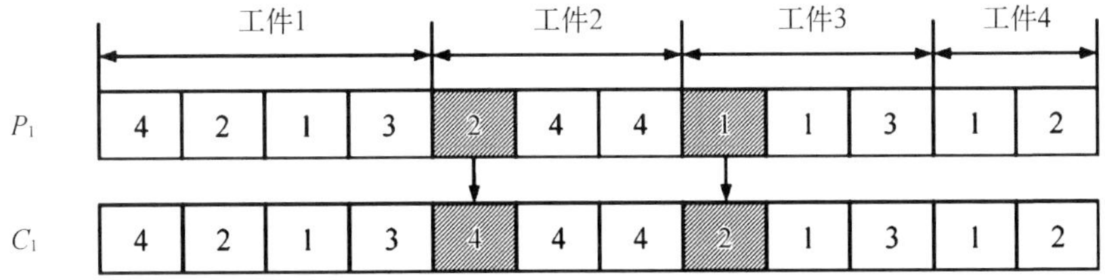

图 2-21　基于工序机器编码的基因串变异操作实例

4.2.5　选择操作

在生物进化论中，任何一种生物在繁育下一代的过程中都会出现基因变异，如果变异后下一代具有更好地适应环境的表现，则这样的变异就会通过环境的筛选，而适应环境能力差的下一代将面临着被环境淘汰的风险。因此生物总是朝着更适应环境的方向进化。遗传算法受到了这个过程的启发，对种群中每个个体的适应程度作出评价，选择优质个体，淘汰劣质个体。本章采用两种选择策略来筛选种群。

第一种是精英保留策略，这种策略最初是由 Dejong[100] 提出的，其宗旨是保留父代种群中适应度较高的个体的染色体，让其不经过遗传变异直接进入子代。本章选取父代种群中适应度最高的前 1%染色体，让其直接进入下一代。

对于种群中剩下 99%的个体使用锦标赛选择策略，这种策略是由 Goldberg 等[101] 提出的。其核心思想如下：在种群中随机选择两个个体，接下来生成 0—1 之间的随机数，如果这个随机数大于给定概率值 P_r（一般设置为 0.2），则选择较差的一个，否则选择另一个。将被选中的个体放入交叉池作为父代进行交叉变异。

在最初的遗传算法中，经过父代交叉产生的后代总会被送入子代种群，但有时他们的适应程度远远低于父代，这会造成优良解的丢失现象，进而导致算法早熟和收敛于较差解。为避免这一问题，对父代及其交叉产生的若干子代进行筛选，具体方法如下：让两个父代基因串交叉 n 次产生 2n 个子代，在由两个父代基因串和其产生的 2n 个子代基因串组成的集合中，选取两个最优的染色体进入下一代种群，这样既可以保证解的多样性，又可以避免损失最优解。有研究结果表明，应用这种方法产生的下一代与传统的遗传算法相比其收敛速度和解的质量都得到明显提升[99]。

4.2.6 适应度函数

在遗传算法中，用适应度函数来评价染色体的适应程度。它是算法优化过程中评判染色体去留的依据，在求解问题的过程中，适应度较高的个体将有更大可能性存活下来。是应对函数 f_n 最常见的设置方法是对目标函数进行线性变换。可用公式(4.2)表示。

$$f_n = k/(p_n - b) \tag{4.2}$$

其中 P_n 为目标函数，k，b 为常数用来控制适应度的值和比例。拖过设置 k，b 可以增大或降低环境对染色体的容忍度。

4.2.7 改进遗传算法的求解步骤

对于柔性作业车间重调度问题，本章采用改进的遗传算法进行求解，上面 6 小节内容详细地介绍了算法相关的各个环节的具体方法。接下来将介绍算法的具体步骤，算法框架如图 2-22 所示，子代种群产生过程如图 2-23 所示。

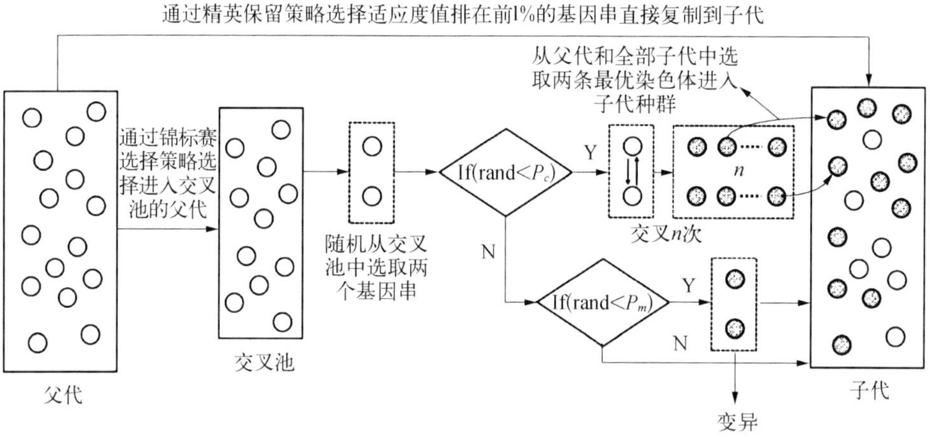

图 2-22 子代种群产生过程示意图

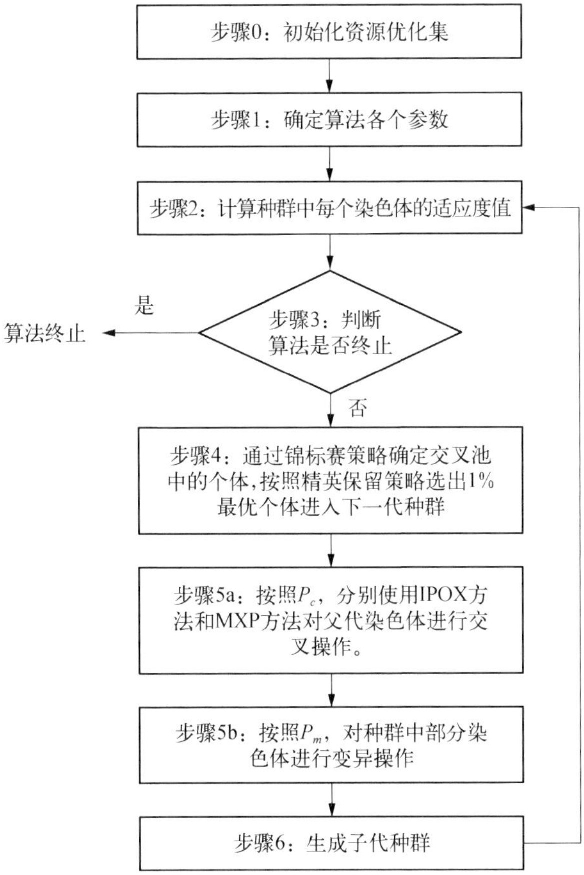

图 2－23　改进遗传算法流程框架

步骤 0：初始化资源优化集。

步骤 1：确定算法各个参数：迭代次数 n，种群规模 N，IPOX 交叉操作概率 P_{c1}，MXP 交叉操作概率 P_{c2} 变异概率 P_{m1}、P_{m2}，选择值概率 P_r，交叉次数 m。

步骤 2：计算种群中每个染色体的适应度值，评价每个染色体的适应度。

步骤 3：判断是否满足算法终止条件。如果满足，则输出求解过程中的最优解，结束算法。否则，转到步骤 4。

步骤 4：使用锦标赛选择策略选择进入交叉池中的个体，按照精英保留策略选出 1%最优个体进入下一代种群。

步骤 5a：按照交叉概率 P_c，在交叉池中任意选取两个父代染色体进行 n 次交叉操作,从父代和所有后代中选择最优的两条染色体放入子代种群。

步骤 5b：按照变异概率 P_m，选取染色体进行变异操作,并将其放入子代种群。

步骤 6：子代种群生成完毕,返回步骤 3。

4.3 重调度方案评价

本章在前面建立了在供应失效情况下,对应不同的风险管理运营策略生成新的调度方案的模型,并给出了相应的算法来解决实际问题,但是新的调度方案往往不是简单地将原方案右移产生的,这就意味着在实施重调度方案时,必然会引起生产加工资源的重新配置,带来额外的成本消耗。因此,实施重调度方案造成的额外成本是评价重调度方案的重要指标之一,有效控制或减少相应的额外成本可以更好地提高重调度性能。

本章引入重调度实施过程中带来的额外成本作为重调度方案评价指标,对生成的重调度方案进行筛选,将得到的最优方案与受扰动影响后的原方案右移生产的调度方案进行对比,来最终决定是否实施新生成的重调度方案。

一般在实施重调度方案时,会产生包括运输、管理、搬运、交货拖期等一系列成本[102]。在本章提出的供应失效下的重调度模型中已经将交货拖期等成本考虑进去了,所以在重调度评价方面主要考虑重调度执行损失,即重调度方案中物料和设备重新匹配所带来的搬运成本。

柔性作业车间的加工过程中,在加工过程中可能面临需要将各个工件在各加工机器之间进行搬运的情况。当执行重调度方案时,必然面临工件搬运问题,从而产生搬运成本,导致企业经济损失发生变化。

设在工厂中,加工机器 p 和加工机器 q 之间距离用 l_{pq} 表示,工件 i 所用物料单位距离的搬运成本用 c_{ti} 表示,则执行重调度方案带来的总额外搬运成本为：

$$C_t = \sum_{i=1}^{n} l_{pq} \times c_{ti} \tag{4.3}$$

在生成重调度方案过程中,可能同时出现多组最优解,如在小规模问题举例 1 中的采用应急采购策略条件下生成的最优解有方案 11、15、19、23、24、28。此时则需要进一步采用重调度评价方法来对新生成的多组重调度方案进行筛选。除此之外，在得到最优方案后，需要将执行新方案所面临的成本增加与原方案右移（没有额外的搬运成本）做对比，来决策是否执行重调度方案。

当执行新方案所面临的成本增加状况为 $C_{t\_new}+C_{loss\_new}<C_{loss\_right}$ 时，执行新调度方案。

当执行新方案所面临的成本增加状况为 $C_{t\_new}+C_{loss\_new}>C_{loss\_right}$ 时，执行原调度方案右移产生的新调度方案。

4.4　本章小结

本章首先给出了重置资源优化集的具体操作方法为生成重调度方案做好准备工作，其次详细介绍了用于求解模型改进的遗传算法，最后给出了重调度方案的评价指标。

第 5 章　重调度模型的应用

本章将所得模型应用于一个模具实际加工工厂，通过仿真实验来验证模型的有效性。首先采集了模具加工厂的相关数据，接下来运用 Python3 编程上一章介绍的遗传算法，对实际生产问题进行求解，实例演示模型的应用过程，对实验结果进行分析，并与执行原调度方案(右移调度)进行对比，验证模型的有效性。

5.1　企业基本概况

本篇研究对象为柔性作业车间，此类加工环境一般为中小型制造企业。因此，本章采集了某模具厂的实际加工车间的生产数据和供应失效情况数据。数据来源工厂属于部分柔性作业车间，车间共有机器 10 台，采集数据时段内需加工的工件为 12 个，对数据做取整处理得到加工时间表如表 2-4 所示。10 台设备之间的距离分布如图 2-24 所示，各工件的单位距离搬运成本如表 2-5 所示。工厂采用小批量推拉结合订货模式，每种原材料均存在供应失效可能，主供应商供应价格和应急采购价格如表 2-6 所示。每种材料的主供应商发生失效后均在一定时间内可以恢复，平均恢复时间数据和备用供应商的采购提前期数据如表 2-7 所示。生产部定期安排加工计划，原调度目标为最大加工时间最小化，某时段原调度计划如图 2-25 所示。如有特殊情况，比如发生供应失效，可紧急制定重调度计划。

表 2-4　某模具工厂柔性制造车间加工时间表

工件	原材料到达产线时刻/小时	工序	加工时间/小时										交货期/小时	拖期惩罚/(元/小时)
			M_1	M_2	M_3	M_4	M_5	M_6	M_7	M_8	M_9	M_{10}		
J_1	7	O_{11}	—	10	—	12	—	18	9	—	19	—	60	3
		O_{12}	15	10	—	—	17	—	—	16	17	—		
		O_{13}	—	—	—	11	—	22	10	—	—	24		

续　表

工件	原材料到达产线时刻/小时	工序	加工时间/小时										交货期/小时	拖期惩罚/(元/小时)
			M_1	M_2	M_3	M_4	M_5	M_6	M_7	M_8	M_9	M_{10}		
J_2	8	O_{21}	17	—	16	10	21	—	—	10	—	—	60	5
		O_{22}	—	11	—	—	19	14	—	—	8	12		
		O_{23}	—	21	—	15	—	—	25	—	—	—		
J_3	10	O_{31}	—	—	—	—	18	—	9	—	—	—	80	7
		O_{32}	—	—	—	14	9	11	10	—	12	15		
		O_{33}	—	8	—	7	10	—	—	10	—	9		
		O_{34}	—	12	—	—	—	—	17	—	—	14		
		O_{35}	—	18	23	17	—	12	—	16	—	23		
		O_{36}	21	—	20	9	22	12	—	—	—	—		
J_4	15	O_{41}	—	11	10	—	8	—	9	—	7	—	80	7
		O_{42}	—	17	—	—	—	15	18	—	—	18		
		O_{43}	—	—	—	10	—	12	12	10	—	—		
		O_{44}	20	—	11	8	—	—	9	—	—	8		
J_5	19	O_{51}	—	—	24	10	16	—	—	—	15	—	60	4
		O_{52}	8	—	—	17	—	12	—	—	—	—		
J_6	16	O_{61}	—	—	—	—	—	19	22	11	—	20	60	6
		O_{62}	—	—	18	10	—	—	19	—	12	—		
		O_{63}	18	—	17	16	16	12	—	—	19	—		
J_7	16	O_{71}	—	16	16	—	17	16	—	—	—	—	60	7
		O_{72}	—	20	—	—	—	—	22	12	22	—		
		O_{73}	—	18	—	—	—	12	23	14	—	—		
		O_{74}	24	10	—	—	—	21	—	—	16	—		
J_8	19	O_{81}	21	—	—	—	—	19	21	—	11	—	60	5
		O_{82}	—	—	—	—	—	—	—	10	25	11		
		O_{83}	20	25	—	—	—	16	—	—	24	18		

续 表

工件	原材料到达产线时刻/小时	工序	加工时间/小时										交货期/小时	拖期惩罚/(元/小时)
			M_1	M_2	M_3	M_4	M_5	M_6	M_7	M_8	M_9	M_{10}		
J_9	6	O_{91}	—	14	9	—	—	—	—	14	—	12	80	5
		O_{92}	—	22	11	21	—	—	25	—	24	—		
		O_{93}	19	16	—	—	—	—	—	12	—	12		
		O_{94}	—	—	—	8	7	—	10	—	—	6		
J_{10}	23	$O_{10,1}$	—	8	—	6	11	—	10	—	9	12	80	4
		$O_{10,2}$	23	—	—	—	—	—	21	16	—	19		
		$O_{10,3}$	12	24	—	—	—	—	—	—	—	18		
J_{11}	4	$O_{11,1}$	—	8	—	6	11	—	10	—	9	12	80	3
		$O_{11,2}$	23	—	—	—	—	—	21	16	—	19		
J_{12}	21	$O_{12,1}$	—	8	—	6	11	—	10	—	9	12	80	3
		$O_{12,2}$	23	—	—	—	—	—	21	16	—	19		

M_1	0									
M_2	10	0								
M_3	15	14	0							
M_4	9	19	10	0						
M_5	20	8	11	20	0					
M_6	17	10	8	15	6	0				
M_7	13	6	7	18	8	6	0			
M_8	8	9	9	13	9	10	8	0		
M_9	12	12	12	11	5	7	6	9	0	
M_{10}	6	11	10	9	4	8	9	8	8	0
	M_1	M_2	M_3	M_4	M_5	M_6	M_7	M_8	M_9	M_{10}

图 2-24 某模具工厂设备距离分布图

表 2－5 某模具工厂工件单位距离搬运成本

工　件	搬运成本(元/米)	工　件	搬运成本(元/米)
工件 1	0.2	工件 7	0.4
工件 2	0.3	工件 8	0.5
工件 3	0.5	工件 9	0.7
工件 4	0.1	工件 10	0.5
工件 5	0.7	工件 11	0.6
工件 6	0.3	工件 12	0.4

表 2－6 某泵工厂主供应商采购价格和应急采购价格　　单位：元

原 材 料	主供应商采购价格	备用供应商采购价格	应急采购成本增加
原材料 1	108	120	12
原材料 2	158	175	17
原材料 3	125	150	25
原材料 4	135	160	25
原材料 5	155	180	25
原材料 6	123	144	21
原材料 7	208	242	34
原材料 8	234	257	23
原材料 9	169	180	11
原材料 10	137	162	25
原材料 11	148	168	20
原材料 12	173	195	22

表 2－7 主供应商恢复供应时间和应急采购提前期　　单位：小时

原 材 料	主供应商恢复供应平均时间	应急采购提前期
原材料 1	10	5
原材料 2	12	8
原材料 3	5	2
原材料 4	12	5

续 表

原 材 料	主供应商恢复供应平均时间	应急采购提前期
原材料 5	15	7
原材料 6	18	10
原材料 7	8	5
原材料 8	15	6
原材料 9	18	8
原材料 10	16	9
原材料 11	11	5
原材料 12	10	5

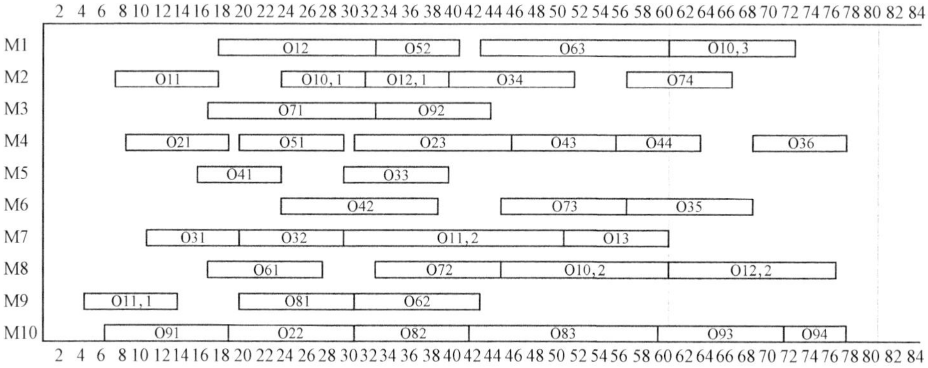

图 2-25　某模具工厂某时段原调度方案

5.2 仿真过程

为了验证所研究问题的必要性和所提出模型的有效性。本章从某模具加工工厂采集了实际加工生产数据。并将用这些数据在实验室环境下进行仿真实验，试图通过实验来验证模型的有效性。

(1) 实验环境。

上述遗传算法用 Python3 编程，程序运行环境为 Intel i5 处理器，主频为 2.3 GHz，内存为 16 GB。

(2) 算法参数设计。

对于仿真案例，改进遗传算法运行的参数设计如下：包种群规模 N=400，迭代次数 n=200，交叉概率 $P_c=0.4$，变异概率 $P_m=0.02$，选择概率值 $P_r=$

0.8，交叉次 22。

（3）具体实验过程展示。

实验以某模具工厂某时间段的调度问题为仿真对象，假设原材料 11 发生供应失效，即在时刻 4 无法到达生产线。

① 如果此时选择等待主供应恢复，则原材料 11 在时刻 15 到达生产线。则最优调度方案见图 2－26，工件 7 将拖期 7 小时，企业应付拖期惩罚成本 42 元，此次应对供应失效经济损失为 42 元。

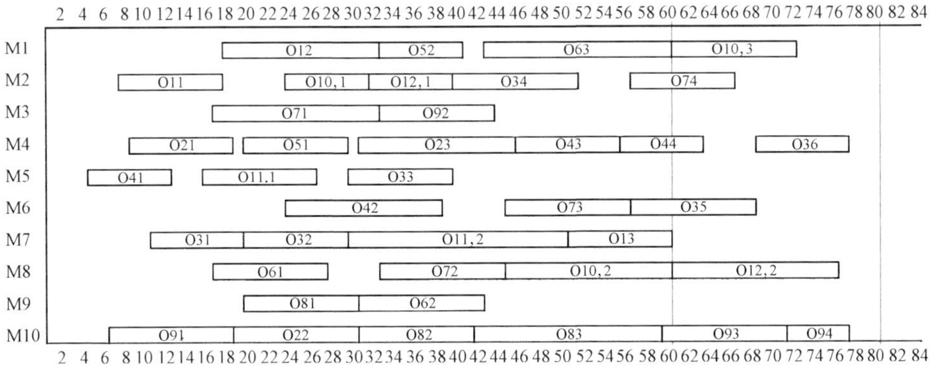

图 2－26　采用等待主供应商恢复策略条件下的最优调度方案甘特图

② 如果此时选择应急采购则原材料 11 在时刻 9 到达生产线。最优调度方案见图 2－27，工件 7 将拖期 7 小时，企业应付拖期惩罚成本 42 元，应急采购成本增加 20 元，此次应对供应失效经济损失为 62 元。

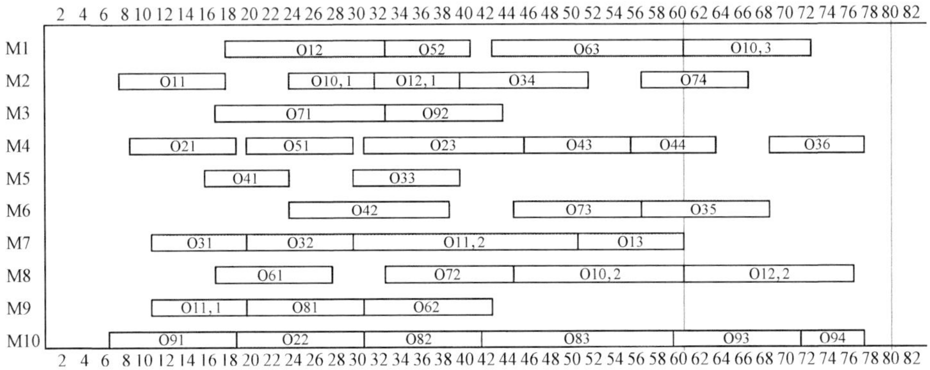

图 2－27　采用等待应急采购策略条件下的最优调度方案甘特图

此时因为 62>42，所以等待供应商恢复策略下的重调度方案优于应急采购策略下的重调度方案，所以选择等待主供应商恢复策略下的调度方案。

接下来，对所得重调度方案进行评价。

执行新调度的搬运成本为

$$C_t = \sum_{i=1}^{n} l_{pq} \times c_{ti} = 0.6 \times 5 = 3$$

如果此时选择不采用文章所提模型，选择执行原调度方案，即原调度方案右移，则调度方案见图 2-28。

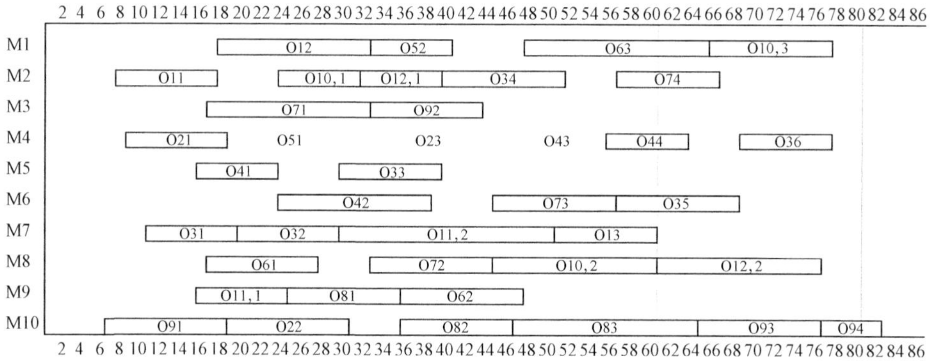

图 2-28　原调度方案右移产生的调度方案甘特图

在选择执行原调度方案的情况下，工件 6 拖期 5 小时，工件 7 拖期 6 小时，工件 8 拖期 4 小时，工件 9 拖期 2 小时，应付总拖期惩罚成本为 102 元。

因为 102>45，所以在采用等待供应商恢复策略下产生的重调度方案优于执行原调度方案，因此选择执行等待供应商恢复策略下的重调度方案。

从本章所示仿真案例中可以看出在发生供应失效时，执行本章所提供应失效下的柔性作业车间重调度模型可以有效帮助决策者找出能使企业在此次供应失效危机中经济损失最小的处理方案。此仿真案例在前文小规模数值实验的基础上更进一步证明了所提模型的有效性，可以用于解决实际问题。

5.3　本章小结

本章首先介绍了案例应用企业的基本情况，采集了实验所需数据。接下来简述了实验目的、实验环境、实验数据来源和实验基本流程，并以某次失效为例详细地展现了仿真实验过程。最后对本章仿真实验所得结果进行分析，实验结果证明了模型的有效性。

第6章　总结与展望

6.1　总结

随着经济全球化的发展和全球制造业新一轮的升级，制造企业需要更快地对市场需求和变化作出反应，同时随着全球市场的不断开放和发展，企业的采购开始变得多元化和国际化。这些都意味着供应链将承受更大的压力，供应失效问题发生概率随之增大。在面临供应失效危机时，企业如何更好地作出内外部决策和安排成为近年来学者们研究的热点问题之一。

本篇先对供应失效下企业的应急管理策略进行研究，总结出专家学者们应对供应失效的逻辑共性。即从金融策略、管理运营策略、与供应商关系策略三个角度，事前、事后两个维度上切入解决问题的突破口。其中，金融策略主要是指购买营业中断保险来弥补由于供应失效风险带来的损失；管理运营包含风险预防管理和风险应急处理，其中风险预防管理策略主要包含安全库存策略、采购策略和供应网络设计，风险应急管理主要有备用供应商策略和顾客需求管理策略。与外部关系方面主要是指与供应商之间的管理，在采购之前可以通过设计合理的采购合同来约束供应商，也可以设计相应的契约来提高备用供应商的积极性和可靠性。此外，制造商还可以采用一定的激励政策来鼓励供应商进行恢复能力投资，减少其供应失效时长。在实际应用中，多种策略常常被组合使用。

在解决企业生产环节输入端（物料）供应失效问题时，输入端也随之发生变化，一旦输入端有变，则原本的生产计划往往不再可行。本篇将输入端和生产环节联合考虑提出了供应失效下柔性作业车间的重调度模型。本篇选定与实际生产加工环境较为贴近的柔性作业车间作为研究对象，在一般柔性作业车间调度问题模型的基础上，加入供应失效限制，对模型假设、目标函数和模型约束作出了相应调整，建立了供应失效下的柔性作业车间调度数学模型。在此数学模型的基础上，结合常用的应对供应失效管理运营策略——安全库存策略、应急采购策略和等待主供应商恢复策略，建立了供应失效下柔性作业车间生产调度的流程模型。

本篇采用改进的遗传算法求解所提出的供应失效下的柔性作业车间重调度模型,并给出了重调度模型的评价指标。最后以实际企业的加工生产情况为例进行了仿真实验,验证了模型的有效性。

6.2 展望

本篇同时考虑了制造企业生产环节的输入端和过程端,提出了供应失效下企业的重调度模型,研究思路较为新颖,可以为后续相关研究者提供思路。当然,本篇的研究也存在一些不足,仍有很多问题未能深入,需要在今后进一步探讨。

(1) 本篇的研究重点在于模型的提出和建立,采用的是改进的遗传算法对模型进行求解,使用该算法求解模型的过程中仍存在一定的不足,在今后的研究中可以尝试对算法进行进一步优化,以期能更快更好地解决问题。

(2) 本篇对所得重调度方案进行评价时,更多考虑的是执行模型过程中的经济成本,在以后的研究中可以加入对调度性能的评价指标。

(3) 本篇主要将所得重调度方案与简单的原调度方案右移进行了对比。在后续的研究中,可以将模型进一步与其他动态调度模型进行对比。

(4) 本篇主要考虑的是企业在供应失效危机中首要考虑的经济损失问题,采用的调度方法是完全重调度,完全重调度可以解决问题,但是在很多时候会浪费较多的计算成本,且有时得到的重调度方案与原调度方案偏离程度较大。因此,今后可以针对重调度方法作进一步研究。

参 考 文 献

[1] 于辉，吴腾飞.供应风险下营业中断保险的供应链模型分析[J].中国管理科学，2017，25(12)：39-47.

[2] GURNANI H，GERCHAK Y. Coordination in decentralized assembly systems with uncertain component yields[J]. European Journal of Operational Research，2007，176(3)：1559-1576.

[3] LEWIS B M. Inventory control with risk of major supply chain disruptions[D]. M.S. thesis，School of Industrial and Systems Engineering Georgia Institute of Technology，2005.

[4] 卫芬芬.基于应急存货的制造商后备供应策略研究[D].太原：山西大学，2013.

[5] JOHNSON S M. Optimal two and three stage production schedules with set-up time included[J]. Naval Research Logistics Quarterly，1954(1)：61-68.

[6] SURESH V，CHAUDHURI D. Dynamic scheduling — A survey of research[J]. International Journal of Production Economics，1993，32(1)：53-63.

[7] 刘明周，单晖，蒋增强，等.不确定条件下车间动态重调度优化方法[J].机械工程学报，2009(10)：143-148.

[8] 左乐.不确定环境下柔性作业车间的多目标动态调度研究[D].北京：北京交通大学，2015.

[9] 宫雪.单件小批车间调度与重调度的算法研究[D].哈尔滨：哈尔滨理工大学，2016.

[10] VIEIRA G E，HERRMANN J W，LIN E. Rescheduling manufacturing systems：A framework of strategies，policies，and methods[J]. Journal of Scheduling，2003，6(1)：39-62.

[11] 徐常梅.利润损失保险学[M].上海：复旦大学出版社，2007.

[12] DONG L，TOMLIN B. Managing disruption risk：The interplay between operations and insurance[J]. Management Science，2012，58(10)：1898-1915.

[13] LI X J，WANG L J. Strategy decision of business interruption insurance and emergency supply strategy based on supply disruptions[J]. Journal of Industrial Engineering and Management，2015，8(1)：110-121.

[14] 蔡鹏.基于营业中断保险的供应风险管理策略研究[J].贵州大学学报(自然版)，2013，30(1)：136-140.

[15] 尤顺利.供应中断风险的保险解决方案研究[D].南京：南京大学，2017.

[16] 谈晓菲.供应中断和合同违约对钢铁企业采购库存策略的影响[D].上海：上海交通大学，2013.

[17] 娄山佐,田新诚.随机供应中断和退货环境下库存的应急控制[J].自动化学报,2015,41(1):94-103.
[18] 娄山佐,田新诚,吴颖颖.双源采购跳跃——扩散库存控制模型[J].自动化学报,2018,44(2):270-279.
[19] 李姗姗,何勇.供应中断情况下动态混合应急策略研究[J/OL].工业工程与管理:1-12[2020-01-03]. http://kns.cnki.net/kcms/detail/31.1738.T.20190724.1643.034.html.
[20] 张以彬,龙静,陈瑜.市场需求可变的供应链中断应急策略与运作仿真[J].系统管理学报,2019,28(6):1202-1210.
[21] ATASOY B, GÜLLÜ R, TAN T. Optimal inventory policies with non-stationary supply disruptions and advance supply information[J]. Decision Support Systems, 2012, 53(2): 269-281.
[22] XANTHOPOULOS A, VLACHOS D, IAKOVOU E. Optimal newsvendor policies for dual-sourcing supply chains: A disruption risk management framework[J]. Computers & Operations Research, 2012, 39(2): 350-357.
[23] AZURA D N, HAWA H, RIZAUDDIN R, et al. An inventory model of supply chain disruption recovery with safety stock and carbon emission consideration[J]. Journal of Cleaner Production, 2018(197): 1011-1021.
[24] HUANG H F, HE Y, LI D. Pricing and inventory decisions in the food supply chain with production disruption and controllable deterioration[J]. Journal of Cleaner Production. 2018(180): 280-296.
[25] MAIHAMI R, GOVINDAN K, FATTAHI M. The inventory and pricing decisions in a three-echelon supply chain of deteriorating items under probabilistic environment[J]. Transportation Research Part E, 2019(131): 118-138.
[26] 陈崇萍,陈志祥,邵校.制造商对供方缺陷改善投资的双源采购决策研究[J].管理科学学报,2017,20(12):39-51.
[27] 陈崇萍,陈志祥.供应商产出随机与供应中断下的双源采购决策[J].中国管理科学,2019,27(6):113-122.
[28] 周林,侯晶.供应中断风险下可靠性改善和产能订购研究[J].武汉理工大学学报(信息与管理工程版),2017,39(5):581-586,597.
[29] 李志鹏,黄河,徐鸿雁.供应风险下双源采购批发单价拍卖最优设计[J].管理科学学报,2017,20(8):39-49.
[30] 徐鸿雁,黄河,曾能民.存在信息更新时的双源采购和后备生产结合策略研究[J].中国管理科学,2018,26(2):33-45.
[31] 李幻云,何剑.供应中断情况下军工企业订货决策研究[J].现代信息科技,2019,3(19):121-123.
[32] 刘靓.基于灰色关联分析法的弹性供应链供应商选择[J].物流科技,2019,42(7):155-157.
[33] YU H S, ZENG A, ZHAO L D. Single or dual sourcing: decision-making in the presence of supply chain disruption risks[J]. Omega, 2009, 37(4): 788-800.

[34] SAWIK H T. Joint supplier selection and scheduling of customer orders under disruption risks：Single vs. dual sourcing[J]. Omega，2014(43)：83 - 95.

[35] ZHU S X. Analysis of dual sourcing strategies under supply disruptions[J]. International Journal of Production Economics，2015(170)：191 - 203

[36] SILBERMAYR L，STEFAN M. Dual sourcing under disruption risk and cost improvement through learning[J]. European Journal of Operational Research，2016，250(1)：226 - 238.

[37] LI X，LI Y J. On the loss-averse dual-sourcing problem under supply disruption[J]. Computers & Operations Research，2018(100)：301 - 313.

[38] HE J，ALAVIFARD F，IVANOV D，et al. A real-option approach to mitigate disruption risk in the supply chain[J]. Omega，2019(88)：133 - 149.

[39] 刘茵.考虑失效风险的弹性供应链网络设计[D].沈阳：东北大学，2012.

[40] 舒艺.供应中断下考虑风险态度的四级设施选址——库存模型与算法研究[D].沈阳：东北大学，2014.

[41] 邱若臻，王奕智，黄小原.基于不确定中断概率的鲁棒供应链网络设计[J].计算机集成制造系统，2016，22(10)：2458 - 2468.

[42] 孟宏旭.基于中断-应急的弹性供应链网络设计[J].物流技术，2018，37(12)：110 - 114.

[43] FARAHANI M，SHAVANDI H，RAHMANI D. A location-inventory model considering a strategy to mitigate disruption risk in supply chain by substitutable products[J]. Computers & Industrial Engineering，2017(108)：213 - 224.

[44] FATTAHI M，GOVINDAN K，KEYVANSHOKOOH E. Responsive and resilient supply chain network design under operational and disruption risks with delivery lead-time sensitive customers[J]，Transportation Research Part E：Logistics and Transportation Review，2017(101)：176 - 200.

[45] JABBARZADEH A，HAUGHTON M，KHOSROJERDI A. Closed-loop supply chain network design under disruption risks：A robust approach with real world application[J]. Computers & Industrial Engineering，2018(116)：178 - 191.

[46] CHEN J L，ZHAO X B，ZHOU Y. A periodic-review inventory system with a capacitated backup supplier for mitigating supply disruptions[J]. European Journal of Operational Research，2012，219(2)：312 - 323.

[47] GIRI B C，DEY S K. Game theoretic analysis of a closed-loop supply chain with backup supplier under dual channel recycling[J]. Computers & Industrial Engineering，2019(129)：179 - 191.

[48] 李艳，李响，黄春萍，等.面向供应中断的易腐品供应链应急策略[J].物流技术，2015，34(21)：162 - 166.

[49] 颜荣芳，陈玲.供应中断下最优分配和应急采购策略的比较[J].经济数学，2016，33(4)：27 - 33.

[50] 李新军，王建军，达庆利.供应中断情况下基于备份供应商的应急决策分析[J].中国管理科学，2016，24(7)：63 - 71.

[51] MARTHA J, SUBBAKRISHNA S. Targeting a just-in-case supply chain for the inevitable next disaster[J]. Supply Chain Management Review, 2002, 6(5): 18-23.
[52] CHEUNG K L. A continuous review inventory model with a time discount[J]. IIE Transactions, 1998, 30(8): 747-757.
[53] DECROIX G A, Arreola-Risa A. On offering economic incentives to backorder[J]. IIE Transactions, 1998, 30(8), 715-721.
[54] DING Q, KOUVELIS P, MILNER J M. Dynamic pricing through discounts for optimizing multiple-class demand fulfillment[J]. Operations Research, 2006, 54(1): 169-183.
[55] TOMLIN B. Disruption-management strategies for short life-cycle products[J]. Naval Research Logistics (NRL), 2009(56): 318-347.
[56] 孙胜楠,王新平,薛巍立,等.纵向产品差异化下基于价格调整的供应中断管理策略研究[J].管理工程学报,2019,33(3): 61-70.
[57] STING F J, HUCHZERMEIER A. Ensuring responsive capacity: How to contract with backup suppliers[J]. European Journal of Operational Research, 2010, 207(2): 725-735.
[58] ZENG Y X. Building a mutually beneficial partnership to ensure backup supply[J]. Omega, 2015(52): 77-91.
[59] VAHIDI F, ALI S, TORABI M J. Ramezankhani. Sustainable supplier selection and order allocation under operational and disruption risks[J]. Journal of Cleaner Production, 2018(174): 1351-1365.
[60] 李新军,刘兴华.供应中断下双源采购的供应链契约设计[J].工业技术经济,2016,35(12): 37-46.
[61] 申笑宇,宋炆倩.不对称信息下考虑供应中断和延期交货的采购合同设计[J].工业工程,2017,20(2): 1-6.
[62] 周林,侯晶,李志文.供应中断风险下产能订购和回购联合决策研究[J].武汉理工大学学报(信息与管理工程版),2017,39(2): 172-175.
[63] 朱传波,陈畴镛,包兴.供应中断风险下供应链恢复能力投资决策及协调[J].工业工程,2014,17(3): 27-32.
[64] 周莹.供应中断风险下装配系统产能恢复决策研究[D].北京: 北京理工大学,2016.
[65] KIM S, COHEN M A, NETESSINE S. Contracting for infrequent restoration and recovery of mission-critical systems[J]. Management Science, 2010, 56(9): 1551-1567.
[66] HU X, GURNANI H, WANG L. Managing risk of supply disruptions: Incentives for capacity restoration[J]. Production and Operations Management, 2013, 22(1): 137-150.
[67] YIN ZHE, MA S H. Incentives to improve the service level in a random yield supply chain: The role of bonus contracts[J]. European Journal of Operational Research, 2015, 244(3): 778-791.

[68] 邵鲁生,秦绪伟.面向供应节点失效的供应链应急策略研究[J].管理学报,2013,10(6):913-918,924.

[69] 王世进,周炳海,奚立峰.基于过滤定向搜索的柔性制造系统动态调度优化[J].上海交通大学学报,2007(1):94-99.

[70] 吴秀丽.柔性作业车间动态调度问题研究[J].系统仿真学报,2008(14):3828-3832.

[71] 刘爱军,杨育,邢青松,等.柔性作业车间多目标动态调度[J].计算机集成制造系统,2011,17(12):2629-2637.

[72] 王春,张明,纪志成,等.基于遗传算法的多目标动态柔性作业车间调度[J].系统仿真学报,2017,29(8):1647-1657.

[73] 朱伟.基于规则导向的柔性作业车间多目标动态调度算法[J].系统工程理论与实践,2017,37(10):2690-2699.

[74] 曹庆奎,张晓丽,任向阳.基于GASA的柔性作业车间动态调度研究[J].河北工程大学学报(自然科学版),2019,36(2):91-96.

[75] 汤洪涛,费永辉,陈青丰,等.基于工业大数据的柔性作业车间动态调度研究[J/OL].计算机集成制造系统:1-22[2020-01-03].http://kns.cnki.net/kcms/detail/11.5946.TP.20190412.1637.020.html.

[76] AHMADI E, ZANDIEH M, FARROKH M, et al. A multi objective optimization approach for flexible job shop scheduling problem under random machine breakdown by evolutionary algorithms[J]. Computers & Operations Research, 2016(73): 56-66.

[77] LI X X, PENG Z, DU B G, et al. Hybrid artificial bee colony algorithm with a rescheduling strategy for solving flexible job shop scheduling problems[J]. Computers & Industrial Engineering, 2017(113): 10-26.

[78] GAO K Z, SUGANTHAN P N, PAN Q K, et al. Artificial bee colony algorithm for scheduling and rescheduling fuzzy flexible job shop problem with new job insertion[J]. Knowledge-Based Systems, 2016(109): 1-16.

[79] KATO E R, ARANHA G D, TSUNAKI R H. A new approach to solve the flexible job shop problem based on a hybrid particle swarm optimization and random-restart hill climbing[J]. Computers & Industrial Engineering, 2018(125): 178-189.

[80] WANG Z, ZHANG J H, YANG S X. An improved particle swarm optimization algorithm for dynamic job shop scheduling problems with random job arrivals[J]. Swarm and Evolutionary Computation, 2019(51): 100594.

[81] Rylan H, Caldeira A, Gnanavelbabu. Solving the flexible job shop scheduling problem using an improved Jaya algorithm[J]. Computers & Industrial Engineering, 2019(137): 106064.

[82] 刘明周,单晖,蒋增强,等.不确定条件下车间动态重调度优化方法[J].机械工程学报,2009,45(10):137-142.

[83] 刘国宝,张洁.基于改进滚动时域优化策略的动态调度方法[J].机械工程学报,2013,49(14):182-190.

[84] 汪双喜,张超勇,刘琼,等.不同再调度周期下的柔性作业车间动态调度[J].计算机集成制造系统,2014,20(10):2470-2478.

[85] 吴正佳,何海洋,黄灿超,等.带机器故障的柔性作业车间动态调度[J].机械设计与研究,2015,31(3):94-98.

[86] 朱传军,邱文,张超勇,等.多目标柔性作业车间稳健性动态调度研究[J].中国机械工程,2017,28(2):173-182.

[87] 王雷,蔡劲草.基于可变重调度区间的柔性作业车间动态调度策略[J].南京航空航天大学学报,2018,50(3):397-403.

[88] 包博,张琳,张搏.设备故障条件下柔性作业车间重调度方法[J].计算机工程与应用,2018,54(19):248-253.

[89] 唐秋华,陈世杰,赵萌,等.机器故障下加工车间优化重调度方式预测[J].中国机械工程,2019,30(2):188-195.

[90] 张喆,刘阶萍,张予昊.基于BP神经网络的不确定性动态Job-shop调度研究[J].机械制造与自动化,2019,48(5):121-125,139.

[91] HAMZADAYI A, YILDIZ G. Event driven strategy based complete rescheduling approaches for dynamic identical parallel machines scheduling problem with a common server[J]. Computers & Industrial Engineering, 2016(91): 66-84.

[92] MOGHADDAM S K, SAITOU K. On optimal dynamic pegging in rescheduling for new order arrival[J]. Computers & Industrial Engineering. 2019(136): 46-56.

[93] NOUIRI M, BEKRAR A, TRENTESAUX D. Towards energy efficient scheduling and rescheduling for dynamic flexible job shop problem[J]. IFAC-PapersOnLine, 2018, 51(11): 1275-1280.

[94] WANG J, ZHANG Y F, REN S, et al. Infinitely repeated game based real-time scheduling for low-carbon flexible job shop considering multi-time periods[J]. Journal of Cleaner Production, 2020, 247(20): 1-13.

[95] XU Y J, HAN X S, YANG M, et.al. Condition-based midterm maintenance scheduling with rescheduling strategy[J]. International Journal of Electrical Power & Energy Systems, 2020, 118(Jun): 105796.

[96] 吴文瑞.不确定环境下Job Shop制造车间重调度驱动机制研究[D].合肥:合肥工业大学,2012.

[97] PFEIFFER A, KÁDÁR B, MONOSTORI L. Stability-oriented evaluation of rescheduling strategies, by using simulation[J]. Computers in Industry, 2007, 58(7): 630-643.

[98] KAMAL A M, IKRAMULLAH B S, RUBEENA K, et al. Recent research trends in genetic algorithm based flexible job shop scheduling problems [J]. Mathematical Problems in Engineering, 2018(3): 1-32.

[99] 刘琼,张超勇,饶运清,等.改进遗传算法解决柔性作业车间调度问题[J].工业工程与管理,2009,14(2):59-66.

[100] DEJONG K. An analysis of the behavior of a class of genetic adaptive systems[D]. Ann

Arbor Michigan: University of Michigan, 1975.
[101] GOLDBERG D, KALYANMOY D. A Comparative Analysis of Selection Schemes Used in Genetic Algorithms[D]. Champaign-Urbana: University of Illinois, 1991.
[102] 刘明周,吴文瑞,张铭鑫,等.不确定环境下 Job Shop 重调度执行成本研究[J].中国机械工程,2013,24(6): 765 - 769.

第三篇

基于六西格玛的S公司离合器压盘直线度质量改进研究

王春刚

第 1 章　绪　　论

1.1　背景及意义

1.1.1　背景

汽车工业是世界上规模最大也是最重要的产业之一，它的发达程度体现了一个国家的工业水平和综合实力。进入 21 世纪以来，受益于全球经济快速发展的大环境，我国的汽车工业进入了快速发展的黄金期。来自中国汽车工业协会的数据显示，在 2001 年至 2010 年间我国汽车生产量和销售量的年度复合增长率达到 22.8％和 22.55％，2009 年，我国的汽车生产量和销售量分别为 1 379.1 万辆和 1 364.5 万辆，第一次超过美国成为世界上最大的汽车制造国和消费国。如图 3－1 所示，2017 年，我国全年的汽车生产量和销售量分别为 2 901.5 万辆和 2 887.9 万辆，连续九年位列世界第一，并创全球历史新高。但是我国的人均汽车保有量仍远落后于世界主要发达国家，目前，我国平均每千人的汽车保有量

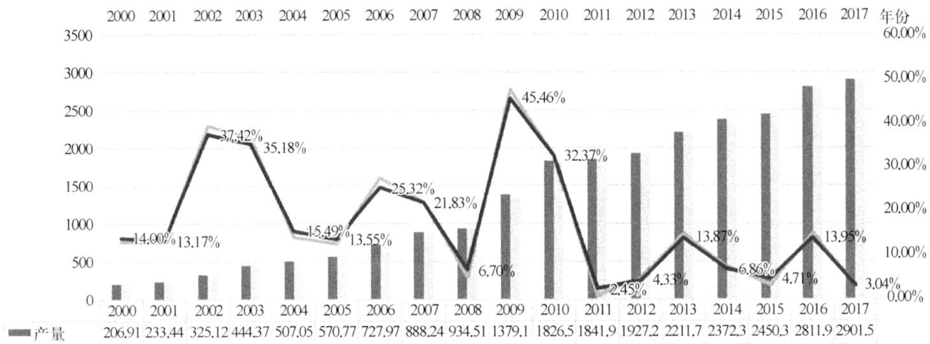

	2000	2001	2002	2003	2004	2005	2006	2007	2008	2009	2010	2011	2012	2013	2014	2015	2016	2017
产量	206.91	233.44	325.12	444.37	507.05	570.77	727.97	888.24	934.51	1379.1	1826.5	1841.9	1927.2	2211.7	2372.3	2450.3	2811.9	2901.5
销量	208.86	236.36	324.81	439.08	507.11	575.82	721.6	879.15	938.05	1364.5	1806.2	1850.5	1980.6	2198.4	2349.2	2459.8	280.2.8	2887.9
产量增长	13.10%	12.32%	39.27%	36.68%	14.11%	12.57%	27.54%	22.02%	5.21%	47.57%	32.44%	0.84%	4.63%	14.76%	7.26%	3.29%	14.75%	3.19%
销量增长	14.00%	13.17%	37.42%	35.18%	15.49%	13.55%	25.32%	21.83%	6.70%	45.46%	32.37%	2.45%	4.33%	13.87%	6.86%	4.71%	13.95%	3.04%

产量　销量　产量增长　销量增长

图 3－1　2000—2017 中国汽车产销量及增长率分析

（资料来源：中国汽车工业协会）

仅为140台，同比日本的591台、韩国的376台，仍有很大差距。因此可以说，中国的汽车工业仍处于发展中期阶段。

随着我国汽车保有量的增加以及汽车零部件出口市场的扩大，我国汽车零部件行业也得到了迅猛的发展，增长速度甚至高于整车行业。2001—2015年，我国汽车零部件行业销售收入复合增长率为25.67%，高于同期汽车工业销售收入18.28%的复合增长率。伴随着汽车工业的快速发展和国家对汽车市场的进一步开放，整车厂所面临的竞争越来越激烈。同时，消费者购买行为也愈加成熟，消费者的知识水平越来越高，维权意识越来越强，对汽车质量的要求也逐渐从基本质量向魅力质量转移。在消费者的倒逼之下，汽车厂商对于汽车零部件的质量要求也越来越高。

汽车零部件是汽车工业的重要组成部分，也是汽车工业发展的基础。整车和零部件行业的专业化分工日趋精细，行业逐渐形成了由整车制造商、一级配套供应商、二级配套供应商、三级配套供应商等组成的多层次金字塔形的结构，见图3-2。整车制造商位于金字塔顶部，一级配套供应商直接向整车制造商供应零部件；二级配套供应商通过向一级配套供应商供货再加工的方式间接地向整车制造商配套供应产品，依此类推。一般来说，企业所在的金字塔层级越低，该层级的供应商也就越多，来自质量和成本的压力也越大，而留给他们的产品开发的时间也越短。所以，作为下级供应商，汽车零配件厂商既需要充分满足整车厂或上级零配件客户的逐级加严的质量要求，又要深挖潜力，降低成本，满足客户对于成本的要求，为企业追求最大化的利润。同时还要优化流程，提高反应速度。

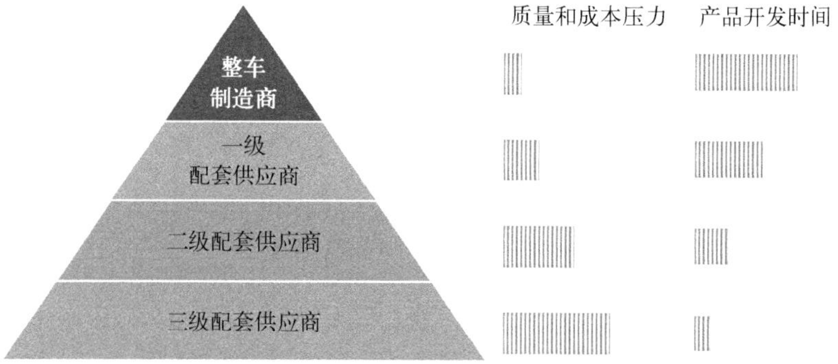

图3-2 汽车产业多层次分工结构

六西格玛正是这样一种方法，它可以帮助企业提高质量、优化流程并降低成本，从而提高客户满意度。作为一种突破性的持续改善方法，六西格玛方法从客户角度出发，关注流程，尊重数据，将质量工具进行整合形成一套标准化的改进方案。它使企业能够提高产品和服务质量，缩短运营周期、降低成本，最终提高客户满意度、增强企业竞争力、提高企业利润。正因为具有这样的优势，六西格玛管理方法在汽车行业中得到了广泛的应用。

S公司是一家德国的家族企业，是在全球范围内提供高精密轴承、汽车发动机零配件、传动系统关键零部件、底盘系统精密零部件的技术领先型企业，是汽车行业内知名的零部件供应商。S公司的离合器产品，以其领先的技术和可靠的产品品质而闻名。世界上每四辆汽车就有一辆使用了S公司的离合器。S公司拥有一套成熟的六西格玛管理流程和团队，该团队直属于总经理或各分厂厂长，以保证其在公司内能更好地组织协调资源，推行六西格玛改善项目。同时，该团队还负责对内部的六西格玛管理进行培训，培养六西格玛人才，并对团队外人员主导的六西格玛项目提供支持。

离合器安装在发动机和变速器之间，输入端连接到安装在发动机的飞轮组，输出端连接到变速箱的输入轴，其功能是通过“离”与“合”来切断和传递适量的发动机扭矩。离合器故障将导致离合失效、顿挫、冲击、打滑，影响变速箱功能，FMEA (Failure Mode and Effect Analysis，失效模式和影响分析)管理模式定义其为车辆基本功能丧失或降级，失效严重度达8分。离合器主要由壳体、膜片弹簧、支撑环、压盘、摩擦片和轴承等组成，双离合还有一个中心盘。压盘是离合器的关键零部件，在离与合的过程中，传递力矩，保证摩擦片的受力均匀。压盘的直线度不合格(过大)会造成压盘自身和摩擦片受力不均匀，局部受力过大，磨损加剧，最终导致离合器基本功能失效。所以，各离合器厂商都会将压盘直线度定义为关键特性，并设定了严格的公差。但是，严格的公差却给加工过程带来了巨大的挑战。S公司为国际知名整车制造商F公司提供离合器系统。为了保证离合器系统的稳定，设计师定义了严格的直线度要求，但是此项目的直线度不良率长期居高不下，CPK仅有0.4左右，PPM达100 000，即西格玛水平只有2.7。为此，公司投入了100%的在线检测，报废了大量的产品，大大地影响了公司的效益。

1.1.2　目的和意义

本篇研究的目的是运用六西格玛质量改进方法，遵循DMAIC(Define—定义，Measure—测量，Analysis—分析，Improve—改进，Control—控制）流程，分析和解决S公司所面临的离合器压盘直线度不良率长期居高不下的问题，从而降低质量成本，同时，为我国企业在公司内部推进六西格玛项目及我国汽车零部件企业解决相似问题，提供借鉴。具体研究目标包括：

（1）研究分析离合器压盘直线度的影响因子。

（2）研究离合器压盘直线度改善的方法，将S公司压盘直线度不良率由原来的11%降低到3%以下，即由原来的2.7的西格玛水平提升到3.4的西格玛水平。并形成可推广的经验方法。

（3）为制造型企业推进六西格玛项目，提供理论、案例、经验方面的借鉴，提升企业的六西格玛项目管理能力。

本篇研究的意义在于：

通过分析S公司的六西格玛管理体系以及改善离合器压盘直线度问题，探索一种推行六西格玛项目、解决质量问题的方法。笔者所在的S公司，是全球排名第19的知名汽车零配件企业，公司已有一百多年的历史。在管理方面拥有深厚的经验积累。公司一直奉行技术领先的企业战略，其技术处于行业前列。笔者通过运用六西格玛质量改善方法，结合在S公司积累的实践经验和理论基础，对S公司离合器压盘直线度良率进行改善。同时，本篇阐述了六西格玛管理理论、工具和推行方法，所探讨的实践经验能为国内制造型企业、机加工企业、汽车零部件企业，提供质量改进的思路。

1.2 国内外研究现状

六西格玛(6σ)的概念源于麦克哈里1987年提出的一个质量目标[1]，即改善产品生产流程，防止生产异常问题，降低产品出错比例。其初心是提高摩托罗拉公司的整体质量水平，然后演变产生了六西格玛的概念。六西格玛特点是采用系统的方法和统计思想，研究并降低生产过程关键因素的变异性，“通过优化产品和流程，提高企业的绩效，寻求客户的满意”[2]。S公司因为推行六西格玛管理而在1998年获得美国国家质量奖项波多里奇奖。推行六西格玛管理后，公司的销售额10年间提升了5倍，利润率增加了20%，累计收益达140亿美元，绩效改善十分显著。在初期，六西格玛管理理念还只是被运用于质量管理改善，随着六西格玛管理理念的发展和推广，其管理范畴也逐渐扩展到了其他领域，以强调“减少差错、浪费和返工”的管理理念著称[3]。

让六西格玛管理理念真正发展起来的,是杰克·韦尔奇(Jack Welch)在通用公司的实践,他让六西格玛管理成为一种企业文化。不只是在生产车间,六西格玛还进入了公司的其他领域,包括商务领域,成为通用公司追求卓越战略的重要组成部分。杰克·韦尔奇[4]在他的自传中提到:六西格玛管理是通用公司"最具挑战也是最具回报的实践"。通用电气的成功,让六西格玛的推行成为世界潮流[5]。

在一些科研机构和高校也有相当多的关于六西格玛的研究成果。据一些文献统计可以看出,21世纪最初的5年内,国外学者对六西格玛进行研究的专业作品已经有百余种,一些研究也深入各种类型的制造业。

Pojasek[6]以企业机械零件生产案例为例进行六西格玛管理的案例分析,指出采用六西格玛管理理念可以减少人为的主观判断错误,提高分析和解决质量问题的科学性和准确性。这些理论也可应用于其他企业的生产和制造中。

Michael[7]在他的研究中提出,将六西格玛管理与精益生产相结合,运用六西格玛方法进行过程的价值流分析,改进相应的流程,使六西格玛理论能运用于精益生产实践中。针对六西格玛的推广效果,他也做了详细的总结,该文献也是针对结合精益化生产较为有实际意义的研究。

Klefsjö等[8]学者研究指出,六西格玛管理的创新之处是通过将负责的实际问题转化为统计数据,再进行分析优化,以提升公司绩效,并获得客户满意。

除了在制造型企业的应用,"六西格玛管理也逐渐进入医疗保健的行业,通过六西格玛方法提升医院和实验室的流程和绩效,改善了成本,提高了竞争力",Elder[9]在2008年发表的论文中这样提到。Booth、Welleretal等[10-11]在论文中提到了六西格玛方法在化学医药行业的质量改善中的运用。Krehbiel[12]等也在发表的论文中提到了六西格玛方法在金融服务领域的实践运用和改善成果。

六西格玛方法分为六西格玛设计和六西格玛改进。六西格玛改进流程DMAIC是从"戴明环"PDCA(Plan—计划、Do—执行、Check—检查、Action—行动)发展起来的、拥有六西格玛特色的流程改进方法[13]。它通过定义(D)六西格玛项目以及对现行系统的测量(M)和统计分析(A),进而采取有效的改进(I)措施和控制(C)手段,以达到所改进的项目的绩效水平。

Mast和Lokkerbol[14]在研究了六西格玛的DMAIC流程后指出,DMAIC流程在结合统计学方法改善问题和普适性方面具有很好的优势。但是,其普适性特点却在解决特定问题方面表现得不太理想。而一些特定的流程方法在解决特定的问题方面却具有很好的适用性。

六西格玛设计研究方面，美国通用电气医学分部光学 CT 系统首次运用六西格玛设计进行产品研发，遵循 DMADOV（定义、测量、分析、设计、优化、验证）流程，取得了巨大的成功。美国质量管理学家 Subir Chowdhury 提出了六西格玛设计的 IDDOV（确定、定义、开发、优化和验证）流程，强调设计之初考虑客户需求，利用六西格玛工具逐步将客户需求转化为设计要求。国内学者潘中德、姜在伟[15]将六西格玛 DMADOV 方法运用于耐磨钢产品的开发中，加快了开发的进度，减少了开发的成本，提升了产品的可靠性。

计算机信息技术与六西格玛相结合的应用也是最近六西格玛管理的研究热点之一[16]。Feigenbaum[17]研究了计算机信息技术在六西格玛管理运用中的重要性。其研究认为，计算机信息技术的重要作用，在于六西格玛项目过程中数据的处理和转化，也就是将数据信息转化为有用的知识和结论。美国著名的研究六西格玛的学者 Pyzdek 在他的《六西格玛手册》一书中着重阐述了信息技术与六西格玛方法的结合。在进行数据处理和挖掘方面，其贡献主要有：数据挖掘的理论方法和其体系的研究，数据挖掘的具体计算机运用技术的研究，将数据挖掘技术应用于实际研究的方法[18]。

1972 年，美国宾夕法尼亚大学开发出了 Minitab 软件，该软件可以处理六西格玛改善中的复杂的统计运算。软件拥有回归分析、试验设计、能力计算等功能，可以满足六西格玛改善过程中的对数据处理和分析的要求。该软件的出现，使六西格玛改善过程中的复杂繁难的运算变得简单而高效[19]。Minitab 在数据处理方面的能力被广泛地肯定和推广，不同国家和不同行业的公司组织都在广泛地使用 Minitab，它还相继被美国质量协会、朱兰研究院等世界顶级协会和研究者推荐给各地的企业，帮助这些企业将其运用在质量改进的工作中[20]。除了 Minitab 外，还有很多其他软件，例如 JMP、Q－DAS、InfinityQS 等，这些软件的使用，能够极大地帮助工程师提升数据处理的效率，让人们通过观测数据能够看到隐含现象，实现人类与图像之间的通信联系进而有针对性地进行监测、管理和改进[21]。

自六西格玛管理方法在 20 世纪 90 年代传入国内以来，经过我国学者和专家们的大力宣传和推广，企业也开始接受并运用六西格玛方法，进行产品与流程的质量改进[22]。目前，应用六西格玛管理方法进行改善的企业主要集中在制造业领域内。在激烈的市场竞争环境下，企业越来越需要寻求科学的方法，以更低的成本、更高的质量、更短的周期，制造出令客户满意的产品[23]。

马林等和朗志正[24-25]在系统地研究了六西格玛管理和TQM、ISO9000的关系后，提出了在ISO9000质量体系的基础上，执行六西格玛管理的方法。

何晓群[26]在分析了六西格玛管理在我国的接受和推行过程中遇到的困难后指出，六西格玛管理在我国的推行困难主要是企业的高层领导对于六西格玛的观念未形成或未更新。

六西格玛是基于数据和统计方法的管理哲学，这需要管理者重视数据统计方法，需要企业拥有有效的数据采集体系，而这正是我国企业普遍存在的薄弱点。另外有观点认为，六西格玛管理只适用于制度健全的大企业，对于小企业不适合。而事实上，六西格玛适合任何规模的企业，因为六西格玛只聚焦流程，不管什么规模的企业，都有其业务流程，都可以进行测量和改善[27]。小企业在推行六西格玛管理方面更灵活、更高效。

蔡佳辰和丁淑芹[28]在研究中指出，六西格玛管理聚焦流程，企业执行六西格玛管理可对企业核心流程进行优化，六西格玛管理通过运用科学的分析工具和统计方法，对流程中的关键因子进行分析并优化，从而改善企业的绩效。针对企业的产品设计改进、生产效率的提升、过程浪费的降低、服务水平的提升等所有的业务流程，六西格玛管理法都将流程的管理水平提高和改善作为项目的聚焦点。六西格玛不仅是一种管理理念，它同时也是一套帮助企业持续改进业务流程的方法，通过DMAIC的改善流程进行改善，分别为五个阶段：定义(Define)、测量(Measure)、分析(Analysis)、改进(Improvement)、控制(Control)[29]。李文超[30]的研究指出："六西格玛管理是一种将低成本与高质量、自身绩效与客户满意、变革与稳定、容许误差与追求完美进行和谐统一的、独一无二的以改善企业绩效为目标的综合性的管理方法"，企业必须将它上升到战略高度，才能对组织产生深远和巨大的影响。

吴洪涛[31]在其《我国企业推进六西格玛管理法的措施研究》一文中认为，企业推行六西格玛管理要经历四到五年的时间，可分为四个阶段，分别是导入期、加速期、成长期和成熟期。企业导入六西格玛管理进入成熟期的标志就是在每一位员工的思维模式和行为方式中都体现了六西格玛的思想。

何桢、蒋强、邹峰、马彦辉、赵有、张志红等[32-37]，对六西格玛设计和六西格玛改善在理论和应用的层面也做了大量的有价值的研究。例如，何桢指出了DMAIC的实施流程及其在实施中应注意的关键问题，为我国企业实施六西格玛管理模式提供了参考。王琦、徐克林[38]通过运用DMAIC，结合SIPOC，FMEA，DOE等工具，解决了粘胶板脱落率较高的问题，提供了运用DMAIC

进行六西格玛改善的案例。蔡子维和杨春燕[39]提出将六西格玛设计和可拓创新方法相结合，解决产品创新或流程创新中遇到的矛盾问题的方法，并给出了具体步骤和框架。泛亚汽车技术中心的邓大伟、郑有能和吴小飞[40]使用六西格玛设计方法，在公司实现了对某1.0升发动机涡轮增压器的改善，不仅实现了发动机运行过程的低转速扭矩和高转速功率的目标，同时还满足了喘振余量和转速余量的要求。

从世界范围来看，六西格玛经历了30多年的发展，其理论和方法体系不断地完善，六西格玛从最初的质量管理方法发展成为一种企业文化。六西格玛方法的应用已经不只在汽车、飞机、家电等制造行业受到推崇，还在银行、政府服务机构、电信、餐饮等服务行业得到了大力的推广和发展。这些推行六西格玛管理的企业，在生产经营上都获得了巨大的绩效回报。

1.3 研究内容和研究方法

1.3.1 研究内容

本篇针对六西格玛理论和实践方法进行深入研究，通过运用六西格玛理论和方法，研究S公司离合器直线度的影响因子和改善方案。

第1章是导论部分，对本篇的研究目的、意义、思路和框架进行介绍，并对国内外的相关研究文献进行了综述。

第2章是理论综述部分，对六西格玛的相关理论进行阐述，对六西格玛项目推行的流程，实施的作用，组织的结构，常用的方法和工具进行研究整理等，并介绍和分析了六西格玛管理在汽车行业中的应用现状、发展前景等。

第3章开始是本篇的主体部分，是项目的定义阶段。本章对项目背景进行介绍和分析。包括S公司背景介绍、S公司的六西格玛管理执行的组织架构和职责、离合器结构介绍和离合器直线度失效模式的分析。项目定义阶段将对S公司面临的离合器压盘直线度现状进行分析，确定关键特性和改进目标，组建项目团队并制定时间计划，最后计算预期财务收益并得到项目倡导者的立项认可。

第4章论述测量阶段和分析阶段。测量阶段将通过MSA分析确定量测系统的可靠性，确保数据的真实；通过制定数据收集计划确保研究数据的可得、充分和科学。分析阶段将使用头脑风暴法、鱼骨图、C&E矩阵等对根本原因进行初步的汇总和筛选，制定试验计划，收集试验数据，通过使用假设检验、过程能力分析等方法对试验结果进行分析，最终确定真因。

第5章论述改善阶段和控制阶段。改善阶段将运用头脑风暴法集思广益、通过统计技术和方法提高解决问题的效率和效果水平，并对提出的改善方案，进行综合的比较分析，从中选择兼具成本和效果优势的改善方案。控制阶段，通过趋势图等确认改善成果的达成情况，通过运用标准化和文件化的手段将改善成果固化；最后进行经验分享、项目移交和推广等。

第6章是总结和展望。总结了论文的思路、方法和成果，指出了研究的不足之处，并针对六西格玛在中国制造业的应用前景进行了展望。

1.3.2　研究方法

本篇主要采用六西格玛改进的方法，结合所学六西格玛管理相关理论知识和质量工具，按照DMAIC的流程，定义问题、分析问题、改善问题、控制巩固的思路，运用头脑风暴法、鱼骨图、C&E矩阵、假设检验、能力分析和控制图等工具，找出离合器压盘直线度的主要影响因子，提出并执行最优解决方案。从根本上找到提升离合器压盘直线度良率水平的思路和方法。

本篇研究遵循的技术路线(图3-3)是：总体构思—理论工具，文献综述—背景介绍—定义(Define)—测量(Measure)—分析(Analysis)—改善(Improve)—控制(Control)—总结展望。

定义阶段：分析离合器结构和S公司面临的直线度问题现状，确定关键质量特性，项目立项，运用项目评分表评估项目立项价值和可行性，确定项目目标和财务收益，制定项目进度表，并得到六西格玛倡导者的认可。

测量阶段：设定测量方法、测量计划和抽样计划，并通过MSA分析量测系统的可靠性，确保项目测量数据的科学可信。

分析阶段：运用头脑风暴法、鱼骨图、C&E矩阵、假设检验等方法识别直线度不良的影响因子，并对识别的影响因子进行测量和分析，进行相关性试验，找出直线度问题的关键影响因子。

改善阶段：制定改善方案，通过假设检验、能力分析等工具找出兼具经济性及有效性的最优改善方案，制定改善计划。

控制阶段：编制作业指导书、控制计划、FMEA，利用控制图等工具做长期监控，固化改善成果。最后做项目成果确认，计算财务收益，取得六西格玛项目倡导者的结案认可并进行项目经验总结和分享。

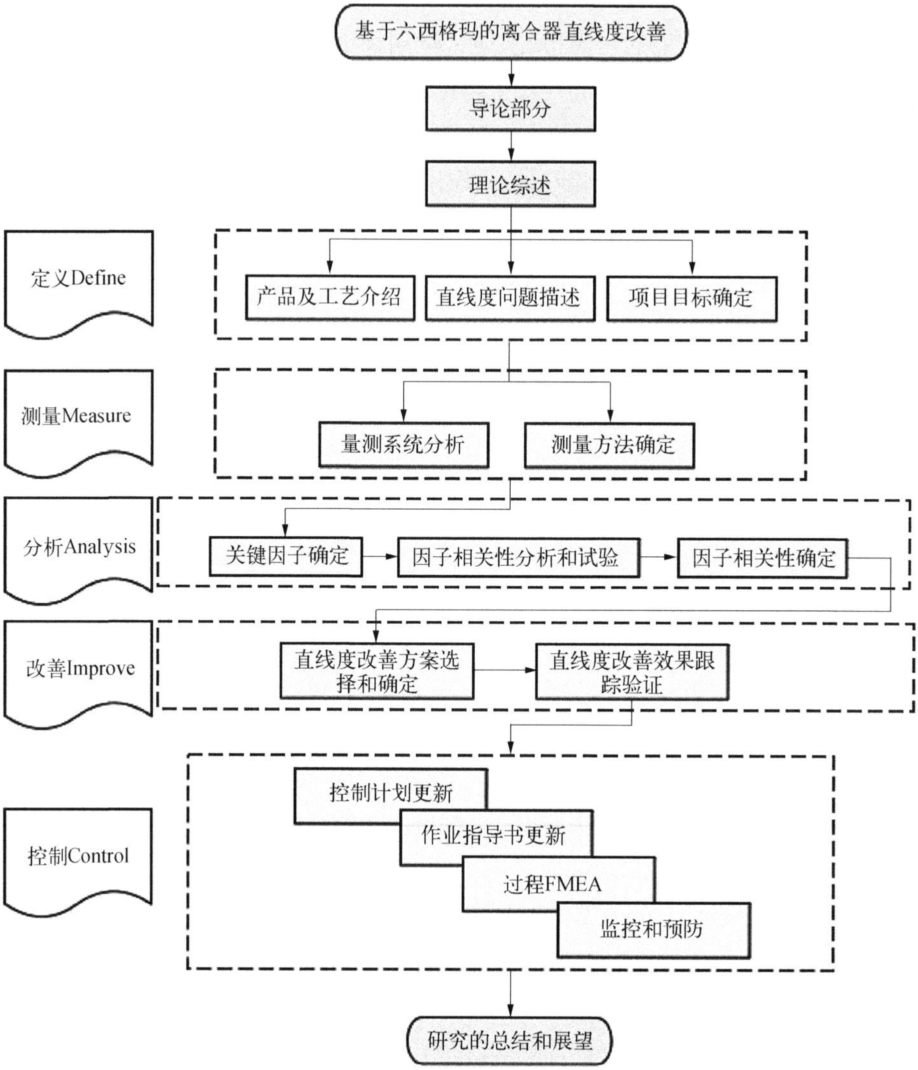
基于六西格玛的离合器直线度改善
导论部分
理论综述
定义Define
产品及工艺介绍
直线度问题描述
项目目标确定
测量Measure
量测系统分析
测量方法确定
分析Analysis
关键因子确定
因子相关性分析和试验
因子相关性确定
改善Improve
直线度改善方案选择和确定
直线度改善效果跟踪验证
控制Control
控制计划更新
作业指导书更新
过程FMEA
监控和预防
研究的总结和展望

图 3-3 本篇技术路线图

第 2 章　六西格玛质量管理理论和研究方法

本章主要阐述六西格玛管理方法的理论知识和发展现状，包括：六西格玛的基本含义、六西格玛管理的作用和特点、项目的选择、六西格玛改善的 DMAIC 流程。并介绍了六西格玛改善过程中常会用到的工具，以及用于六西格玛数据分析的 Minitab 软件。还介绍并分析了六西格玛管理在汽车行业中的应用现状、发展前景等。

2.1　六西格玛管理的统计含义

六西格玛也写作 6σ、6 sigma。希腊字母西格玛"σ"在统计分析中表示标准差，它被用来表示研究数据的离散程度，是一个代表过程和产品特性的波动大小的指标。六西格玛的概念最早是由美国电信巨头摩托罗拉公司提出的，用来衡量企业在质量改进中达到的水平。西格玛水平是用来表示企业在经营过程中产品和服务符合要求的能力，也表示企业生产的产品和服务的缺陷或不达标的概率[41]。西格玛水平越高，代表了企业满足质量水平的能力越高。

在过程能力统计中，六西格玛代表了生产过程中，每 100 万次机会只有 3.4 次出错(不合格)。如果达到这个数值，则反映出生产过程的波动小和准确度好，产品不合格的机会小。六西格玛水平的过程输出的平均值与控制边界之间至少有六倍的标准差的距离，这样的过程能很好地保证产品在合格的区间内。六西格玛管理中，经常以 DPMO(Defects Per Million Opportunities，百万次机会中的不合格数)来描述产品出错的几率。其公式表示为：

$$DPMO = (\sum \text{不合格数} / \sum \text{机会数}) \times 1\ 000\ 000 \tag{2.1}$$

σ(西格玛)值与 DPMO 值之间存在均值的漂移问题。一些实践与研究表明，在生产中的质量特性值都会随着时间而产生一定的漂移，在这种情况下对产品进行检测时就会出现一定概率的短期分布情况，通常漂移的值会达到 1.5σ，(图 3－4)。因此，短期过程能力达到 6σ 时，其长期过程能力只能达到 4.5σ，持续的过程品质指标将按照 4.5σ 的水平波动。

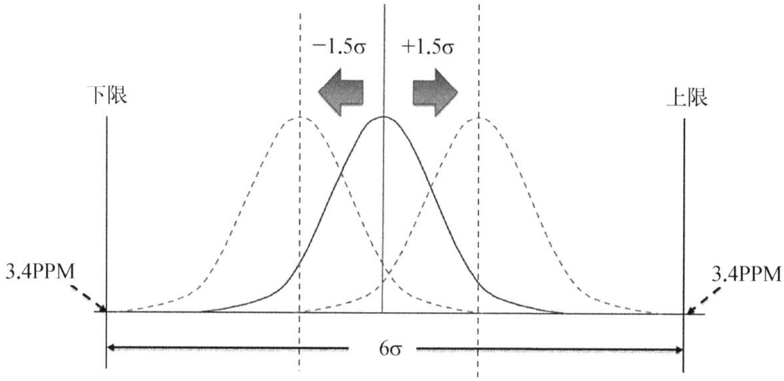

图 3－4　六西格玛水平示意图

通过统计计算，可以计算出 DPMO、西格玛水平和 CPK(过程能力)之间的对照关系见表 3－1。由于不同的西格玛水平代表了不同的 DPMO，因此，它经常被用来作为考核质量水平的指标。

表 3－1　σ 水平与能力指数及百万机会缺陷数对照表

DPMO	西格玛水平 (偏移 1.5 倍西格玛)	CPK
84 134	0.5	0.167
691 462	1	0.333
500 000	1.5	0.5
308 538	2	0.667
158 655	2.5	0.833
66 807	3	1
22 750	3.5	1.167
6 210	4	1.333
1 350	4.5	1.5
233	5	1.667
32	5.5	1.833
3	6	2

2.2　六西格玛管理实施的作用

实施六西格玛管理给企业带来的好处是多方面的，例如可以减少浪费、改善质量水平、提高客户满意度和忠诚度、促进员工的质量意识、提高生产效率等。本篇将实施六西格玛管理的作用概括为以下四点。

1. 解决企业难题、降低成本和节约资源

对企业的流程进行全面而细致地分析和研究，找出关键影响因子，并通过科学的方法对其进行优化改善，从而解决企业难题。通过业务流程的分析和改进，可以降低不良率，减少浪费，缩短周期，从而降低公司的成本、节约公司的资源。

2. 变革企业文化，消除沟通壁垒

六西格玛管理不仅可以帮助企业解决面临的难题，还可以为企业建立一种文化。它帮助企业不断寻求创新和变革，培养持续创新的氛围。六西格玛的实施涉及企业的不同部门，在实施的过程中，需要通过不同的部门紧密合作才能将问题解决，因此，实施六西格玛还可以促进部门间的协作、打破沟通壁垒。

3. 提升服务质量

运用六西格玛管理不仅可以提高产品质量，还可以改善企业的服务质量、优化企业的服务流程。运用六西格玛管理对服务流程进行分析和研究，可以找出引起客户不满意的因素，针对这些不满意的因素进行改善和消除，就能提高客户的满意度和忠诚度。

4. 提升员工素质，促进员工的个人发展

首先，在实施六西格玛管理之前，企业需要对员工进行六西格玛知识的培训。其次，在项目实施过程中，员工将所学的知识用于企业的改善中，强化对知识的理解和运用。最后，通过实施六西格玛项目，促进员工的跨部门沟通和团队合作能力、拓展员工的知识面。因此，实施六西格玛可以提高员工的素质，促进其个人发展。

2.3　六西格玛管理实施的组织

管理离不开人，六西格玛管理也离不开人力资源这一条件，六西格玛管理的人员组织和架构如图3-5所示，其一般是由高层领导、倡导者（冠军）、黑带大师、黑带、绿带等成员所组成。

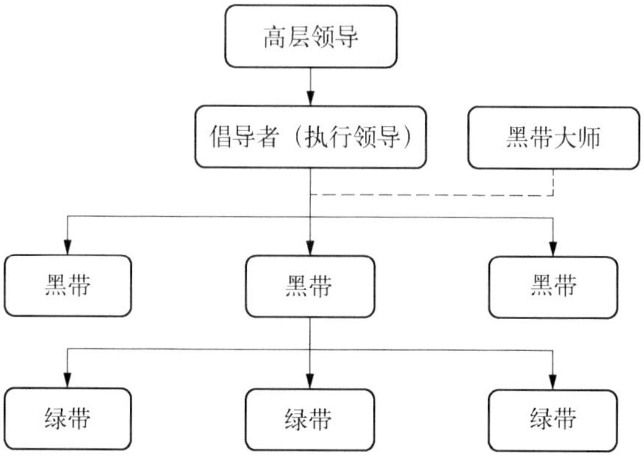

图 3－5 企业六西格玛管理组织的结构图

推行六西格玛管理有六大原则，其中第一条即是高层领导的作用[42]。六西格玛组织的高层领导一般都是公司总经理或厂长亲自担任。他的主要职责包括：制定企业战略、制定六西格玛管理绩效评估准则、提供保证六西格玛实施的资源、建立六西格玛管理实施的环境等。

倡导者，或者称为冠军(Champion)、执行领导。一般由部门经理等中层领导担任，接受项目小组的汇报，其主要职责包括：为项目核准目标和范围、关键节点的审核确认、为项目提供资源、帮助协调项目小组的纠纷、必要时为项目小组提供高层支持等。

黑带大师又称大黑带，一般是在统计学方面具有丰富知识的专家，他们能熟练掌握所使用的六西格玛工具方法、对所使用到的数学统计知识有深刻的理解。其主要职责是：培训黑带和绿带、提供统计学方面的指导和支持，确保黑带和绿带在项目中正确应用统计方法等。

黑带是六西格玛管理中的中坚力量，在黑带项目中，他们是项目的主导者，在绿带项目中，他们又可以给绿带提供支持。黑带拥有丰富的项目经验和统计学知识，能熟练运用六西格玛管理方法和工具。黑带一般是六西格玛团队的全职人员，其主要职责是：作为黑带项目的主导者带领团队进行六西格玛改善、为绿带提供支持和辅导、负责六西格玛知识的内部培训等。黑带通过一个个的改善项目为企业带来绩效的提升和六西格玛文化的推广。

绿带为具备一定的统计学知识，能运用部分统计学工具和改善方法进行六西格玛项目改善的成员，一般为兼职者，是绿带项目的指导者，在黑带项目中接受黑带的领导。绿带资格需要接受黑带大师的系统培训并且主导完成绿带项目后才能取得。

2.4 六西格玛改善实施的流程

六西格玛改善是通过流程改善来实现的,通常来讲,六西格玛改善有两种模式,分别为DMAIC(Define—定义,Measure—测量,Analysis—分析,Improve—改善,Control—控制)模式与DMADV(Define—定义,Measure—测量,Analysis—分析,Design—设计,Verify—验证)模式。DMAIC适用于流程改善,而DMADV适用于产品设计。本篇将主要运用DMAIC模式进行分析研究。DMAIC是在PDCA循环的基础上发展而成的,主要侧重于已有流程的改善,DMAIC与PDCA的关系及各阶段主要工作如图3-6所示。

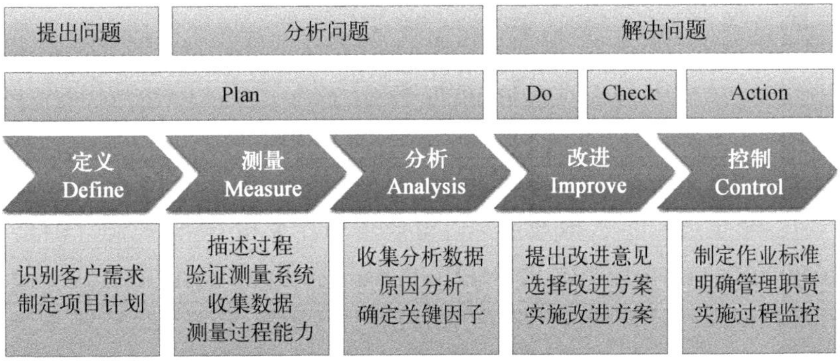

图3-6 六西格玛改进各阶段的主要工作

DMAIC五个步骤具体如下。

第一个步骤是定义(Define),定义阶段作为六西格玛改善的起点,是整个改善项目进行的基础和方向。定义阶段的目的是:明确阐明问题、确定六西格玛改进目标、确定六西格玛实施的边界、明确CTQ和潜在资源、制定项目时间计划、澄清事实、设定目标并形成项目团队。

第二个步骤是测量(Measure),测量阶段是为后续分析、改善和控制阶段提供数据支持的保证。有了测量阶段,才能使后面的统计分析和工具应用拥有数据基础。在测量前,为了保证得到的数据准确有价值,需要对量测系统进行分析改善。同时,数据的采集需要制定科学的量测计划,如抽样方法,量测项目,量测方法等。可以把过程的输入设为X,把过程的输出定义为Y,不可控的随机变量

设为 ε。则响应(输出)与因子(输入)之间的关系可以简单表示为:

$$Y = \sum f(X) + \varepsilon \tag{2.2}$$

从公式可以看出,Y 主要由 X 和随机变量 ε 决定,而量测系统分析的任务就是找出这些参数的影响关系。

第三个步骤是分析阶段(Analysis),分析阶段主要任务是找到影响 Y 的关键 X。影响 Y 的 X 是多种多样的,可分为人、机、料、法、环、测,而每一项下面又有很多不同的因素。这个时候需要用到很多统计方法和管理工具,以帮助准确而经济地找到真正的原因,根本原因,从而为接下来的几个阶段指明方向。

第四个步骤是改进(Improve),在改进阶段就是在确定了关键 X 的基础上,寻求 X 与 Y 的关系:$Y=f(x_1, x_2, \cdots, x_n)+\varepsilon$,找到最经济高效的 X 改善方法,以实现 Y 的改善目标。当用统计方法找到了要改进的环节和方案之后,就需要落实执行改善方案,制定改善计划并对改善效果进行跟踪和反馈。这个阶段的困难点在于,需要动用很多资源,可能遇到很多阻力,而且会改变员工现有的工作模式。所以,这个阶段需要有高层的支持才能克服阻力,有效地推动改善动作的完成。

第五个步骤是控制(Control),控制阶段的目标就是固化改善成果,使 Y 长期控制在期望的水平。为防止问题再发生,必须运用各种质量工具和工艺方法,将 X 固化,防止过程再次出现变异。可以运用作业指导书、控制计划、FMEA(失效模式分析)等,将改善结果标准化;运用数据收集系统,制定控制图,长期监控过程的稳定性;运用自动化仪器设备,控制过程参数;制定应急计划等。

2.5 六西格玛改善的常用工具

在六西格玛管理过程中,每个阶段都有其活动的重点及经常使用的质量管理工具和技术。DMAIC 方法各阶段活动要点及其常用的工具,见表 3-2 所示[43]。

表 3-2 DMAIC 过程活动要点及其工具

阶 段	活 动 要 点	常用工具和技术
D 定义阶段	确立项目目标,寻找 Y	头脑风暴法、树图、因果图、流程图、SIPOC 图、劣质成本、项目管理
M 测量阶段	确定基准,测量 Y、X	排列图、因果图、过程流程图、散布图、直方图、测量系统分析、趋势图、检查表、进程能力指数、抽样计划

续　表

阶　段	活 动 要 点	常用工具和技术
A分析阶段	确定关键的过程业绩和决定因素	头脑风暴法、因果图、抽样计划、实验设计、回归分析、方差分析、假设检验、多变量图
I改进阶段	消除主要原因	实验设计、质量功能展开、正交试验、响应曲面法、测量系统分析、过程改进、调优运算
C控制阶段	维持成果	控制图、统计过程控制、防差错措施、过程能力指数分析、过程文件控制

其中，最经常用到的工具方法主要有如下六个工具。

1. 头脑风暴法

也称脑力激荡法。它一般由主导者召开会议，将所有的成员聚集一起，各抒己见，利用大家的智慧解决问题，从每个人的观点中碰撞出新的、有价值的观念，通过这种方式找出有创造性思想的解决方案。

2. 实验设计

实验设计方法(Design of Experiments, DoE)是基于统计学原理的一种经济高效地安排实验的方法。只需要通过相对较少的实验次数就可以获得所需的实验结论数据。大大加快了项目进度，降低了项目成本。实验设计在改善阶段的参数优化和寻找最优解方面被广泛地运用。

3. 统计过程控制

统计过程控制(Statistical Process Control, SPC)是美国休哈特在20世纪20年代提出的[44]。在统计过程控制中，一般使用稳定过程波动的$\pm 3\sigma$作为控制上下限，通过数据的波动图形判定过程是否稳定，其理论基础是当过程稳定时，过程输出的数据符合正态分布，而过程异常的出现是小概率事件，可以在图形中被识别出来，从而在出现产品异常和成本损失之前，提前预防并改善。

4. 鱼骨图法

鱼骨图，也称因果图或石川图，通常会结合头脑风暴法一起使用，作为输出结果的一部分。鱼骨图的头部是结果，主干部分一般可分为人、机、料、法、环和测，分析者分别从这六个维度对导致问题的原因进行全面地剖析。鱼骨图可以帮助人们在分析问题的过程中全面地分析可能的相关因子，并且以直观的方式分类展示出来。

5. 量测系统分析(MSA)

量测系统是指测量过程的相关因子的集合,包括:操作员、操作方法、量测设备、环境、测量对象等因素。量测系统分析是研究这些因子对测量结果的影响,量测系统分析的内容包括分辨率、偏倚、线性、重复性和再现性。其中最经常分析的就是重复性和再现性。量测系统输出的结果必须是真实的,其数据才具有分析研究的价值。因此量测系统分析(MSA)是六西格玛改善数据分析的基础工作。表 3-3 所示的是重复性和再现性的判定准则。

表 3-3 重复性和再现性结果判定原则

%R&R	判定
<5%	量测系统很好
5%~10%	量测系统可接受
10%~30%	量测系统是否可接受取决于具体应用、测量设备成本、维修成本或其他因素
>30%	量测系统不可接受

6. 假设检验

假设检验的统计学原理是:小概率事件不会在单次实验中发生。假设检验首先提出原假设 H0,再使用对应的统计方法计算出假设成立的可能性。如果可能性大于检验水平则原假设成立,如果小于检验水平则备择假设成立。一般来说,假设检验选择检验水平 $\alpha=0.05$ 或 0.01,即置信度 95%或 99%进行假设检验的判定。

2.6 六西格玛在汽车行业中的应用

汽车行业是世界上规模最大,最复杂的产业之一,汽车质量直接关系到驾驶员、乘客和第三者的人身健康和生命安全,质量失效的成本巨大。汽车行业中,由于质量问题而导致破产的公司屡见不鲜。因此,汽车行业的厂商普遍技术要求很高,品质要求严格,管理要求精细。六西格玛管理以其突破性、精益化改善的特点,在汽车行业得到了广泛的应用。国际汽车 OEM 巨头如通用汽车、福特汽车、大众汽车和标致雪铁龙等,汽车零配件巨头如博世、采埃孚、麦格纳、天合等,都很早就已经实行六西格玛管理。我国的汽车 OEM 公司和汽车零配件公司推行六西格玛管理相对比较晚,但是目前,部分一线汽车厂,如上汽、吉利、比亚迪、长安等,零配件公司如中鼎橡胶、福耀玻璃、汉德车桥、万向集团等,都相继导入六西格玛管理理念和方法,以帮助企业提升绩效,增强竞争力。目前,虽然国内六西格玛人才数量还无法满足汽车行业的需求,但是六西格玛的重要性已广泛地被企业和工程师接受,这也带动了国内的六西格玛培训机构的蓬勃发展。

第3章　S公司离合器压盘直线度问题现状及定义

本章将对项目背景进行介绍和分析，从而引出本篇关于六西格玛项目的定义阶段。包括S公司背景介绍、S公司的六西格玛管理组织架构和职责、离合器结构介绍和离合器直线度失效模式的分析。定义阶段将对S公司面临的离合器压盘直线度现状进行分析，确立关键特性，改进目标，组建项目团队和制定时间计划，最后计算预期财务收益并得到项目倡导者的立项认可。

3.1　S公司概况及离合器结构介绍

3.1.1　S公司概况

S公司是一家国际知名的汽车零配件企业，总部位于德国的赫尔佐根，在全球的50多个国家设有73个工厂。2017年，公司在全球汽车零部件配套供应商百强榜中排名第19位。

S公司是在全球范围内提供高精密轴承、汽车发动机零配件、传动系统关键零部件、底盘系统精密零部件的技术领先型企业，是汽车行业内知名的零部件供应商。S公司拥有三大子品牌：LuK、INA和FAG。LuK主要生产提供离合器系统、变速箱系统和双质量飞轮；INA主要提供滚针轴承、发动机和变速箱部件、精密零部件；FAG主要提供工业和汽车用轴承、高精度轴承和航空航天技术。旗下LuK品牌离合器产品，以领先的技术、可靠的品质而闻名，全世界每四辆车中就有一辆在使用S公司的离合器；其划时代的创新产品双质量飞轮，市场占有率在十多年间一直达90%以上。S公司旗下产品结构图如图3-7所示。

近年来，随着国内汽车行业的发展和S公司国产化策略的推进，国内几乎所有整车OEM和合资OEM都成为S公司的客户。其中，国际知名汽车OEM厂商F公司是其离合器事业部三大客户之一，S公司为其提供一款平台化的离合器产品，仅此一款离合器产品年销售额就达8 000万元。本篇所要讨论的即是S

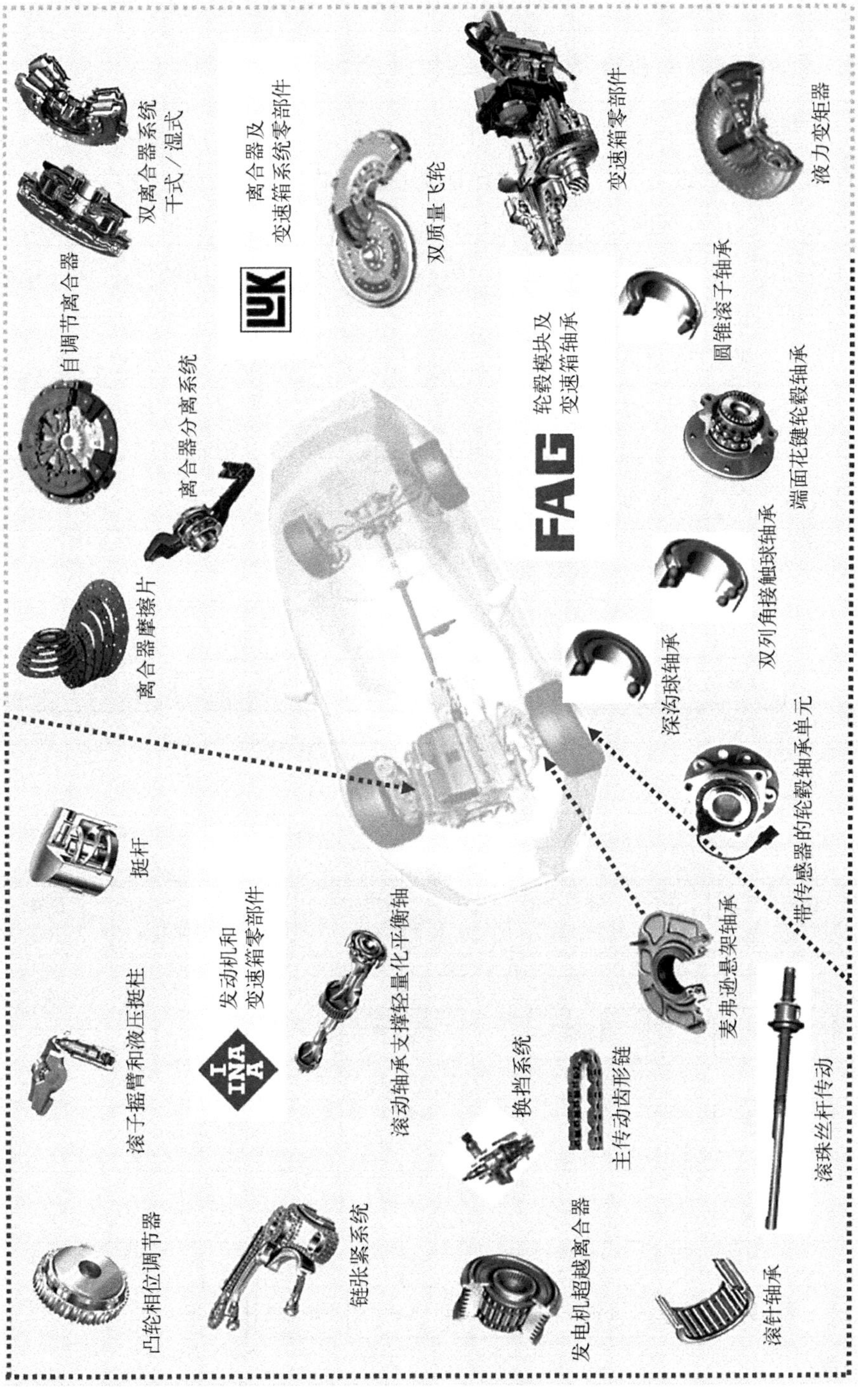

图3－7　S公司旗下产品结构图

公司在此款离合器产品生产过程中如何运用六西格玛管理解决直线度问题。

3.1.2 S公司六西格玛管理组织和职责

S公司拥有一套成熟的六西格玛管理流程和一个专业的六西格玛团队，该团队直属于总经理或各分厂厂长，以保证其在公司内能更好地组织协调资源，并能得到更好的支持，帮助在全公司范围内推行六西格玛改善项目。同时该团队还负责对内部人员的六西格玛培训，选拔六西格玛人才，并对团队外人员主导的六西格玛项目提供支持等。

作为一个跨国公司，S公司在每个区域分公司均设有区域六西格玛推行委员会，该委员会直属于区域总经理，在各个分厂都设有六西格玛管理办公室。管理办公室下面设有1个黑带大师，该黑带大师同时服务于所有该区域下面的六西格玛管理办公室。详细的组织架构见图3-8。

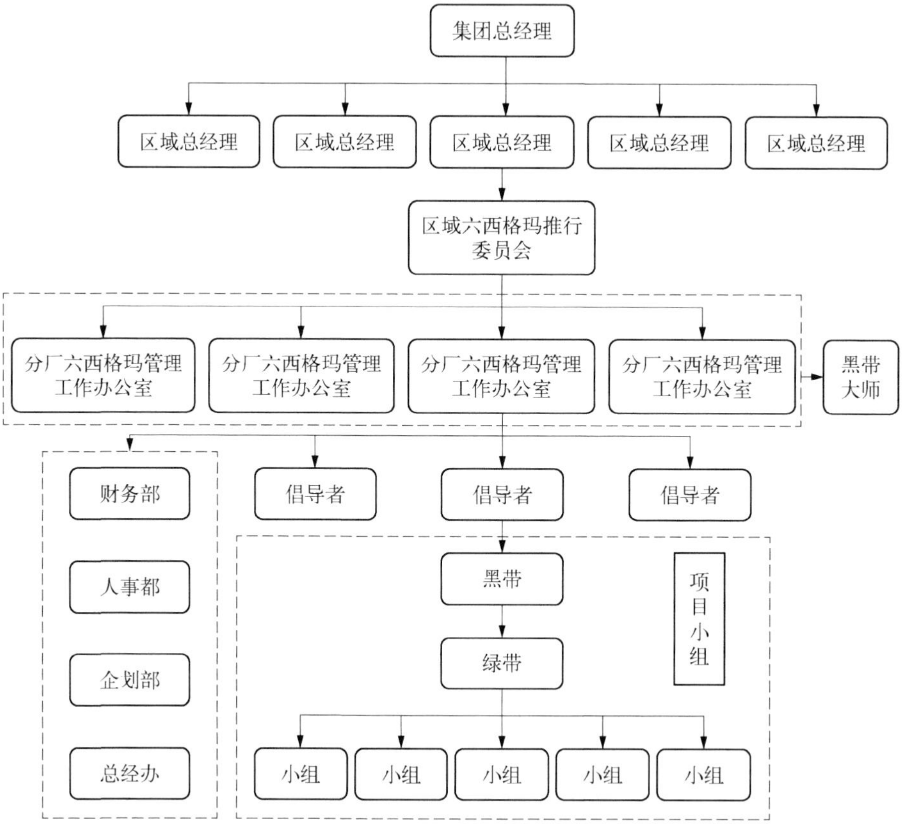

图3-8 S公司六西格玛管理实施组织架构图

六西格玛推行委员会领导由总经理兼任，其他管理层成员担任委员会的兼职委员。其主要职责是为六西格玛管理设立流程、框架和目标，并为其提供必要的资源。

六西格玛管理办公室领导由各分厂厂长兼任，其他领导成员由六西格玛黑带和绿带全职或兼职担任。其主要职责是推动六西格玛管理的各项工作，组织和制定六西格玛培训计划，选拔六西格玛黑带，对执行的六西格玛项目进行指导、评定和考核等。

倡导者一般由各部门经理担任，其主要职责是：审核所在部门的六西格玛项目，确保黑带、绿带和项目团队资源的配置；负责六西格玛项目实施过程中的资源协调；帮助消除六西格玛项目推进过程中的障碍等。

六西格玛项目小组根据项目不同，由黑带或绿带主导，由各部门相关成员参与。其主要职责是：执行六西格玛改进项目；向部门倡导者报告六西格玛项目的进展情况；执行部门的六西格玛工作和质量改进工作；以及负责项目工作的协调；跟踪总结六西格玛项目进展情况等。

3.1.3　离合器结构和直线度失效模式分析

离合器是车辆驾驶过程中，操作最频繁的部件之一。离合器安装在发动机和变速器之间，输入端连接到安装在发动机的飞轮组，输出端连接到变速箱的输入轴，其功能是利用“离”与“合”来切断和传递发动机适量的扭矩，减少驾驶过程中启动和挡位切换时的顿挫和冲击。

双离合器自动变速箱主要由飞轮、机电控制组件、双离合器、换挡拨叉以及双输入轴组成。发动机动力通过飞轮传递到双离合器；再通过双离合器将扭矩传递到双输入轴。双离合器主要由一个中间盘、两个压盘（K1 和 K2）和两个摩擦片组成；机电控制组件，是自动变速器的大脑，它根据齿轮轴的转速、发动机转速、车辆速度和驾驶员操作信号进行判断，来控制变速箱的换挡动作。

如图 3－9、图 3－10 所示，双离合器相当于有两个离合器，分别为压盘 K1 和压盘 K2，它们分别与两个输入轴连接，这样就使得一个离合器可以控制动力传递给奇数挡，而另外一个离合器则相应地控制传递动力给偶数挡，K1、K2 交替传递动力实现换挡。双离合器的中间盘通过摩擦片将扭矩传递至输入轴，根据车速和发动机的转速信号，机电控制模块会计算出下一个需要切换的挡位，此时，下一挡齿轮将首先啮合，处于待命状态，随时传递动力。换挡时，自动变速箱系统将处于结合状态的 K1 先分离，同时将 K2 结合，此时发动机动力不再传递至1挡齿轮，而是传递至已预先啮合的2挡齿轮，如果驾驶员继续加油，变速箱会预先啮合下一挡齿轮，一旦达到换挡时机，原先啮合的K2打开，同时换由K1结合，换挡过程就此完成。

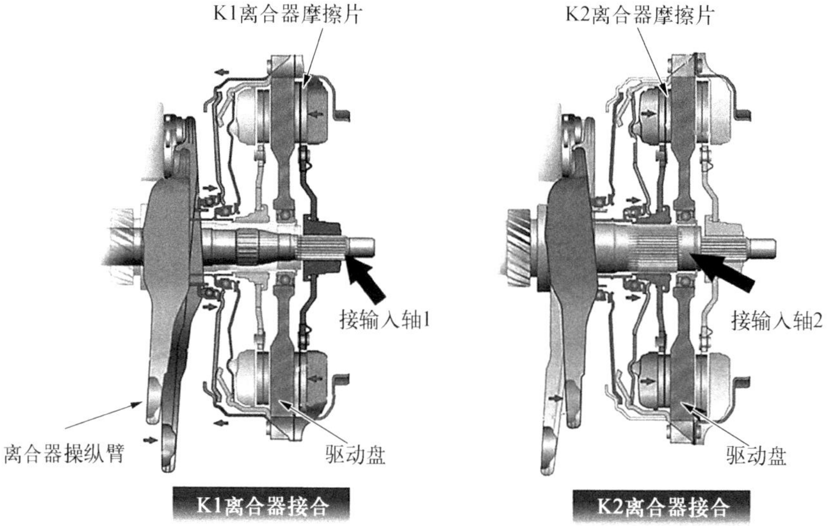

图3-9　干式双离合变速器结构图一

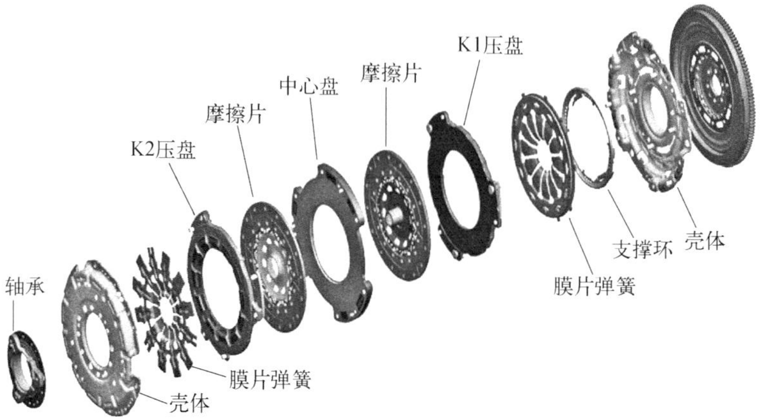

图3-10　干式双离合变速器结构图二

压盘是离合器的关键零部件，在离与合过程中，传递力矩，保证摩擦片的受力均匀。压盘的直线度过大会造成：压盘自身和摩擦片受力不均匀而产生抖动；磨损加剧而造成的寿命内失效；压盘局部过热造成压盘断裂；局部受力造成扭矩传递不足等问题。最终导致双离合器变速箱基本功能失效。如表 3－4 所示，在离合器(DFMEA 设计失效模式分析)中，压盘直线度过大的失效严重度达 8 分。因此，各离合器生产商都会将压盘直线度定义为关键(特殊)特性，并设定严格的公差。但是，严格的公差却给制造过程带来了巨大的挑战。

表 3－4　干式双离合器 DFMEA

<table>
<tr><td colspan="8">FMEA
失效模式及后果分析</td><td colspan="3">Number
Page</td></tr>
<tr><td colspan="3">Type/Model/Fabrication/Load
System Structure 系统</td><td colspan="2">Item Code
零件号</td><td colspan="3">Responsible 负责人
Company</td><td colspan="3">Created 日期</td></tr>
<tr><td colspan="3">Type/Model/Fabrication/Load
Double Clutch 双离合器</td><td colspan="2">Item Code
零件号</td><td colspan="3">Responsible 负责人
Company</td><td colspan="3">Created 日期</td></tr>
<tr><td>Effects
影响</td><td>S</td><td>Failure mode
失效模式</td><td>原因</td><td>C</td><td>Preventive action
预防措施</td><td>O</td><td>Detection
探测</td><td>D</td><td>RPN</td><td>R/D
风险优先</td></tr>
<tr><td colspan="11">System Element：Double Clutch 双离合器</td></tr>
<tr><td colspan="11">Function：Double Clutch 双离合器</td></tr>
<tr><td>抖动</td><td>5</td><td rowspan="4">压盘直线度过大</td><td rowspan="4">直线度规格设计不正确</td><td rowspan="4">SC</td><td>Design Software
软件设计</td><td rowspan="4">3</td><td rowspan="4">dynamic durability test 动态耐久测试</td><td rowspan="4">3</td><td rowspan="4">64</td><td rowspan="4"></td></tr>
<tr><td>磨损加剧，在寿命内失效</td><td>8</td><td>Design Guideline
设计手册</td></tr>
<tr><td>压盘过热而断裂</td><td>8</td><td>Banchmark
标杆比较</td></tr>
<tr><td>扭矩传递不足</td><td>7</td><td>Lesson learn
经验教训</td></tr>
</table>

3.2　项目定义(D)

3.2.1　直线度问题现状分析

F 双离合器项目是 S 公司为客户 F 公司提供的全球平台化项目，按照预测，其年需求量在30万到50万套左右，是S公司最重要的项目之一。2015年9月到2016年6月，F双离合器K1压盘机加工直线度不良率一直居高不下，如图3－11所示，期间平均不良率为14.63%。总计不良数为48 951件，每件压盘总成本为47.66元，总计不良报废成本为：48 951×47.66＝2 332 983元。高不良率造成了公司严重的成本浪费，严重影响了机加工的OEE(Overall Equipment Effectiveness，设备综合效率)，公司需要进行一次突破性的改善来解决此问题。

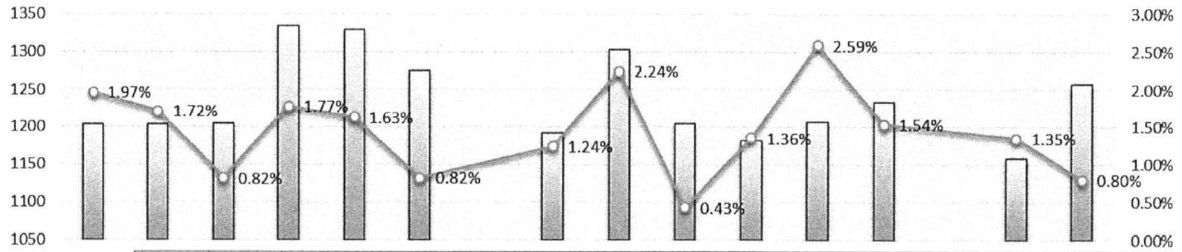

	16-Oct	17-Oct	18-Oct	19-Oct	20-Oct	21-Oct	23-Oct	24-Oct	25-Oct	26-Oct	27-Oct	28-Oct	30-Oct	31-Oct
Total Qty	1203	1204	1205	1334	1329	1275	1192	1303	1205	1182	1207	1233	1158	1257
Defect rate	1.97%	1.72%	0.82%	1.77%	1.63%	0.82%	1.24%	2.24%	0.43%	1.36%	2.59%	1.54%	1.35%	0.80%

图3－11　F项目双离合器K1压盘直线度不良率趋势图

本项目的关键质量特性为K1压盘大平面的直线度，具体如图3－12所示，其标准为：≤0.1 mm。数据取得工位为机加工车二之后100%检测工位。

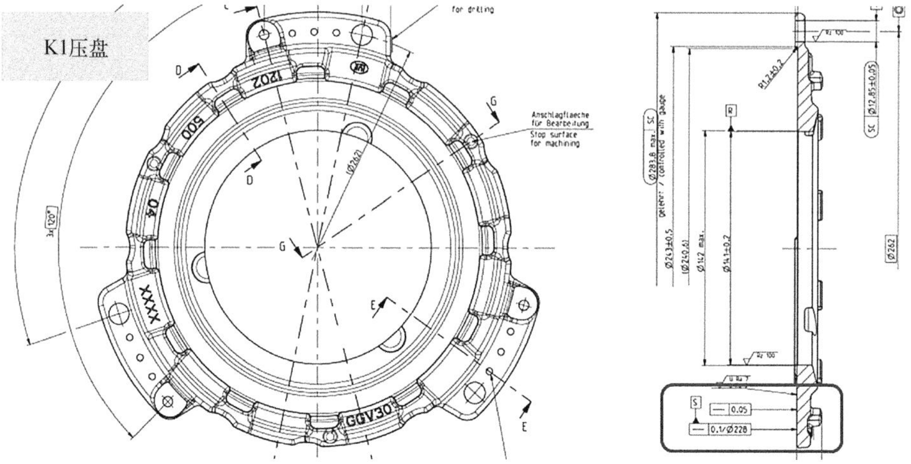

图3－12　直线度图纸规范

3.2.2　项目立项和团队组建

六西格玛是突破性的、团队合作改善项目，需要占用较多的资源。所以并非所有的改善都可以成为六西格玛改善项目。为了评估项目的价值及可行性，我们通过项目风险、项目收益、收益实现、标杆对比和团队组成五个维度，对该压盘直线度改善项目进行综合性的评分，当总分大于 15 分，或其中两项达到 5 分时，项目才被认为具有价值和可行性。

通过项目评分(表 3－5)，该项目结果为 17 分，且有两项评分达到 5 分，项目符合立项标准。

表 3－5　直线度改善项目立项评分结果

评 估 项 目	评估规则(1～5 分)			得分＝17
项目风险 如果不执行此项目，会有什么风险？	过程风险（良率，交期，成本）	客户不满	召回风险或客户停线	**过程风险（良率，交期，成本）**
	1	3	5	***1***
项目收益(欧元) 项目的收益有多少？	＜10 000	＜100 000	＞100 000	**＞100 000**
	1	3	5	**5**
收益实现 项目收益在项目开始后多久可以显现？	＞＝6 个月	＜6 个月	＜3 个月	**＜6 个月**
	1	3	5	**3**
标杆对比 这样的类似的问题是否已经有项目将它解决了？	已有六西格玛项目	已有精益改善项目	无已有项目	**无已有项目**
	1	3	5	**5**
团队组成	部门内的	跨部门的	跨国的	**跨部门的**
	1	3	5	**3**

项目团队由机加工部门经理担任倡导者，由六西格玛绿带成立项目，并组建项目团队，同时向倡导者和六西格玛管理工作办公室汇报项目进度。团队成员有机加工产线主管、机加工质量经理、机加工质量工程师、机加工技术员、机加工生产班长和供应商质量工程师。其中，供应商质量工程师作为公司的接口，协调领导供应商端的各种调查工作，以配合 S 公司的改善项目。团队组织架构见图 3－13。

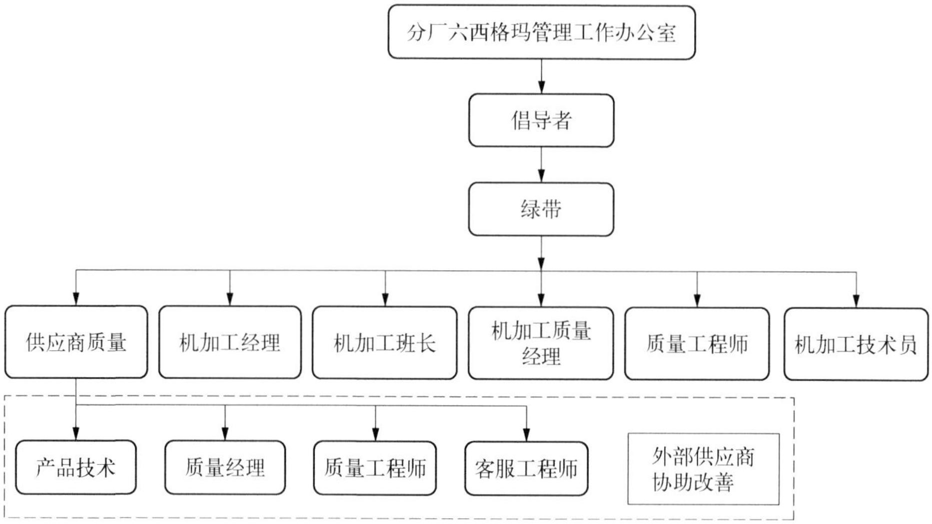

图 3-13 项目团队架构图

3.2.3 项目时间进度计划表

项目设定了每周二举行半个小时的例行会议，讨论项目进度、问题点和行动计划，与会人员主要为团队核心人员，如：绿带、机加工部门经理、机加工质量工程师和供应商质量管理工程师。同时，在DMAIC每个阶段结束时设定了关键节点会议，进行项目阶段性总结，讨论进度状况、待解决问题点和下一阶段行动计划等。关键阶段会议的与会人员一般要求项目全体成员都要参与。项目时间计划表以周为单位定义时间计划，从22周到45周，总计23周时间。项目结束后，45周开始到下一年的第4周，共12周时间为项目跟踪期间，确保项目结束后改善成果持续有效。跟踪阶段将由倡导者，即机加工部门经理负责跟踪。具体项目时间计划见表3-6。

3.2.4 预期收益计算及项目宪章

根据机加工过程报废率目标，机加工报废率不能高于5%，分析历史数据发现，其他不良项目的不良情况约占总数2%。因此我们设定直线度改善目标为：5%−2%=3%。改善前直线度不良率=14%，单件成本=47.66元，年需求量=350 000件，根据以上数据计算预期财务收益。

直接收益(财务收益)=年需求量×(改善前不良率−改善后不良率)×单件成本=350 000×(14%−3%)×47.66=1 834 900元。

表 3-6　项目时间进度计划表

阶段	内容	项目时间表																																			
		五月	六月				七月				八月					九月				十月					十一月				十二月				2018 一月				
		22	23	24	25	26	27	28	29	30	31	32	33	34	35	36	37	38	39	40	41	42	43	44	45	46	47	48	49	50	51	52	53	1	2	3	4
D 定义	定义项目范围和目标																																				
M 测量	确定数据准确性																																				
A 分析	寻找影响因子																																				
I 改善	寻找并验证改善对策																																				
C 控制	固化改善成果																																				
持续跟踪改善效果																																					
关键会议		△		△															△			△			△												
定期会议		每周四11:30—12:00，直到项目结束																								持续跟踪三个月											

间接收益包括：提高了生产线的 OEE(Overall Equipment Effectiveness，设备综合效率)，降低了工人的劳动强度，降低了不良品流出的风险等。

项目宪章定义了整个项目的纲要和框架，是整个定义阶段工作的总结。包括了问题的定义、改善目标、预计财务收益、项目聚焦范围、团队成员、时间计划等内容。项目倡导者通过项目宪章，对定义阶段输出进行审核和批准。最终输出项目宪章，如表 3-7 所示。

表 3-7 项目宪章

Business case, Problems and Tasks
2015 年 9 月到 2016 年 6 月，F 双离合器 K1 压盘机加工直线度不良率为 11.47%～16.60%，期间平均不良率为：14.63%。总计不良数为 48 951 pcs，每件压盘总成本为 44.76 RMB，总计不良报废成本为：48 951×47.66＝2 332 983 RMB。高不良率造成了公司严重的成本浪费，严重影响了机加工的 OEE，公司需要一个突破性的改善来解决此问题

Benefits, Goals, Measurement Parameters
Benefit
改善前直线度不良率＝14%，改善后直线度不良率＝3%，单件成本＝47.66 RMB，年需求量＝350 000 件，计算预期财务收益： 财务收益＝年需求量 * (改善前不良率－改善后不良率) * 单件成本＝350 000 * (14%－3%) * 47.66＝1 834 900 元
Goals
1. 分析机加工过程 2. 降低直线度不良率从 14.63%降为 3%
Measurement Parameters
1. 直线度数值 2. 直线度不良率

Focus and Scope
IN Project Scope：-夹持力 -刀具参数 -车削参数 -夹持治具 -原材料 Not in Project Scope：-换机应商 -换机加工机台 -换压盘设计方案

Roles，Milestones，Budget
Team

Dates (Gate Review)		Budget
Define	2017.5.30	TBD
Measure	2017.6.15	
Analysis	2017.9.30	
Improve	2017.10.20	
Control	2017.11.10	
Project contracting		Project Manager
[Signature] [Name]		[Signature] [Name]

第 4 章　S 公司离合器压盘直线度问题的测量和分析

通过定义阶段，确定了项目的范围，现状，目标等内容。本章将进行测量阶段和分析阶段的研究。测量阶段，通过 MSA 分析确定量测系统的可靠性，确保数据真实有效；通过制定数据收集计划确保研究数据可得和科学。分析阶段，使用脑力风暴、鱼骨图、C&E 矩阵等对根本原因进行初步的汇总和筛选，制定验证计划，收集试验数据，通过使用假设检验、过程能力分析等方法对试验结果进行分析，最终确定真因。

4.1　测量阶段(M)

4.1.1　直线度检具的 MSA

六西格玛改进是基于数据事实的改进，而一个可靠的量测系统，是数据来源真实可信的基础。所以，六西格玛改进必须进行量测系统的分析和评估。如果量测系统的可靠性结果不能被接受，则必须优先改进，确保在之后的数据分析中得到真实准确的结果。

量测系统指的是测量过程中的相关影响因素的集合，包括：操作员、操作方法、量测设备、环境、测量对象等因素。量测系统分析一般缩写为 MSA，是为了确保测量数据的可信度。通过研究量测系统的相关因素对测量结果所产生影响，从而判断该量测系统的可信度。

测量结果可以认为是由零件本身的真实值和量测系统误差两部分叠加而成的结果，即

$$\chi = \chi_P + \omega \tag{4.1}$$

其中，χ_P 为基准值，ω 可以看作是随机变量。对上式求方差可得

$$\sigma_T^2 = \sigma_P^2 + \sigma_{ms}^2 \tag{4.2}$$

其中，σ_T^2 为测量数据的方差；σ_P^2 为测量对象的方差；σ_{ms}^2 为量测系统的方差。而

量测系统的方差又由测量者的方差和量具的方差构成，即

$$\sigma_{ms}^2 = \sigma_o^2 + \sigma_{op}^2 + \sigma_e^2 \tag{4.3}$$

其中，σ_{op}^2 为测量者与零件的交互作用方差。故有

$$\sigma_T^2 = \sigma_P^2 + \sigma_{ms}^2 = \sigma_P^2 + \sigma_o^2 + \sigma_{op}^2 + \sigma_e^2 \tag{4.4}$$

新版的AIAG推荐以6作为研究变异的乘数，这是捕获99.73%的过程测量值所需标准差的数量。对上式两端各乘以 6^2，可获得研究变异的公式如下：

$$TV^2 = PV^2 + GRR^2 = PV^2 + AV^2 + IV^2 + EV^2 \tag{4.5}$$

其中：

TV（总变差）：观测到的总的波动；

PV（零件变差）：测量对象间波动；

EV（重复性）：一般指测量设备引起的误差。是同一测量员使用同一量具多次测量同一零件的特性时的偏差；

AV（再现性）：一般指测量员引起的误差。是不同测量员测量同一零件的特性时的偏差；

IV（测量者与零件的交互作用）：是测量员和零件间相互影响的再现性变异。它一般和测量员的测量习惯和部件本身的内变差（比如圆度，圆柱度等形状误差）有关；

GRR（量具的重复性与再现性）量具的重复性与再现性：是 *EV*，*AV* 和 *IV* 三者合成的总变差。

量测系统的评估包括：分辨率、偏移、线性、稳定性、校准和精确性，精确性一般以Cg&Cgk，或Gauge R&R的方式来评估。直线度量具为定制量具，由千分表和辅助基座组成（图3－14），这里的分辨率、偏倚、线性是针对千分表的分析，而稳定性、校准和精确性分析，是对整个量具进行的。

分辨率：AIAG定义量具的分辨率应该小于等于被测量特性的公差带的1/10或者被测量特性过程变异的6倍西格玛宽度的十分之一，选择其中较小的那个作为分辨率要求。即：

$$\text{Resolution} \leqslant \text{Min}(T/10,\ 6 \times \sigma/10)$$

由于：

$$Cp = \frac{|\text{USL} - \text{LSL}|}{6\sigma} = \frac{T}{6\sigma}，所以\ 6\sigma = \frac{T}{Cp}$$

图 3-14 离合器压盘直线进度检具

可见,当 $Cp<1$ 时,$T<6\times\sigma$,分辨率需小于 $T/10$;当 $Cp>1$ 时,$T>6\times\sigma$,分辨率需小于 $6\times\sigma/10$。通过历史数据分析,已知直线度的 $Cp<1$,因此该直线度量具的分辨率,需小于 $T/10$。

机加工所选择使用量具分辨率为 0.002 mm,$T=0.1$ mm,所以:

$$\text{Resolution}=0.002\ \text{mm}\leqslant T/10=0.01\ \text{mm},$$

结论:量具分辨率满足要求。

校准指对比一个已知的真实值检查量测系统,或以一个已知的标准调整量具以至读数正确。机加工产线的直线度检验作业指导书中已经定义,在每个班开始生产时,都需要使用标准件对直线度检具进行校准,因此校准已完成。

接下来是进行准确性的评估。对于量具系统准确性的评估,早期德系工业主要以 Cg&Cgk 的方式来衡量,而美系工业主要以 Gauge R&R 的方式来衡量,近年来德系工业标准也开始接受并广泛运用 Gauge R&R 来评估量具系统的准确性。

Cg 是指量检具重复精度能力系数,Cgk 是指量检具准确精度能力系数。从字面可以了解到,Cg&Cgk 只评价量具设备本身的准确性,不考虑其他因素(比如人力)的影响。而 Gauge R&R 同时考虑了设备的准确性和其他因素的影响,即重复性(EV)和再现性(AV)。本篇选择了 Cg&Cgk 和 Gauge R&R 分析,来评估量测系统。

Cg&Cgk 分析:

1. 先选取一个直线度偏上限的工件。由于计算 Cgk 需要先知道被测零件的真值，这里选择精确度更高一级的量具：三坐标测量仪，来量测此工件，得到零件的真值 Reference value=0.062 7 mm。

2. 由一位检验员使用直线度测量检具，对该工件进行测量，连续测量 25 次，依次记录测量数据，见表 3-8。

表 3-8　直线度检具 Cg&Cgk 测量数据

序号	1	2	3	4	5	6	7	8	9	10
量测结果	0.060	0.061	0.065	0.064	0.064	0.062	0.063	0.064	0.065	0.058
序号	11	12	13	14	15	16	17	18	19	20
量测结果	0.060	0.059	0.060	0.065	0.063	0.064	0.061	0.063	0.063	0.062
序号	21	22	23	24	25					
量测结果	0.068	0.062	0.065	0.061	0.065					

将表 3-8 中的数据录入 Minitab 软件工作表中，运用 Minitab 的量具 R&R 研究的功能，进行量具重复精度分析。分析结果见图 3-15。

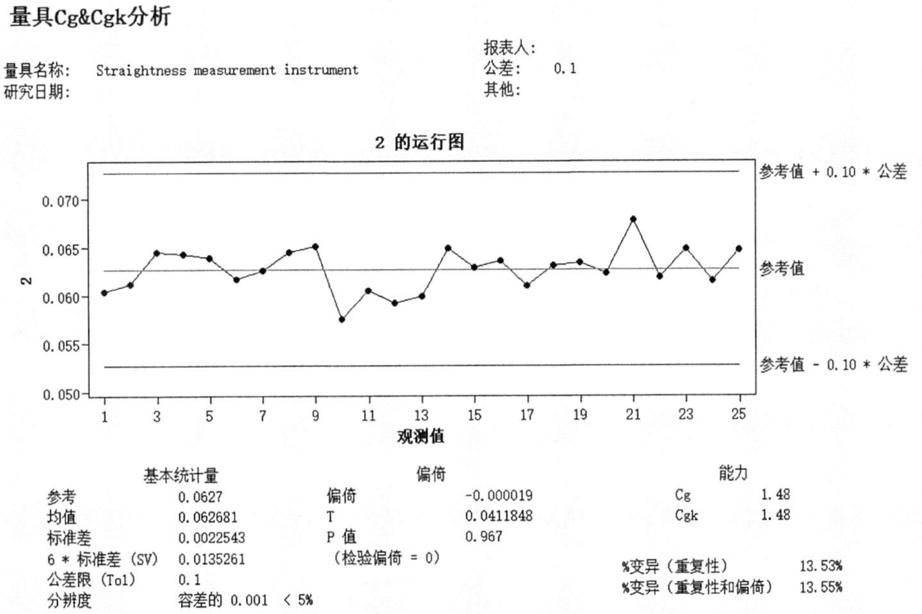

图 3-15　直线度检具 Cg&Cgk 分析结果

USL＝Reference value ＋ 0.1×tolerance＝0.062 7＋0.01＝0.072 7；

LSL＝Reference value － 0.1×tolerance＝0.062 7－0.01＝0.052 7；

该直线度量具的 Cgk＝1.48，%变异＝13.55%。根据 VDA 的要求，量具 Cgk 需要大于等于 1.33。该直线度量具 Cgk≥1.33，可见量具 Cg&Cgk 满足要求。

量具的重复性和再现性 Gauge R&R：

与 Cg&Cgk 不同的是，Gauge R&R 同时考虑了量具以外的因素，因此也更加全面。研究 Gauge R&R 时有三种方法可以选择：极差法、均值极差法、方差分析法(ANOVA)。

方差分析法(ANOVA)是一种标准统计技术，可用于分析测量误差或其他量测系统研究中数据变异的来源。方差分析法的计算步骤为：

1. 计算总的误差平方和以及各效应的误差平方和：

$$SS_T=\sum_{i=1}^{a}\sum_{j=1}^{b}\sum_{k=1}^{c}(X_{ijk}-\overline{X}\cdots)^2$$

$$SS_O=bc\sum_{i=1}^{a}(\overline{X}_i-\overline{X}\cdots)^2$$

$$SS_P=ac\sum_{j=1}^{b}(\overline{X}_j-\overline{X}\cdots)^2$$

$$SS_E=\sum_{i=1}^{a}\sum_{j=1}^{b}\sum_{k=1}^{c}(X_{ijk}-\overline{X_{ij}})^2$$

$$SS_{O\times P}=c\sum_{i=1}^{a}\sum_{j=1}^{b}(\overline{X}_{ij}-\overline{X}_i-\overline{X}_j+\overline{X}\cdots)^2$$

$$SS_T=SS_O+SS_P+SS_{O\times P}+SS_E \tag{4.6}$$

2. 通过以上数据，根据下列公式进一步计算出各效应的方差分量：

$$\hat{\sigma}_o^2=\frac{(SS_O-SS_{O\times P})}{bc}$$

$$\hat{\sigma}_p^2=\frac{(SS_P-SS_{O\times P})}{ac}$$

$$\hat{\sigma}_{op}^2=\frac{(SS_{O\times P}-SS_E)}{c},\ \hat{\sigma}_e^2=SS_E \tag{4.7}$$

3. 因为方差不可能小于 0，所以以上方差估计值为负时，一律认为方差为零。故重复性和再现性合成的量测系统总方差为：

$$\hat{\sigma}_{MSE}^2=\hat{\sigma}_o^2+\hat{\sigma}_{op}^2+\hat{\sigma}_e^2 \tag{4.8}$$

4. 最后，计算量测系统%GRR为：

$$\%GRR=\frac{\hat{\sigma}_{MSE}}{\sqrt{\hat{\sigma}_{MSE}^2+\hat{\sigma}_{op}^2}}\times 100\% \tag{4.9}$$

前两种方法相比，方差分析法方法的具有如下优点：

(1) 有处理任何实验装置的能力；

(2) 可以更精确地估计方差；

(3) 从实验数据中获得更多信息(如零件与评价人之间的交互作用影响)。

方差分析法缺点是数据计算更复杂，操作者需要掌握一定程度的统计学知识来解释结果。但是由于计算机软件(如 Minitab)的广泛运用，可以把复杂的运算交给计算机完成，使得复杂的运算不再是问题，所以这里选择方差分析法作为 Gauge R&R 的方法。

运用方差分析法进行 Gauge R&R 分析，试验步骤如下：

(1) 从机加工现场检验员中，挑选 3 位检验员，分别编号 A、B、C；

(2) 在过程中选取 10 个工件；尽量选取能代表直线度变差范围的工件；

(3) 由测量员对每个工件进行 2 次测量，测量是随机的，测量员不能知道工件的编号，只有研究人员知道；

(4) 研究人员记录对应的测量值，记录数据见表 3－9。

表 3－9　直线度检具 Cg&Cgk 分析结果

测量员		A		B		C	
测量次数		1	2	1	2	1	2
零件编号	1	0.119	0.104	0.111	0.101	0.097	0.101
	2	0.116	0.119	0.119	0.109	0.117	0.114
	3	0.126	0.121	0.124	0.120	0.126	0.118
	4	0.090	0.094	0.095	0.086	0.087	0.093
	5	0.134	0.131	0.128	0.130	0.144	0.129
	6	0.093	0.082	0.086	0.090	0.083	0.092
	7	0.055	0.045	0.047	0.051	0.040	0.047
	8	0.115	0.115	0.113	0.119	0.113	0.115
	9	0.078	0.081	0.082	0.084	0.083	0.078
	10	0.068	0.065	0.070	0.060	0.070	0.066

将表 3－9 的数据值输入 Minitab，进入统计—质量工具—量具研究—量具 R&R 研究（交叉），进行量具系统分析。由于直线度量测为非破坏性量测，这里采用可重复测量的测量员与部件的交叉结构。运行软件，得到的图形化结果见图 3－16，数据分析结果见表 3－10、表 3－11 和表 3－12。

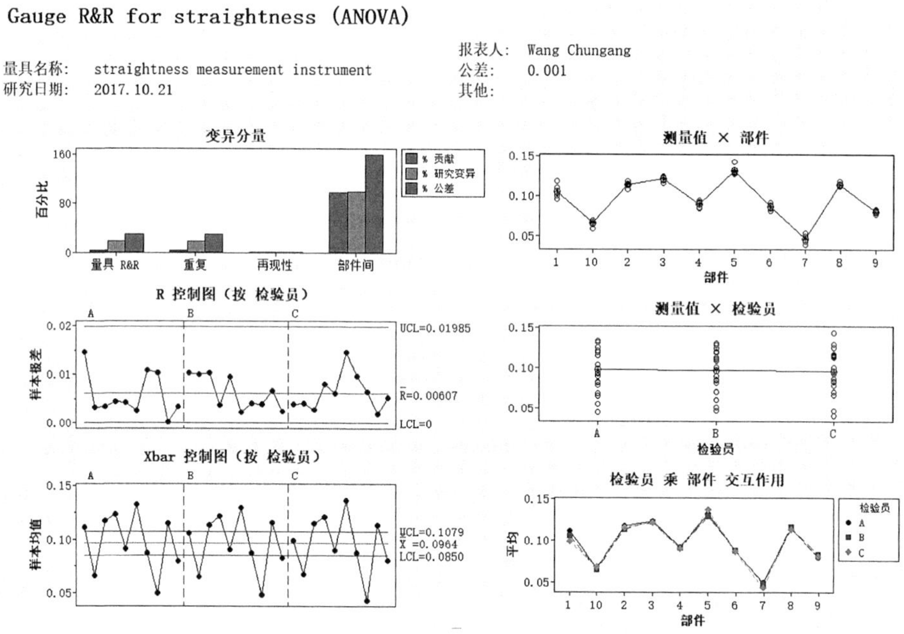

图 3－16 重复性与再现性分析图

表 3－10 包含交互作用的双因子方差分析表

来　源	自由度	SS	MS	F	P
部件	9	0.040 192 3	0.004 465 8	197.85	0
检验员	2	0.000 042 8	0.000 021 4	0.948	0.406
检验员×部件	18	0.000 406 3	0.000 022 6	1.418	0.194
重复性	30	0.000 477 6	0.000 015 9		
合计	59	0.041 119			

表 3-11　方差分量贡献率

来　源	方差分量	方差分量贡献率
合计量具 R&R	0.000 019 2	2.53
重复性	0.000 015 9	2.1
再现性	0.000 003 3	0.44
检验员	0	0
检验员×部件	0.000 003 3	0.44
部件间	0.000 740 5	97.47
合计变异	0.000 759 8	100

表 3-12　量具 R&R 分析结果

来　源	标准差 (SD)	研究变异 (6 * SD)	%研究变异 (%SV)	%公差 (SV/Toler)
合计量具	0.004 386 9	0.026 322	15.92	26.32
重复性	0.003 989 8	0.023 939	14.47	23.94
再现性	0.001 823 9	0.010 943	6.62	10.94
检验员	0	0	0	0
检验员×部件	0.001 823 9	0.010 943	6.62	10.94
部件间	0.027 212 9	0.163 277	98.73	163.28
合计变异	0.027 564 2	0.165 385	100	165.39

可区分的类别数=8

从表 3-10 可以看出，检验员与部件间的交互作用 P 值<0.25，且小于检验员作用的 P 值，因此该交互作用不可删除，且量测系统的再现性主要由检验员与部件间的交互作用引起。从表 3-11 容易看到重复性方差的结果为 0.000 015 9；再现性方差结果 0.000 003 3；重复性方差与再现性方差求和结果为 0.000 019 2（此即 σ_{ms}^2）；过程方差为 0.000 740 5；这两项求和得到的 σ_T^2=0.000 759 8。再经过运算可以得到：

$$10\% < \%\text{Gauge R\&R} = 15.92\% < 30\%$$

$$10\% < \%\text{P/T} = 26.32\% < 30\%$$

虽然%Gauge R&R，%P/T 均大于 10%，但是如果升级更高精度的量具，如三坐标测量仪，不但投资高而且效率低，因此可以按照<30%的准则，有条件地接受。另外，ndc(可区分的类别数)=8>5，因此，量测系统是可以接受的。

综上，通过分析量具的分辨率、校准、Cg&Cgk 和 Gauge R&R，确定该量测系统是可以接受。

4.1.2 数据收集计划

六西格玛改善是基于数据的改善方法，后续的分析和改善都是基于数据进行的。这就需要制定数据收集计划，保证数据的真实性、有效性和科学性。

现有的机加工过程对压盘直线度是进行 100%测量的，并记录每个班次的直线度不良件数，但是并未记录实际的直线度数据，因此，虽然能了解到不良率状况，却无法了解到工件的直线度数值分布。另外，直线度不良率随着铸件毛坯的批次不同而有所差异，在原来的数据记录表中，没有记录铸件毛坯的批次。

因此，有必要建立新的数据收集计划，以取得必要的研究数据。数据收集工作需要生产部门配合，经过与机加工班组长和质量部门讨论后，综合考虑员工工作量与数据需求，建立数据收集计划见表 3-13。

表 3-13 直线度改善数据收集计划

数据收集计划									
序号	Y	样品选择	收集目的	记录方法	收集流程	收集时间	收集地点	收集人	数据类型
1	直线度测量值	现场在制品	跟踪直线度测量值结果的变化	每 2 小时记录 5 件	检验员样品数据收集→记录与电子表单，并存储在公共盘→项目组长确认	项目开始到结束	直线度测量工站	×××	连续
2	直线度不良率数据	现场在制品	跟踪直线度不良率结果的变化	每班记录不良数和投入数	机加工班长确认直线度报废品数据→记录与电子表单，并存储在公共盘→项目组长确认	项目开始到结束	机加工线	××	离散

4.2 分析阶段(A)

4.2.1 要因分析

头脑风暴法可以集思广益,突破个人在知识和经验方面的局限,全面地寻找问题的影响因子。这里运用头脑风暴的方法,收集汇总信息,找出直线度问题的潜在影响因子,具体步骤如下:

(1) 头脑风暴由六西格玛绿带组织,召集生产质量、生产现场班组长、工艺工程师、供应商质量工程师等人员开会,一起寻找影响直线度的相关因子。

(2) 为了尽量全面地收集到成员的想法,需要避免成员间的相互影响和评价。所以,首先鼓励每位成员将自己认为的所有可能的直线度影响因子写在纸上,并避免讨论,然后提交给会议组织者。

(3) 绿带将各成员的想法收集,并将相似的因子进行合并展示,让大家一起敞开讨论。

(4) 让成员进行第二轮头脑风暴,由于经过第一轮结果展示,成员的思路拓宽了。成员可以重新将自己认为的所有可能的因子写在纸上,交给绿带。

(5) 绿带做最终的汇总整理,将相似因子合并,用鱼骨图的方法,按照人、机、料、法、环、测分类展示,如图3-17所示。

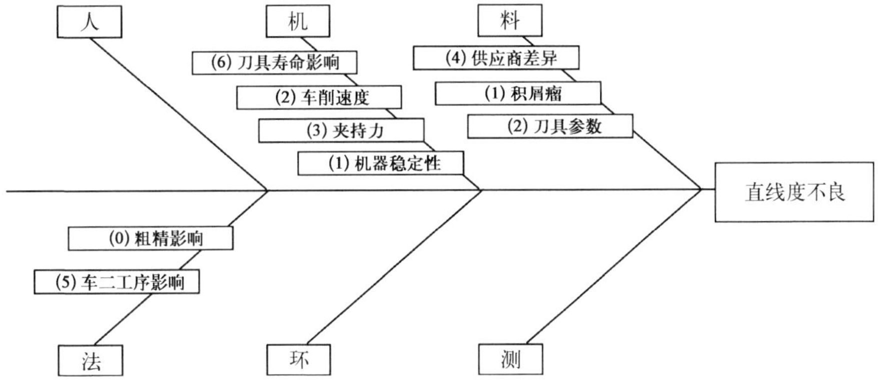

图3-17 因子分析-鱼骨图

通过头脑风暴,最终汇总出9个影响因子。接下来,对这些影响因子按照相关度打分。按照N/3原则,即因子总数的1/3,每人选出其认为的前1/3的高相关性的因子,这里,选择3作为每人手上的票数,即每人在9个因子中,选出3个其认为的高相关性因子。最终选出：刀具寿命影响、车二工序影响、供应商差异为主要影响因子。见表3-14。

表3-14 因子筛选评分表

#	Potential causes	Category	Votes	Relationship
1	刀具寿命影响	机加工工艺	6	●
2	车二工序影响	机加工工艺	5	●
3	供应商差异	供应商工艺过程	4	●
4	夹持力	机加工工艺	3	○
5	车削速度	机加工工艺	2	○
6	刀具参数	机加工工艺	2	○
7	机器稳定性	机加工工艺	1	○
8	积屑瘤	供应商工艺过程	1	○
9	粗精影响	机加工工艺	0	△

● 强相关 ○ 中度相关 △弱相关或无相关

4.2.2 因子验证

在分析原因过程中选出的潜在影响因子只是基于成员经验的结果，并不一定是真正的显著影响因子。因此需要通过因子试验和统计分析来确定哪些因子才是对直线度具有显著相关性的关键影响因子。这里将主要运用假设检验对选出的因子逐一进行试验以验证其相关性。

这一过程，首先需要制定因子试验计划和试验方案，项目各成员配合准备物料、人员、设备等资源，对潜在影响因子刀具寿命影响、车二工序影响、供应商差异进行试验，并收集数据进行假设检验。假设问题见表3-15。

表3-15 加工工序问题转化汇总表

序号	潜在影响因子	响应的质量特性	问题描述	假设问题
1	刀具寿命影响	压盘直线度	刀具寿命不同是否影响直线度大小	原假设H0：不相关 原假设H1：相关
2	车二工序影响	压盘直线度	车二工序是否影响直线度大小	原假设H0：不相关 原假设H1：相关

续 表

序号	潜在影响因子	响应的质量特性	问题描述	假设问题
3	材料差异：供应商	压盘直线度	供应商不同是否影响直线度大小	原假设H0：不相关 原假设H1：相关

制定验证计划，见表3-16。

表3-16 机加工工序直线度真因验证计划

序号	潜在影响因子	数据类型	响应的质量特性	数据类型	验证工具
1	刀具寿命影响	离散	压盘直线度	连续	双样本 t 检验
2	车二工序影响	离散	压盘直线度	连续	配对 t 检验
3	材料差异：供应商	离散	压盘直线度	连续	单因子方差分析

因子分析一：刀具寿命影响。

S公司机加工线对车削刀具采用强制换刀的管理方法，在加工件数到达40件时必须更换刀头。随着刀具的磨损，后期的加工质量变差。将验证假设：随着刀具加工件数的增加，直线度均值变大。

数据收集：其他加工条件相同的情况下，分别在刀具寿命为F10(前10件)时和L10(后10件)时，各加工30件，并记录直线度数据见表3-17。

表3-17 刀具寿命影响加工试验数据

刀具寿命	工件									
F10	1	2	3	4	5	6	7	8	9	10
	0.067	0.086	0.080	0.041	0.080	0.089	0.080	0.102	0.095	0.070
	11	12	13	14	15	16	17	18	19	20
	0.104	0.055	0.047	0.056	0.076	0.091	0.084	0.091	0.054	0.083
	21	22	23	24	25	26	27	28	29	30
	0.073	0.097	0.064	0.076	0.081	0.045	0.116	0.068	0.065	0.061

续 表

刀具寿命	工件									
L10	1	2	3	4	5	6	7	8	9	10
	0.054	0.077	0.089	0.081	0.089	0.074	0.063	0.098	0.076	0.066
	11	12	13	14	15	16	17	18	19	20
	0.088	0.108	0.070	0.071	0.102	0.080	0.094	0.084	0.088	0.108
	21	22	23	24	25	26	27	28	29	30
	0.064	0.101	0.071	0.082	0.063	0.055	0.071	0.060	0.095	0.082

要进行双样本 t 检验，样本需要符合以下三个条件：

(1) 样本数据是独立的；

(2) 数据是正态分布的；

(3) 两组总体方差相等。

首先确认数据是否独立。使用 Minitab—质量工具—运行图对 F10 和 L10 两组数据进行分析，求出游程个数。检验结果见图 3-18。

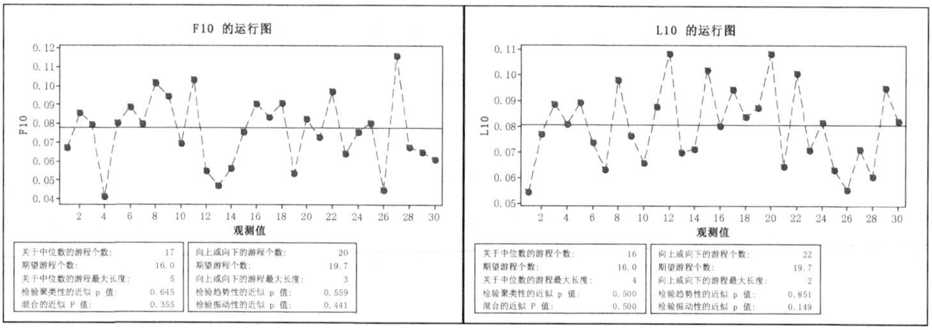

图 3-18　F10 和 L10 数据运行图

根据样本量 30，查表，得到 $R_1=10$，$R_2=22$。

F10 的游程数为 17，落在 R_1 和 R_2 之间，无法拒绝原假设，说明数据是独立的。L10 的游程数为 16，落在 R_1 和 R_2 之间，无法拒绝原假设，说明数据是独立的。因此可以继续进行正态性检验。

使用 Minitab—质量工具—个体分布标识对 F10 和 L10 两组数据进行正态性检验。检验结果见图 3-19。

F10 组正态性检验 $P=0.989\geqslant 0.05$，L10 组正态性检验 $P=0.860\geqslant 0.05$，可

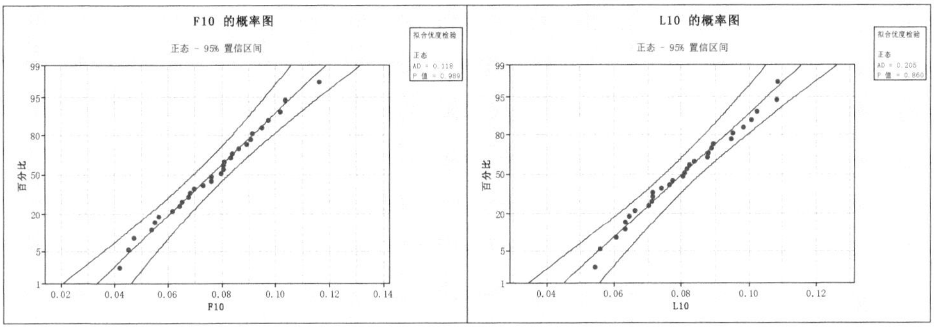

图 3-19　F10 和 L10 数据正态性检验

见，数据符合正态分布。

使用 Minitab—基本统计量—双方差检验对 F10 和 L10 两组数据进行等方差检验。检验结果见图 3-20。

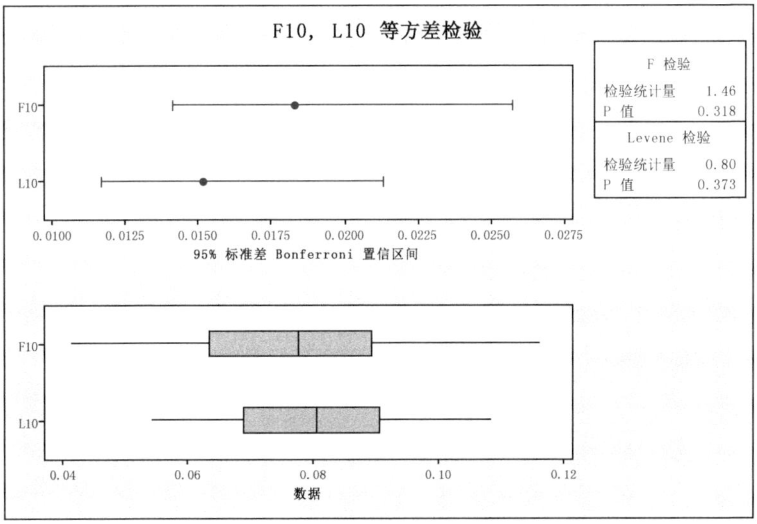

图 3-20　F10 和 L10 数据等方差检验

由于数据已确定为正态分布，等方差检验参考 F 检验下的 P 值，$P=0.318\geqslant 0.05$。结论：不能拒绝原假设，两组数据的方差是相等的。

三项检验显示数据符合双样本 t 检验条件。限于篇幅，后面的条件检验不再赘述，仅给出检验结果。接下来继续使用基本统计量的双样本 t 检验工具进行分析，得到的分析结果见表 3-18。

表 3-18 刀具寿命双样本 t 检验结果

	N	平均值	标准差	平均值标准误
F10	30	0.075 9	0.018 3	0.003 3
L10	30	0.080 2	0.015 2	0.002 8
差值=mu(F10)-mu(L10)				
差值估计：-0.004 37				
差值的 95%置信区间：(-0.013 05，0.004 31)				
差值=0(与≠)的 T 检验：T 值=-1.01　P 值=0.318　自由度=58				
两者都使用合并标准差=0.016 8				

P 值=0.318，大于 0.05，无法拒绝原假设 H0。

结论：刀具寿命对压盘直线度均值没有显著影响。

因子分析二：车二工序影响。

直线度测量面(摩擦面)，是由车一工序完成的，然后车二工序对 CAM(支撑山)进行车加工，再进行直线度量测，工序见图 3-21。将验证是否车二工序造成了车一工序完成的直线度的放大。由于此处检验的是同一样本在车一后和车二后两个状态的直线度状况，所以此处将使用“配对 t 检验”来进行分析。

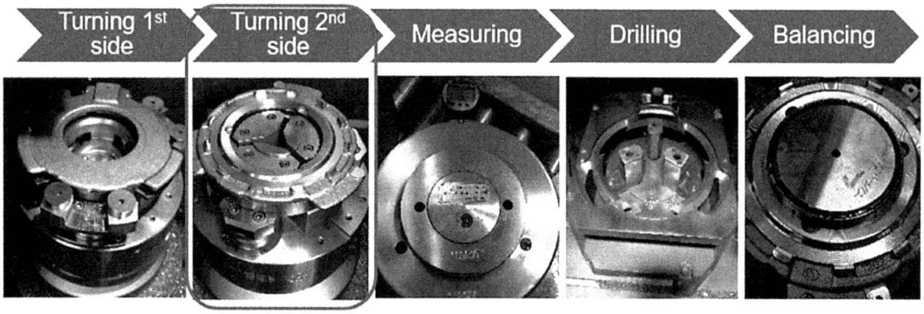

图 3-21 F 压盘机加工工序图

数据收集：其他加工条件相同的情况下，车一完成后不经过车二，直接测量 30 件直线度，对此 30 件压盘编号并对应记录直线度数据。将这 30 件再投入车二，车二完成后测量这 30 件压盘的直线度，分别记录并收集的数据见表 3-19。

表 3-19 车二工序影响加工试验数据

工序	工			件						
车一	1	2	3	4	5	6	7	8	9	10
	0.086	0.054	0.053	0.048	0.074	0.118	0.077	0.091	0.072	0.098
	11	12	13	14	15	16	17	18	19	20
	0.111	0.070	0.076	0.066	0.050	0.070	0.066	0.052	0.056	0.115
	21	22	23	24	25	26	27	28	29	30
	0.073	0.097	0.064	0.076	0.081	0.081	0.093	0.074	0.075	0.074
车二	1	2	3	4	5	6	7	8	9	10
	0.090	0.096	0.082	0.065	0.059	0.075	0.077	0.077	0.084	0.083
	11	12	13	14	15	16	17	18	19	20
	0.076	0.099	0.083	0.053	0.065	0.086	0.087	0.080	0.069	0.063
	21	22	23	24	25	26	27	28	29	30
	0.066	0.078	0.098	0.075	0.062	0.068	0.083	0.104	0.055	0.095

将表 3-19 数据录入 Minitab 工作表中，使用 Minitab—质量工具—个体分布标识对车一和车二两组数据进行正态性检验。车一组正态性检验 $P=0.153\geqslant 0.05$，车二组正态性检验 $P=0.800\geqslant 0.05$，数据符合正态分布。

使用基本统计量的配对 t 检验工具进行分析。得到的分析结果见表 3-20。

表 3-20 车二工序的影响配对 t 检验结果

	N	平均值	标准差	平均值标准误
车一	30	0.076 11	0.019 20	0.003 5
车二	30	0.077 65	0.013 38	0.002 44
差分	30	−0.001 54	0.023 72	0.004 33
平均差的 95%置信区间：(−0.010 39, 0.007 32)				
平均差=0(与≠0)的 T 检验：T 值=−0.35　P 值=0.725				

P 值=0.725，大于 0.05，无法拒绝原假设 H0。

结论：车二工序对压盘直线度均值没有显著影响。

因子分析三：不同供应商的材料差异。

F项目开发初期定点了两家铸件毛坯供应商，即G公司和C公司，但是G公司由于价格和采购策略等因素最终并未批准量产，而是选择了目前的C公司，为了验证是否是原材料的因素导致了直线度过高，现请G公司又生产了一批样件做试加工分析。

数据收集：其他加工条件相同的情况下，分别加工G公司零件G1、G2两个模穴各30件、C公司B2穴号30件，并记录直线度数据。收集的数据见表3-21。

表3-21 不同供应商毛坯加工试验数据

供应商	工件									
C公司B2穴	1	2	3	4	5	6	7	8	9	10
	0.030	0.067	0.055	0.078	0.076	0.068	0.062	0.072	0.094	0.094
	11	12	13	14	15	16	17	18	19	20
	0.136	0.075	0.054	0.068	0.051	0.099	0.049	0.081	0.056	0.073
	21	22	23	24	25	26	27	28	29	30
	0.067	0.052	0.098	0.121	0.068	0.133	0.068	0.074	0.078	0.050
G公司G1穴	1	2	3	4	5	6	7	8	9	10
	0.058	0.048	0.046	0.053	0.059	0.046	0.063	0.048	0.061	0.040
	11	12	13	14	15	16	17	18	19	20
	0.045	0.063	0.056	0.037	0.055	0.035	0.080	0.042	0.050	0.035
	21	22	23	24	25	26	27	28	29	30
	0.040	0.079	0.065	0.050	0.069	0.050	0.069	0.073	0.040	0.054
G公司G2穴	1	2	3	4	5	6	7	8	9	10
	0.078	0.047	0.062	0.066	0.043	0.051	0.033	0.087	0.044	0.054
	11	12	13	14	15	16	17	18	19	20
	0.065	0.072	0.048	0.052	0.070	0.051	0.039	0.048	0.051	0.065
	21	22	23	24	25	26	27	28	29	30
	0.054	0.083	0.057	0.072	0.068	0.050	0.078	0.060	0.058	0.044

将表3-21数据录入Minitab工作表中进行数据分析。B2的游程数为15，G1的游程数为18，G2的游程数为14，均落在$R_1=10$和$R_2=22$之间，说明数据是独立的。B2正态性检验$P=0.922\geqslant 0.05$，G1正态性检验$P=0.760\geqslant 0.05$，

G2 正态性检验 $P=0.304 \geqslant 0.05$，数据符合正态分布。等方差检验结果 $P=0.661$，大于 0.05，方差相等。

再使用统计工具—方差分析—单因子进行假设检验，得到的分析结果见图 3-22。

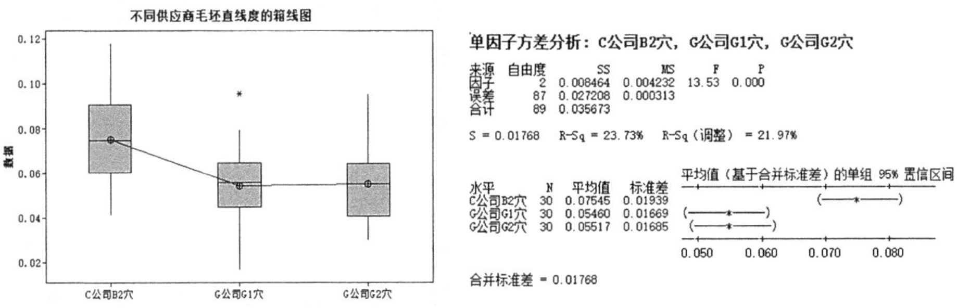

图 3-22 不同供应商毛坯直线度单因子方差分析结果

P 值=0，小于 0.05，所以拒绝原假设 H0，备择假设 H1 成立。

结论：供应商不同对压盘直线度均值有显著影响。可见不同供应商的原材料差异是显著影响直线度大小的因子。通过咨询铸造方面的专家，认为铸件从液态到固态的凝固过程中，由于不同位置的凝固速度差异、内部组织形态的差异等因素，造成铸件内部存在内应力。而铸件的内应力，可能会影响铸件的圆度、平面度等尺寸，以及加工后的形变。

4.2.3 供应商端要因分析

为了验证材料专家的分析结果以及在供应商端的其他可能的影响因子，继续把分析范围扩展到供应商处，与供应商一起进行要因分析与验证。

供应商端的脑力风暴，成员包括：S 公司绿带、S 公司供应商管理工程师、S 公司铸造专家、C 供应商铸造技术课长、C 供应商铸造品保课长、C 供应商铸造品保工程师、C 供应商铸造技术协理、C 供应商铸造生产工程师。脑力风暴过程和 S 公司内部的过程一致，最后得出直线度影响因子鱼骨图和因子矩阵图见图 3-23。

通过脑力风暴，最终汇总出 10 个影响因子。然后对影响因子按照相关度打分。同样，按照 N/3 原则，每人选出 3 个其认为对的高相关性因子。最终选出内应力、排版方案、蠕化率作为前三位的相关因子，具体结果和评分见表 3-22。

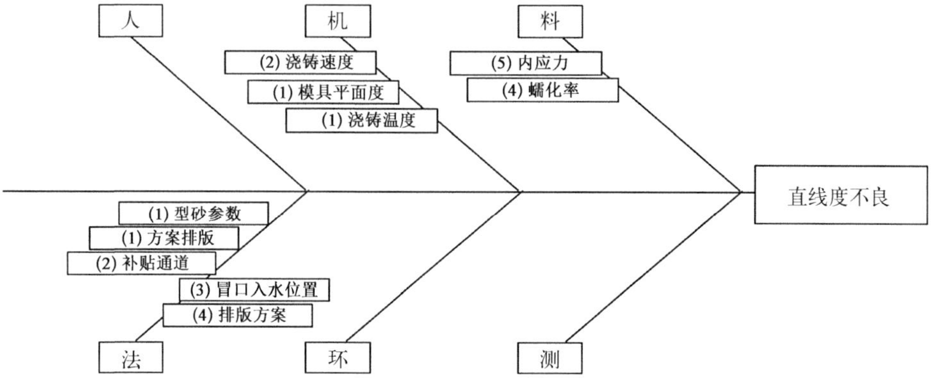

图 3-23 因子分析—鱼骨图

表 3-22 因子筛选评分表

#	Potential causes 潜在影响因子	Category 类别	Votes 评分	Relationship 相关度
1	内应力	铸造工艺	5	●
2	排版方案	铸造工艺	4	●
3	蠕化率	铸造工艺	4	●
4	冒口入水位置	铸造工艺	3	○
5	补贴通道	铸造工艺	2	○
6	浇铸速度	铸造工艺	2	○
7	方案排版	铸造工艺	1	△
8	型砂参数	铸造工艺	1	△
9	模具平面度	铸造工艺	1	△
10	模具圆度	铸造工艺	1	△

● 强相关　○ 中度相关　△弱相关或无相关

4.2.4 原材料相关因子验证

运用假设检验的方法对内应力、蠕化率、排版方案 3 个因子进行试验并分析。假设问题见表 3-23。

表 3－23　直线度因子问题转化汇总表

序号	潜在影响因子	响应的质量特性	问 题 描 述	假 设 问 题
1	内应力	压盘直线度	内应力存在是否影响直线度大小	原假设 H0：不相关 原假设 H1：相关
2	排版方案	压盘直线度	浇铸排版是否影响直线度大小	原假设 H0：不相关 原假设 H1：相关
3	蠕化率	压盘直线度	蠕化率不同是否影响直线度大小	原假设 H0：不相关 原假设 H1：相关

制定验证计划(表 3－24)。

表 3－24　机加工直线度真因验证计划

序号	潜在影响因子	数据类型	响应的质量特性	数据类型	验 证 工 具
1	内应力	离散	压盘直线度	连续	单因子方差分析
2	排版方案	离散	压盘直线度	连续	双样本 t 检验
3	蠕化率	离散	压盘直线度	连续	双样本 t 检验

因子验证一：内应力。

为了验证内应力是否有影响，需要有一个样本去除内应力。试验选用了两种方法去除铸铁件的内应力的方法：热处理方法和振动去应力方法。为了尽量少地改变材料的金相组织和力学性能，材料专家给出了两种方法的试验参数。热处理方法：通过 550 度加热 2 小时去除内应力；振动去应力方法：放在振动床上振动 1 小时去除内应力。把正常材料定义为 A，把热处理方法处理的材料定义为 B，把振动去应力材料定义为 C，见表 3－25。

表 3－25　内应力机加工试验物料表

A	B	C
正常物料	热处理去应力	振动去应力
—	550℃×2h	振动床×1h

数据收集：其他加工条件相同的情况下，分别对 A、B、C 三种状态的零件各加工 30 件，并分别记录直线度数据。收集的数据见表 3－26。

表 3－26　内应力验证加工试验数据

去应力方式	工件									
未处理毛坯 A－B2	1	2	3	4	5	6	7	8	9	10
	0.104	0.066	0.098	0.080	0.086	0.086	0.064	0.144	0.092	0.098
	11	12	13	14	15	16	17	18	19	20
	0.150	0.098	0.092	0.090	0.106	0.098	0.110	0.128	0.090	0.068
	21	22	23	24	25	26	27	28	29	30
	0.116	0.076	0.092	0.124	0.076	0.074	0.124	0.110	0.078	0.088
热处理毛坯 B－B2	1	2	3	4	5	6	7	8	9	10
	0.106	0.052	0.072	0.076	0.078	0.098	0.060	0.078	0.062	0.070
	11	12	13	14	15	16	17	18	19	20
	0.068	0.052	0.092	0.072	0.094	0.052	0.060	0.042	0.090	0.106
	21	22	23	24	25	26	27	28	29	30
	0.138	0.060	0.094	0.100	0.090	0.082	0.056	0.078	0.060	0.080
振动去应力毛坯 C－B2	1	2	3	4	5	6	7	8	9	10
	0.068	0.066	0.098	0.120	0.102	0.082	0.100	0.108	0.084	0.100
	11	12	13	14	15	16	17	18	19	20
	0.090	0.080	0.094	0.076	0.128	0.088	0.102	0.096	0.070	0.124
	21	22	23	24	25	26	27	28	29	30
	0.078	0.126	0.084	0.070	0.073	0.119	0.090	0.088	0.120	0.073

将表 3－26 中的数据录入 Minitab 工作表中进行数据分析。A－B2 的游程数为 18，B－B2 的游程数为 17，C－B2 的游程数为 17，均落在 $R_1=10$ 和 $R_2=22$ 之间，说明数据是独立的。A－B2 正态性检验 $P=0.252\geqslant0.05$，B－B2 正态性检验 $P=0.426\geqslant0.05$，C－B2 正态性检验 $P=0.171\geqslant0.05$，数据符合正态分布。等方差检验结果 $P=0.716$，大于 0.05，方差相等。

使用统计工具—方差分析—单因子进行分析，分析结果见图 3－24。

P 值等于 0.001 小于 0.05，所以拒绝原假设 H0，备择假设 H1 成立：内应力与直线度大小显著相关。

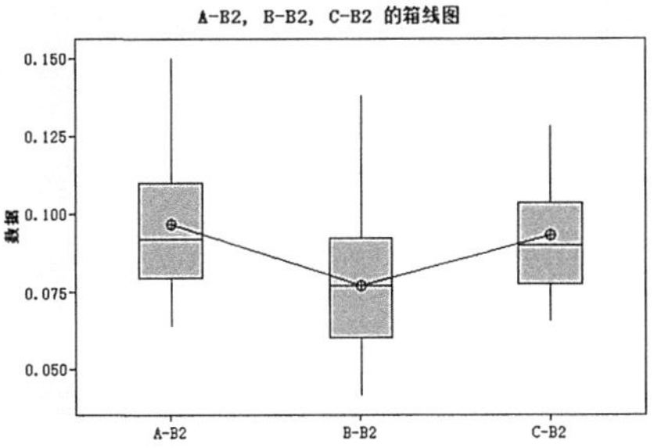

单因子方差分析：A-B2，B-B2，C-B2

来源	自由度	SS	MS	F	P
因子	2	0.006525	0.003262	7.77	0.001
误差	87	0.036542	0.000420		
合计	89	0.043067			

S = 0.02049　R-Sq = 15.15%　R-Sq（调整）= 13.20%

水平	N	平均值	标准差
A-B2	30	0.09687	0.02175
B-B2	30	0.07727	0.02089
C-B2	30	0.09324	0.01873

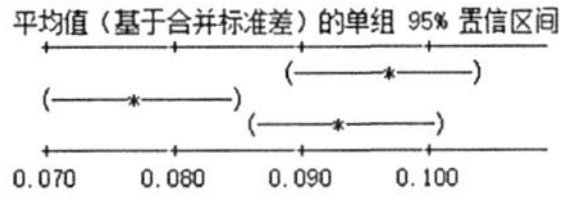

合并标准差 = 0.02049

图 3-24　去内应力毛坯单因子方差分析结果

使用质量工具—能力分析工具计算各个状态的均值、标准差、理论不良率，得到的分析结果汇总见表 3-27 及图 3-25。

表 3-27　去内应力试加工过程能力比对结果

	未处理毛坯	热处理毛坯	振动去应力毛坯
样本数	30	30	30
平均值	0.096 9	0.077	0.094
标准差	0.022	0.021	0.019
Pp	0.77	0.8	0.88
Ppk	0.05	0.36	0.1
理论不良率	44.04%	14.01%	38.21%
实际不良率	33.33%	10%	36.67%

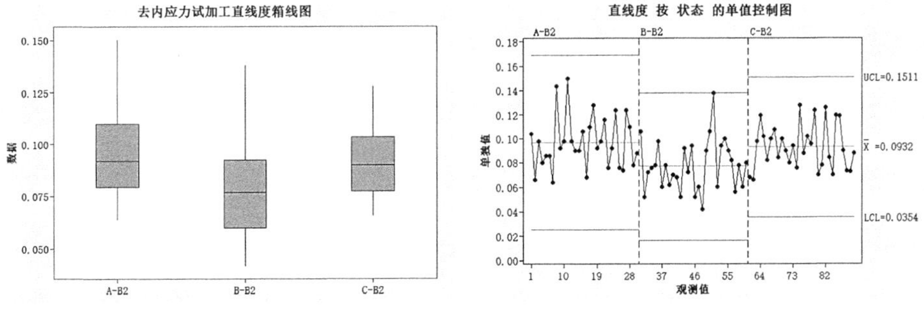

图 3-25　去内应力试加工直线度箱线图和单值控制图

可见，从三个状态的过程能力比对表和箱线图可以看出，热处理去应力后的工件的均值、标准差、PPK 均有明显改善，且工件的实际不良率也由原来的 33.33%降低到了 10%，理论不良率从 44.04%降低到了 14.01%。但是振动去应力后数据并未有明显改善。

结论：铸件毛坯的内应力与直线度均值显著相关，且热处理去应力的效果明显，而振动去应力的效果不明显。

因子验证二：浇铸排版方案。

该铸件模具为一模三穴方案，现有的浇铸方案的铁水充型速度不一致，充型不均衡可能会引起铁水凝固时的热力场不均衡，导致铸件加工后变形，从而产生直线度问题。为了验证浇铸方案的影响，将浇铸方案更改，如图 3-26 所示，平衡铁水充型速度。按照此方案试做一批毛坯进行加工验证。

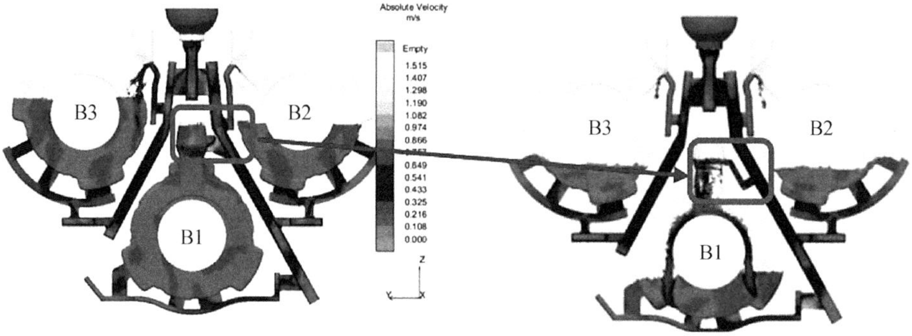

图 3-26 旧(左)新(右)模具排版方案

数据收集：其他加工条件相同的情况下，分别加工旧排版方案和新排版方案各 30 件，并分别记录直线度数据。收集的数据见表 3-28。

表 3-28 排版方案加工试验数据

方 案	工 件									
旧排版	1	2	3	4	5	6	7	8	9	10
	0.110	0.115	0.077	0.075	0.099	0.072	0.113	0.090	0.123	0.089
	11	12	13	14	15	16	17	18	19	20
	0.053	0.092	0.091	0.095	0.055	0.066	0.099	0.083	0.009	0.072
	21	22	23	24	25	26	27	28	29	30
	0.057	0.101	0.101	0.105	0.086	0.089	0.091	0.083	0.075	0.090

续　表

方　案	工	件								
新排版	1	2	3	4	5	6	7	8	9	10
	0.047	0.091	0.084	0.101	0.109	0.114	0.104	0.048	0.089	0.107
	11	12	13	14	15	16	17	18	19	20
	0.072	0.051	0.105	0.083	0.069	0.034	0.082	0.118	0.091	0.083
	21	22	23	24	25	26	27	28	29	30
	0.082	0.068	0.082	0.087	0.070	0.091	0.074	0.081	0.058	0.067

将表3－28数据录入Minitab工作表中进行数据分析。旧排版组的游程数为15，新排版组的游程数为13，均落在$R_1=10$和$R_2=22$之间，可见数据是独立的。旧排版组正态性检验$P=0.108\geqslant 0.05$，新排版组正态性检验$P=0.600\geqslant 0.05$，可见数据符合正态分布。等方差检验结果$P=0.631$，大于0.05，方差相等。

使用基本统计量的双样本t检验工具进行分析，得到的分析结果见表3－29。

表3－29　浇铸排版方案双样本t检验结果

	N	平均值	标准差	平均值标准误
Normal	30	0.085 2	0.022 7	0.004 1
Test	30	0.081 4	0.020 7	0.003 8
差值＝mu(Normal)－mu(Test)				
差值估计：0.003 72				
差值的95%置信区间：(－0.007 51, 0.014 94)				
差值＝0(与≠)的T检验：T值＝0.66　P值＝0.510　自由度＝58				
二者都使用合并标准差＝0.021 7				

P值＝0.510，大于0.05，无法拒绝原假设H0。

结论：方案排版对压盘直线度均值没有显著影响。

因子验证三：铸件蠕化率。

检验内部金相组织的影响，此压盘的蠕化率要求为20%～80%，分别选择接近上限(60%)和下限(25%)的两种蠕化率的压盘毛坯进行试验，见图3－27。

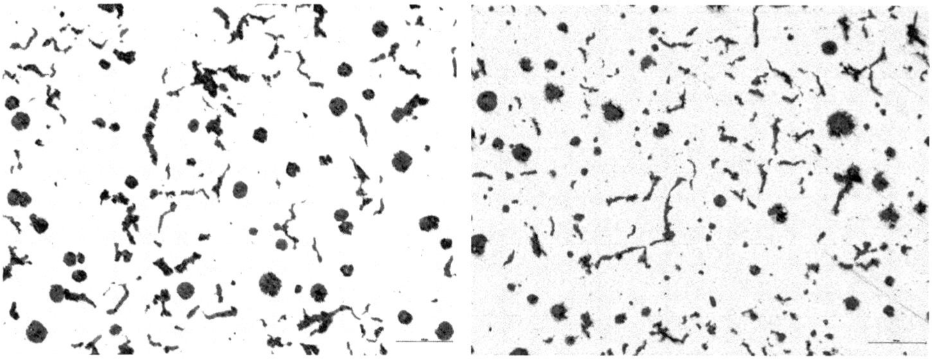

图 3 - 27　蠕化率 60%(左)蠕化率 25%(右)

数据收集：其他加工条件相同的情况下，分别加工 60%蠕化率状态零件和 25%蠕化率状态零件各 30 件，并分别记录直线度数据。收集的数据见表 3 - 30。

表 3 - 30　铸件蠕化率差异加工试验数据

蠕化率	工件									
60%	1	2	3	4	5	6	7	8	9	10
	0.110	0.115	0.077	0.075	0.099	0.072	0.113	0.090	0.123	0.089
	11	12	13	14	15	16	17	18	19	20
	0.053	0.092	0.091	0.095	0.055	0.066	0.099	0.083	0.009	0.072
	21	22	23	24	25	26	27	28	29	30
	0.057	0.101	0.101	0.105	0.086	0.089	0.091	0.083	0.075	0.090
25%	1	2	3	4	5	6	7	8	9	10
	0.087	0.057	0.058	0.092	0.090	0.033	0.034	0.085	0.091	0.098
	11	12	13	14	15	16	17	18	19	20
	0.051	0.080	0.076	0.045	0.098	0.076	0.092	0.065	0.075	0.070
	21	22	23	24	25	26	27	28	29	30
	0.076	0.112	0.096	0.059	0.066	0.075	0.100	0.121	0.112	0.086

将表 3 - 30 数据录入 Minitab 工作表中进行数据分析。“60%”组的游程数为 15，“25%”组的游程数为 15，均落在 $R_1=10$ 和 $R_2=22$ 之间，可见数据是独立的。“60%”组正态性检验 $P=0.108\geqslant 0.05$，“25%”组正态性检验 $P=0.820\geqslant 0.05$，可见

数据符合正态分布。等方差检验结果 $P=0.876$，大于 0.05，方差相等。

使用基本统计量的双样本 t 检验工具进行分析，得到的分析结果见表 3－31。

表 3－31　两种蠕化率的双样本 t 检验结果

	N	平均值	标准差	平均值标准误
60.00%	30	0.085 2	0.022 7	0.004 1
25.00%	30	0.078 7	0.022	0.004

差值＝mu(60.00%)－mu(25.00%)

差值估计：0.006 48

差值的 95%置信区间：(－0.005 07，0.018 03)

差值＝0(与≠)的 T 检验：T 值＝1.12　P 值＝0.266　自由度＝58

二者都使用合并标准差＝0.022 3

P 值＝0.266，大于 0.05，无法拒绝原假设 H0。

结论：蠕化率对压盘直线度均值没有显著影响。

通过前面假设检验的分析，证明了内应力为直线度的显著影响因子，但是由于内应力难以测量，且在 S 公司的图纸上未作任何内应力的定义，无法作为一个异常点或改善点来推动供应商改善。由于验证过程中，已从热处理材料上得到了显著改善的结果，接下来需要寻找热处理材料上的可测量因子的差异来确定关键影响因子。下面使用假设检验的方法分别对：S 基准平面度、R 基准圆度、厚度差三个因子进行相关性检验，见图 3－28。

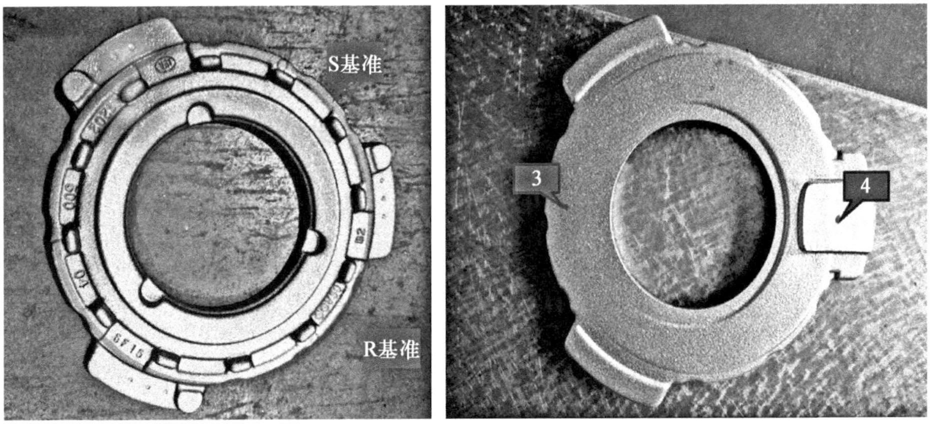

图 3－28　S 基准平面度、R 基准圆度(左)和厚度差 H4—H3(右)

因子检验四：平面度、圆度和厚度差。

机加工车一车削摩擦面时，装夹的基准为基准面 S 和基准外圆 R，S 基准面平面度标准为 0.4 mm，R 基准圆度标准为 1 mm。分别测量热处理前和热处理后的两种状态的平面度、圆度和高度差，进行假设检验。将热处理前工件设为 A，热处理后工件设为 B，收集的数据见表 3－32。

表 3－32　热处理前后毛坯尺寸数据

状态	正常毛坯			热处理去应力毛坯		
序号	A-平面度	A-圆度	A-高度差	B-平面度	B-圆度	B-高度差
1	0.259	0.302	5.450	0.149	0.279	5.780
2	0.318	0.468	5.900	0.196	0.279	5.905
3	0.280	0.376	5.831	0.190	0.302	4.749
4	0.139	0.342	5.870	0.205	0.423	5.848
5	0.324	0.398	5.968	0.140	0.357	5.325
6	0.302	0.296	5.673	0.162	0.501	5.794
7	0.165	0.430	5.926	0.199	0.352	6.166
8	0.357	0.295	5.900	0.214	0.421	5.538
9	0.248	0.298	5.217	0.159	0.279	5.512
10	0.179	0.394	5.538	0.191	0.187	6.109
11	0.246	0.413	5.824	0.236	0.260	6.353
12	0.223	0.398	6.253	0.217	0.478	5.265
13	0.088	0.382	5.866	0.122	0.266	5.083
14	0.335	0.426	6.430	0.180	0.467	6.020
15	0.062	0.360	5.606	0.190	0.213	5.616
16	0.163	0.304	5.436	0.241	0.210	5.170
17	0.285	0.418	5.886	0.234	0.253	6.264
18	0.256	0.440	6.237	0.157	0.357	5.519
19	0.181	0.317	5.650	0.142	0.210	5.746
20	0.360	0.164	6.007	0.252	0.435	5.331
21	0.309	0.387	5.745	0.276	0.389	5.809
22	0.291	0.178	5.842	0.164	0.334	5.742
23	0.253	0.405	5.545	0.146	0.437	5.034
24	0.187	0.302	5.967	0.132	0.306	5.248
25	0.224	0.355	5.813	0.234	0.228	5.449
26	0.281	0.430	5.176	0.137	0.344	5.891

续 表

状态	正 常 毛 坯			热处理去应力毛坯		
序号	A-平面度	A-圆度	A-高度差	B-平面度	B-圆度	B-高度差
27	0.322	0.366	6.397	0.243	0.171	5.528
28	0.244	0.320	5.728	0.174	0.259	5.754
29	0.244	0.280	6.003	0.206	0.208	5.651
30	0.281	0.384	5.185	0.161	0.366	5.742

将表3-32数据录入Minitab工作表中，对六组数据分别进行独立性、正态性、等方差检验，结果显示六组数据均符合独立，正态的条件，等方差检验显示A、B两组平面度数据方差不相等，而圆度和高度差方差相等。因此，关于平面度的检验使用近似双样本 t 检验，检验时不勾选“假定等方差”。而圆度和高度差使用精确双样本 t 检验，检验时勾选“假定等方差”。得到的分析结果见表3-33、表3-34和表3-35。

表3-33 S基准平面度的双样本 t 检验结果

	N	平均值	标准差	平均值标准误
A-Flatness	30	0.246 9	0.074 7	0.014
B-Flatness	30	0.188 4	0.040 9	0.007 5

差值＝mu(A-Flatness)－mu(B-Flatness)
差值估计：0.058 5
差值的95%置信区间：(0.027 2，0.089 9)
差值＝0(与≠)的 t 检验：t 值＝3.76　P 值＝0.000　自由度＝44

表3-34 R基准圆度的双样本 t 检验结果

	N	平均值	标准差	平均值标准误
A-Roundness	30	0.352 4	0.077 5	0.014
B-Roundness	30	0.319 1	0.093 7	0.017

差值＝mu(A-Roundness)－mu(B-Roundness)
差值估计：0.033 3
差值的95%置信区间：(－0.011 1，0.077 8)
差值＝0(与≠)的 T 检验：t 值＝1.50　P 值＝0.139　自由度＝58
二者都使用合并标准差＝0.086 0

表 3-35 H4-H3 高度差的双样本 t 检验结果

	N	平均值	标准差	平均值标准误
A-H4-H3	30	5.796	0.318	0.058
B-H4-H3	30	5.631	0.376	0.069
差值=mu (A-H4-H3) - mu (B-H4-H3)				
差值估计：0.164 3				
差值的 95%置信区间：(-0.015 6, 0.344 2)				
差值=0(与≠)的 t 检验：t 值=1.83　P 值=0.073　自由度=58				
二者都使用合并标准差=0.348 1				

通过以上三表可以看出，仅 S 基准平面度的检验结果 $P=0$，小于 0.05，另外圆度和高度差的检验结果 P 均大于 0.05。可见，热处理前后毛坯的 S 基准平面度均值大小有显著差异，而 R 基准圆度及高度差在热处理前后没有显著差异。

由于热处理前后的毛坯加工后直线度有显著差异，而两种状态毛坯的 S 基准平面度又有显著差异，因此研究中假设 S 基准平面度与直线度相关。接下来将对二者的相关性进行假设检验。研究中选择了平面度大于 0.30 mm(记为 A 组)和小于 0.20 mm(记为 B 组)的两组毛坯进行试加工。其他加工条件相同的情况下，分别加工两种状态的零件各 30 件，并分别记录直线度数据见表 3-36。

表 3-36 平面度差异加工试验数据

平面度	工件									
A 组 平面度≥0.30 mm	1	2	3	4	5	6	7	8	9	10
	0.099	0.100	0.100	0.097	0.106	0.127	0.105	0.079	0.097	0.065
	11	12	13	14	15	16	17	18	19	20
	0.090	0.124	0.070	0.086	0.096	0.129	0.090	0.112	0.054	0.087
	21	22	23	24	25	26	27	28	29	30
	0.123	0.105	0.104	0.141	0.078	0.125	0.128	0.141	0.112	0.103
B 组 平面度≤0.20 mm	1	2	3	4	5	6	7	8	9	10
	0.051	0.056	0.039	0.036	0.041	0.061	0.064	0.040	0.039	0.009
	11	12	13	14	15	16	17	18	19	20
	0.071	0.084	0.104	0.038	0.075	0.068	0.075	0.048	0.084	0.045
	21	22	23	24	25	26	27	28	29	30
	0.071	0.052	0.048	0.035	0.093	0.014	0.028	0.062	0.032	0.047

将表3-36数据录入Minitab工作表中进行数据分析。A组的游程数为12,B组的游程数为16,均落在$R_1=10$和$R_2=22$之间,可见数据是独立的。A组正态性检验$P=0.659\geqslant0.05$,B组正态性检验$P=0.256\geqslant0.05$,可见数据符合正态分布。等方差检验结果$P=0.843$,大于0.05,可见方差相等。

继续使用双样本t检验工具进行分析,得到的分析结果见表3-37。

表3-37 平面度差异的双样本t检验结果

	N	平均值	标准差	平均值标准误
平面度≥0.3 mm	30	0.102 5	0.021 5	0.003 9
平面度≤0.2 mm	30	0.053 7	0.022 3	0.004 1
差值=mu (平面度≥0.3 mm) − mu (平面度≤0.2 mm)				
差值估计：0.048 82				
差值的95%置信区间：(0.037 50, 0.060 14)				
差值=0(与≠)的t检验：t值=8.64　P值=0.000　自由度=58				
二者都使用合并标准差=0.021 9				

P值=0,小于0.05,拒绝原假设H0,备择假设H1成立,存在显著差异。

结论：S平面度不同时直线度总体均值有显著差异。

本章通过分析S公司的内部机加工过程和毛坯供应商过程各潜在影响因子,通过试验验证,运用假设检验的方法,最终将根本原因锁定为压盘毛坯的内应力和S基准的平面度,见表3-38。在这一阶段,很多的工作需要得到供应商的配合一起来推进完成,可见与供应链协同合作和供应链管理的重要性。

表3-38 度相关因子分析验证结果

序号	潜在影响因子	分　类	验 证 工 具	验 证 结 果
1	刀具寿命影响	机加工过程	双样本t检验	不显著相关
2	车二工序影响	机加工过程	配对t检验	不显著相关
3	毛坯内应力	供应商铸造过程	单因子方差分析	显著相关
4	铸造排版	供应商铸造过程	双样本t检验	不显著相关
5	蠕化率	供应商铸造过程	双样本t检验	不显著相关
6	S基准平面度	供应商铸造过程	双样本t检验	显著相关

第5章　S公司离合器压盘直线度问题的改善和控制

通过前面D(定义)、M(测量)、A(分析)三个阶段的工作,找出了影响压盘直线度的根本原因,本章将进入改善阶段(I)和控制阶段(C)的研究。改善阶段,将运用头脑风暴法集思广益,通过统计技术和方法提高解决问题的效率和效果,并对提出的改善方案进行综合的比较分析,从中选择兼具成本和效果优势的改善方案;控制阶段,通过趋势图等确认改善成果的达成情况,通过运用标准化和文件化的手段将改善成果固化,最后进行经验分享、项目移交和推广等。

5.1　改善阶段(I)

5.1.1　方案选择

在分析阶段,已经确定了压盘毛坯的内应力和S基准平面度的差异对直线度均值的差异具有显著影响。接下来将针对该显著影响因子制定改善备选方案,见表3－39。

表3－39　针对显著因子的备选改善方案

项目	原因	改善方案	方案验证	改善所需时间	困难	解决方案	结论
1	毛坯内应力	对毛坯进行热处理	分析阶段已验证有效	所需时间长	S公司对铸件热处理后的性能没有足够的经验和实验数据	风险太大，不适合	不可行
2	S基准平面度	三道工序，预车CAM，基准调整到CAM					

续　表

项目	原因	改善方案	方案验证	改善所需时间	困　难	解决方案	结论
2	S基准平面度	1. 预车CAM； 2. 使用去除补贴、降低冒口的新模具					
		1. 预车CAM； 2. 毛坯供应商打磨去除冒口					

由于去内应力的方案：热处理方法，已经在A(分析)阶段中已经有验证，并确定是有效的。但是F项目是S公司的大项目，S公司对F项目的任何变更都有严格的管控，因为一旦变更错误，造成的损失将非常大。对压盘毛坯进行热处理，这一工艺在S公司没有足够的经验和数据来证明其对离合器功能是安全的，因此，设计和过程变更审核团队否定了该方案。

5.1.2　方案验证

接下来对备选方案进行验证。

方案一：三道工序，预车CAM，基准调整到CAM。

此方案主要的改变点为：在原有的机加工工序中增加一道预车工序，预车位置为摩擦面；车二未做任何改变；车二完成后加入一道车三，最终完成摩擦面的车削工序。并且该工序的车削基准由原来的S基准切换到车二已经完成的CAM上，因CAM属于精加工面，具有很好的平面度来提供装夹支撑，所以可以很好地代替铸造工艺完成的S基准面。详细见图3-29。

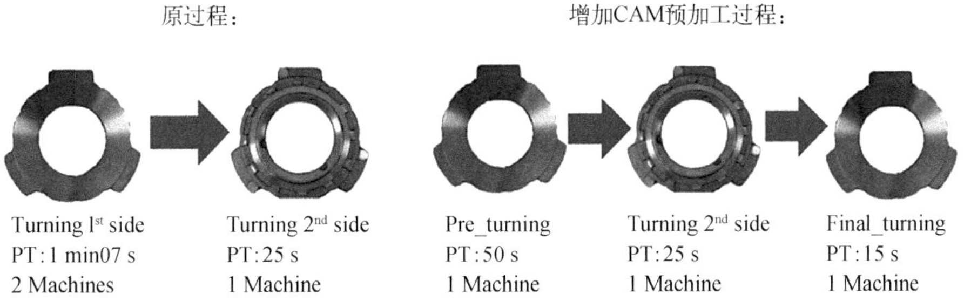

图3-29　CAM预加工过程

数据收集：其他加工条件相同的情况下，分别对预车 CAM 和未预车 CAM 的压盘各试加工 30 件，并分别记录直线度数据。收集的数据见表 3－40。

表 3－40　CAM 预加工前后件试验数据

状态	工件									
CAM未加工	1	2	3	4	5	6	7	8	9	10
	0.074	0.044	0.138	0.091	0.115	0.087	0.038	0.059	0.071	0.116
	11	12	13	14	15	16	17	18	19	20
	0.058	0.105	0.044	0.089	0.092	0.081	0.079	0.035	0.103	0.098
	21	22	23	24	25	26	27	28	29	30
	0.104	0.094	0.103	0.056	0.096	0.062	0.068	0.073	0.039	0.105
CAM预加工	1	2	3	4	5	6	7	8	9	10
	0.052	0.059	0.070	0.075	0.061	0.086	0.048	0.063	0.070	0.062
	11	12	13	14	15	16	17	18	19	20
	0.084	0.037	0.083	0.066	0.052	0.020	0.060	0.028	0.072	0.069
	21	22	23	24	25	26	27	28	29	30
	0.078	0.078	0.041	0.065	0.074	0.088	0.043	0.074	0.069	0.056

将表 3－40 数据录入 Minitab 工作表中进行数据分析。"未加工"组的游程数为 16，"预加工"组的游程数为 17，均落在 $R_1=10$ 和 $R_2=22$ 之间，可见数据是独立的。"未加工"组正态性检验 $P=0.719\geqslant0.05$，"预加工"组正态性检验 $P=0.261\geqslant0.05$，可见数据符合正态分布。等方差检验结果 $P=0.812$，大于 0.05，方差相等。

数据录入 Minitab 工作表中，使用基本统计量的双样本 t 检验进行分析，得到的分析结果见表 3－41。

表 3－41　CAM 预加工的双样本 t 检验结果

	N	平均值	标准差	标准误
正常件	30	0.080 6	0.026 4	0.004 8
CAM 预加工	30	0.062 9	0.016 9	0.003 1
差值＝mu（正常件）－ mu（CAM 预加工）				

续　表

	N	平均值	标准差	标准误
差值估计：0.017 75				
差值的 95% 置信下限：0.008 20				
差值=0（与 >）的 t 检验：t 值=3.11　P 值=0.001　自由度=58				
两者都使用合并标准差=0.022 1				

P 值=0.001<0.05，拒绝原假设 H0，备择假设 H1 成立，S 基准预加工后的直线度均值显著小于 S 基准预加工前的直线度均值，CAM 预加工后可显著改善直线度大小。

接下来确认改善后的过程能力，使用质量工具—能力分析工具计算预加工后的直线度均值、标准差、理论不良率，得到的分析结果汇总见图 3-30。

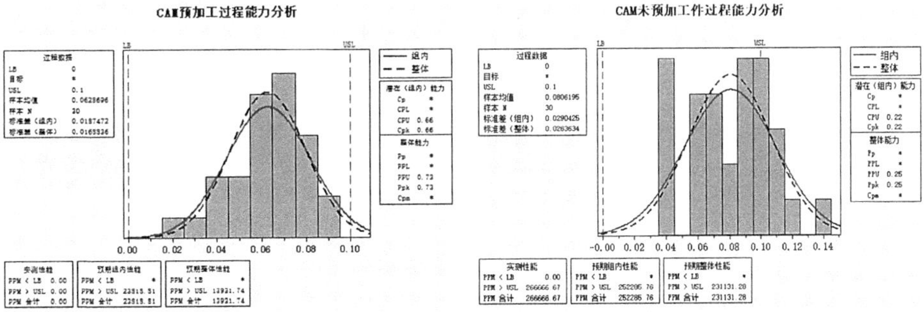

图 3-30　CAM 预加工前和预加工后的工件直线度过程能力分析

通过 Minitab 过程能力分析可知，CAM 预加工后直线度过程能力从 PPK=0.25 上升为 PPK=0.73，理论不良率从 231 131 PPM 降低为 13 931 PPM。符合不良率≤30 000 PPM 的预期目标。

但是，由于加工过程由原来的二道工序增加到三道工序，该方案的加工时间增加了 16.5 秒；

二道工序时间=瓶颈工序时间（时间最长的工序）=并联工位时间÷工位数=67÷2=33.5 秒；

三道工序时间=瓶颈工序时间（时间最长的工序）=车一工位时间=50 秒；

工时增加=三道工序时间－二道工序时间=16.5 秒；

结论：虽然 CAM 预加工后可显著改善直线度大小。但是加工时间加长了

16.5秒，产生了额外的加工成本和时间浪费。故此方案不可行。

分析加工时间，发现瓶颈工序(车一)的加工时间长，主要是因为冒口残留高度太高，车削量大。为了减少加工时间，就需要降低冒口残留高度。通过供应商管理工程师与供应商讨论研究，制定了两个降低冒口残留的方案：

(1) 模具上去掉补贴，降低冒口高度；

(2) 后工序增加打磨量，降低冒口。

改善验证二：模具去掉补贴，降低冒口高度。

测试冒口减小后的新模具毛坯，见图3-31。由于前面已经验证了三道工序对直线度改善的显著效果，本次验证不再进行假设检验，而直接进行过程能力分析。

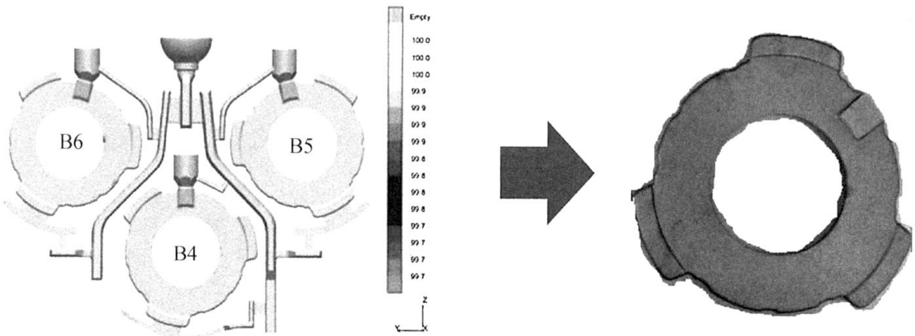

图3-31 铸件模具改善示意

数据收集：其他加工条件相同的情况下，在车三之后测量直线度，分别记录对应数据。收集的数据见表3-42。

表3-42 去补贴模具工件试加工数据

新模具	工件									
B4	1	2	3	4	5	6	7	8	9	10
	0.035	0.051	0.071	0.082	0.082	0.067	0.087	0.070	0.066	0.057
	11	12	13	14	15	16	17	18	19	20
	0.057	0.099	0.064	0.052	0.060	0.078	0.053	0.083	0.050	0.079
	21	22	23	24	25	26	27	28	29	30
	0.072	0.049	0.047	0.071	0.063	0.082	0.081	0.063	0.069	0.128

续　表

新模具	工件									
B5	1	2	3	4	5	6	7	8	9	10
	0.052	0.062	0.026	0.053	0.064	0.054	0.059	0.079	0.078	0.026
	11	12	13	14	15	16	17	18	19	20
	0.059	0.044	0.065	0.081	0.085	0.056	0.060	0.069	0.084	0.064
	21	22	23	24	25	26	27	28	29	30
	0.061	0.063	0.115	0.058	0.050	0.061	0.077	0.055	0.048	0.063
B6	1	2	3	4	5	6	7	8	9	10
	0.057	0.031	0.056	0.042	0.062	0.064	0.052	0.010	0.068	0.061
	11	12	13	14	15	16	17	18	19	20
	0.092	0.061	0.027	0.074	0.093	0.048	0.069	0.070	0.085	0.047
	21	22	23	24	25	26	27	28	29	30
	0.080	0.058	0.058	0.038	0.034	0.096	0.024	0.060	0.080	0.040

使用质量工具—能力分析工具计算压盘直线度的均值、标准差、理论不良率，得到的分析结果汇总见图 3－32。

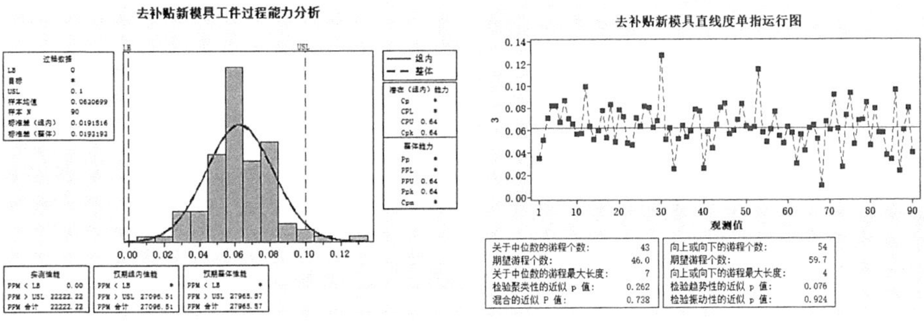

图 3－32　去补贴后新模具直线度过程能力分析

通过 Minitab 过程能力分析可知，新模具的直线度过程能力 PPK＝0.64，理论不良率为 27 965 PPM。符合不良率≤30 000 PPM 的预期目标。

三道工序时间＝瓶颈工序时间(时间最长的工序)＝车一工位时间＝33 秒；

工时增加时间＝三道工序时间－二道工序时间＝33－33.5＝－0.5 秒。

新模具的三道工序加工时间比原来二道工序还减少了 0.5 秒，见图 3－33。

图 3-33　去补贴后新模具料三道工序加工时间

结论：此改善方案在直线度改善和加工工序时间方面均符合预期目标。

改善验证三：供应商后工序增加打磨量，降低冒口。

供应商打磨工站增加冒口打磨量，去除冒口，只保留补贴，见图 3-34。加工新工艺工件，分析过程能力。

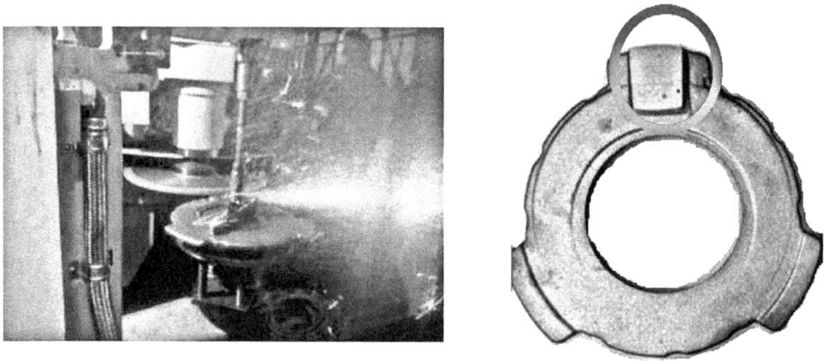

图 3-34　打磨去冒口工序

数据收集：其他加工条件相同的情况下，在车三之后测量直线度，分别记录对应数据。收集的数据见表 3-43。

表 3-43　打磨去冒口试加工数据

打磨去冒口	工件									
B4	1	2	3	4	5	6	7	8	9	10
	0.049	0.077	0.048	0.026	0.065	0.062	0.082	0.055	0.068	0.080
	11	12	13	14	15	16	17	18	19	20
	0.074	0.051	0.047	0.065	0.051	0.086	0.026	0.067	0.075	0.046
	21	22	23	24	25	26	27	28	29	30
	0.070	0.074	0.015	0.049	0.082	0.042	0.061	0.069	0.054	0.039

续　表

打磨去冒口	工件									
B5	1	2	3	4	5	6	7	8	9	10
	0.073	0.072	0.057	0.048	0.033	0.082	0.053	0.081	0.106	0.059
	11	12	13	14	15	16	17	18	19	20
	0.044	0.056	0.060	0.096	0.051	0.064	0.081	0.059	0.069	0.102
	21	22	23	24	25	26	27	28	29	30
	0.074	0.068	0.054	0.036	0.067	0.025	0.097	0.057	0.069	0.050
B6	1	2	3	4	5	6	7	8	9	10
	0.086	0.064	0.063	0.036	0.061	0.031	0.059	0.075	0.082	0.035
	11	12	13	14	15	16	17	18	19	20
	0.056	0.089	0.043	0.070	0.067	0.036	0.066	0.051	0.065	0.049
	21	22	23	24	25	26	27	28	29	30
	0.061	0.071	0.073	0.050	0.069	0.049	0.084	0.080	0.045	0.053

使用质量工具—能力分析工具计算压盘直线度的均值、标准差、理论不良率，得到的分析结果汇总见图 3－35。

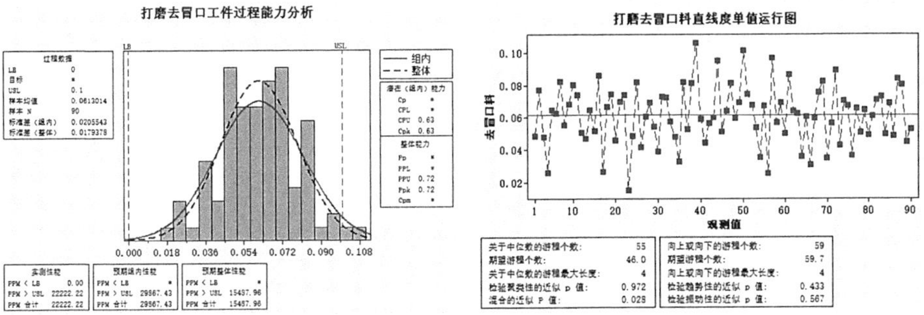

图 3－35　打磨去冒口料直线度过程能力分析

通过 Minitab 过程能力分析可知，新模具的直线度过程能力 PPK＝0.72，理论不良率为 15 487 PPM。符合不良率≤30 000 PPM 的预期目标。

三道工序时间＝瓶颈工序时间(时间最长的工序)＝车一工位时间＝33 秒；

工时增加时间＝三道工序时间－二道工序时间＝33－33.5＝－0.5 秒。

打磨去冒口工件的三道工序加工时间比原来二道工序还减少了 0.5 秒。

结论：此改善方案在直线度改善和加工工序时间方面均符合预期目标。

通过上面对改善备选方案的试验和验证，最终找出了综合各方面均符合目标的最优方案。验证结果总结见表3-44。

表3-44 改善方案验证结果汇总

项目	原因	改善方案	方案验证	改善所需时间	困难	解决方案	结论
1	毛坯内应力	对毛坯进行热处理	分析阶段已验证有效	不适用	S公司对铸件热处理后的性能没有足够的经验和实验数据	风险太大，不适合	不可行
2	S基准平面度偏上限	三道工序，预车CAM，基准调整到CAM	1. 直线度过程能力改善达到目标； 2. 车加工工时增加了16.5秒	不适用	不适用	不适用	不可行
3	S基准平面度偏上限	1. 预车CAM 2. 使用去除补贴，降低冒口的新模具	直线度过程能力达到预期目标	3个月	1. 新模具更改了毛坯的设计，需要走设计变更流程； 2. 新模具需要重新做DV，PV测试； 3. 模具设计变更，需要得到客户认可	作为长期对策，未来老模具寿命到期后更换为此新模具	可选
4	S基准平面度偏上限	1. 预车CAM； 2. 毛坯供应商打磨去除冒口	直线度过程能力达到预期目标	一周内	供应商过程需要调整	请供应商管理部门与供应商协商配合	优先

由于新模具的执行需要向公司的德国总部申请设计变更、进行功能试验、并取得客户认可，这一过程需要较长的时间，因此该方案被列为长期改善对策，将在现有模具寿命到期时，一同进行更改。而方案4的执行较为经济快捷，通过供

应商管理工程师与供应商协商，供应商同意调整其打磨工序，将铸件冒口去除后供货。因此，选定方案4(冒口打磨方案)为第一优先方案。

5.1.3 改善验证

为了进一步验证方案4的改善效果，要再进行小批量试做跟踪，以确认批量状态下的改善效果。验证条件如下：

数量：2 000件，分两个批次7K11和7K13；

数据收集：按照抽样记录的方式，每小时抽检5件，总共记录25组压盘尺寸数据。直线度数据见表3-45。

表3-45 打磨去冒口试加工数据

样本数	序号									
	1	2	3	4	5	6	7	8	9	10
1	0.049	0.077	0.048	0.026	0.065	0.062	0.082	0.055	0.068	0.080
2	0.045	0.085	0.053	0.073	0.063	0.068	0.059	0.071	0.071	0.025
3	0.035	0.051	0.071	0.082	0.082	0.067	0.087	0.070	0.066	0.057
4	0.051	0.052	0.079	0.067	0.083	0.086	0.063	0.025	0.064	0.059
5	0.060	0.060	0.031	0.098	0.079	0.066	0.055	0.072	0.034	0.059
	11	12	13	14	15	16	17	18	19	20
1	0.074	0.051	0.047	0.065	0.051	0.086	0.026	0.067	0.075	0.046
2	0.044	0.054	0.072	0.044	0.059	0.049	0.055	0.037	0.072	0.055
3	0.057	0.099	0.064	0.052	0.060	0.078	0.053	0.083	0.050	0.079
4	0.075	0.051	0.069	0.056	0.097	0.076	0.069	0.100	0.080	0.075
5	0.072	0.065	0.055	0.007	0.087	0.105	0.086	0.051	0.040	0.068
	21	22	23	24	25					
1	0.070	0.074	0.015	0.049	0.082					
2	0.045	0.035	0.052	0.032	0.067					
3	0.072	0.049	0.047	0.071	0.063					
4	0.051	0.060	0.041	0.082	0.075					
5	0.082	0.068	0.065	0.036	0.072					

使用 Minitab 个体分布标识对数据进行正态性检验，见图 3－36。

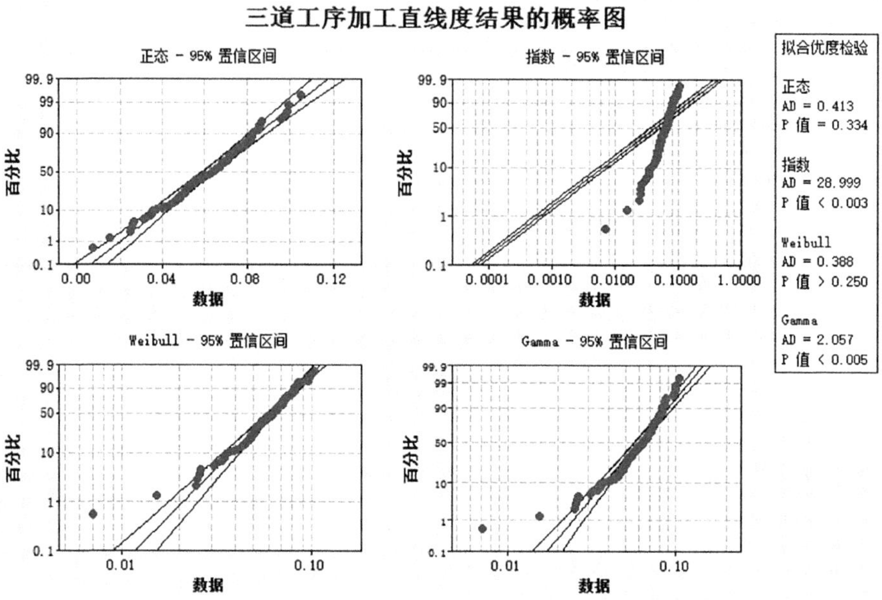

图 3－36　直线度结果正态性检验

根据图 3－36，正态拟合优度 P 值＝0.334＞0.05，可见，数据符合正态分布。

使用 Minitab 控制图—子组的变量控制图—Xbar—R 图分析，见图 3－37。

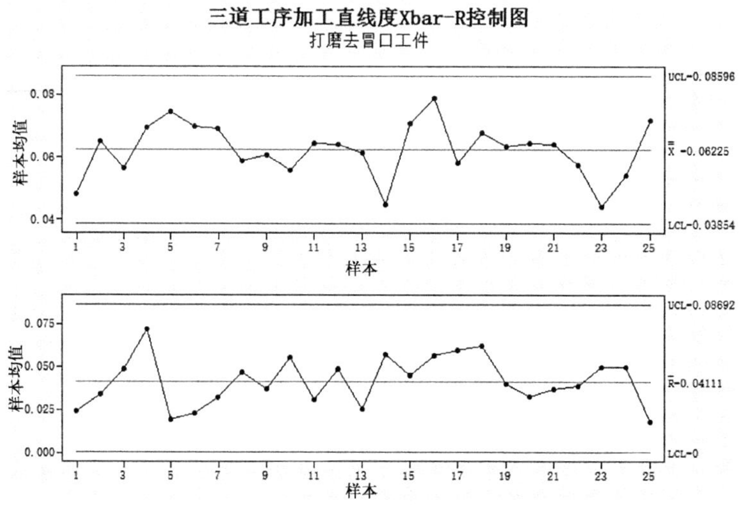

图 3－37　直线度结果 Xbar－R 控制图

图3-37控制图未出现异常点，可见过程是稳定的，可以继续进行过程能力的分析。

使用质量工具—能力分析工具计算过程能力，见图3-38。

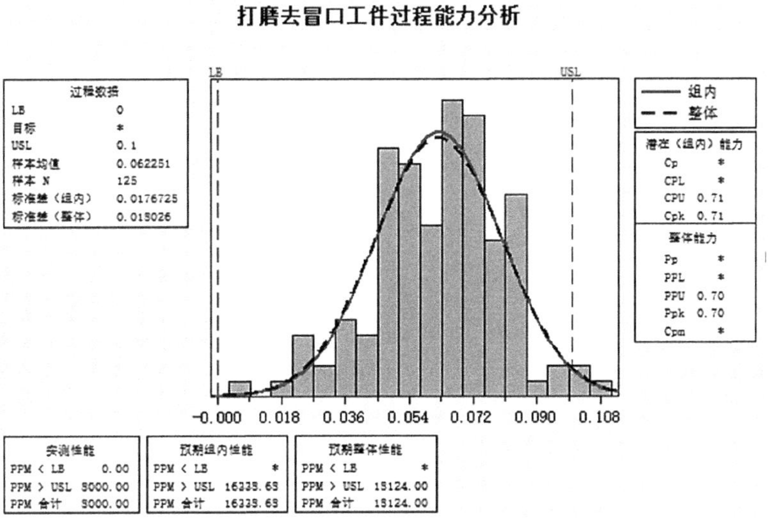

图3-38　直线度结果过程能力分析

图3-38显示过程能力PPK=0.7，理论不良率为18 124 PPM，符合不良率≤30 000 PPM的预期目标。

记录实际直线度不良率，与前三批加工直线度不良率趋势比较，见图3-39。

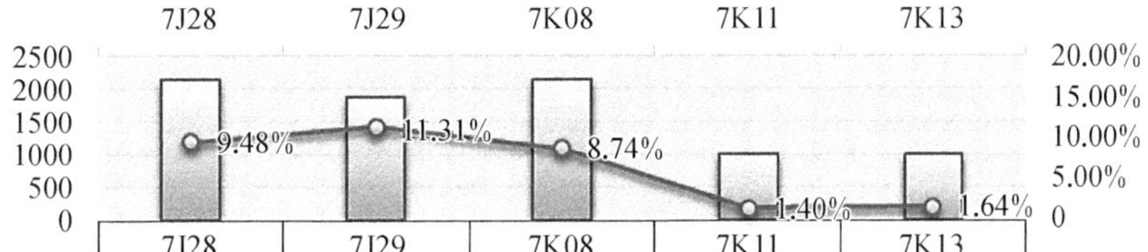

	7J28	7J29	7K08	7K11	7K13
Total Qty	2150	1886	2143	1000	1000
Defect rate	9.48%	11.31%	8.74%	1.40%	1.64%

Total Qty　Defect rate

图3-39　直线度不良率趋势图

从图3-39可以看出，使用方案4(三道工序+打磨去冒口)后的实际直线度不良率从前三批的8.47%～11.31%大幅降低至1.40%～1.64%。符合预期目标。

通过针对关键影响因子的备选改善方案的制定和验证，最终选定方案 4（三道工序+打磨去冒口）为直线度问题的改善方案。机加工现场改善方案见图 3-40。

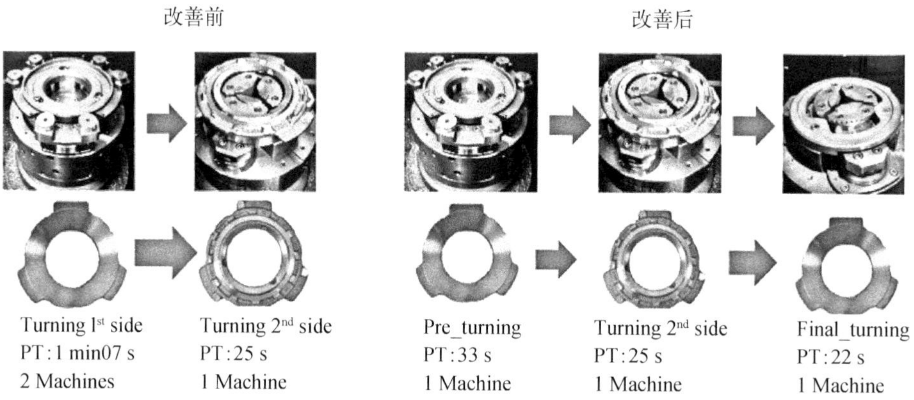

图 3-40　机加工工序改善示意图

5.2　控制阶段(C)

5.2.1　指标达成确认

通过持续追踪两周的直线度不良率状况，确认总体不良率已经降至 1.45%，每天的投入数、不良数和不良率数据见图 3-41。可见，该离合器压盘的机加工直线度已实现了项目前期设定的小于 3%的不良率控制目标。

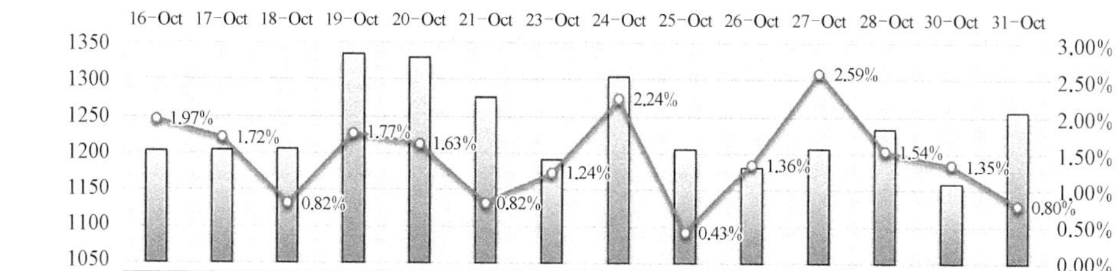

	16-Oct	17-Oct	18-Oct	19-Oct	20-Oct	21-Oct	23-Oct	24-Oct	25-Oct	26-Oct	27-Oct	28-Oct	30-Oct	31-Oct
Total Qty	1203	1204	1205	1334	1329	1275	1192	1303	1205	1182	1207	1233	1158	1257
Defect rate	1.97%	1.72%	0.82%	1.77%	1.63%	0.82%	1.24%	2.24%	0.43%	1.36%	2.59%	1.54%	1.35%	0.80%

图 3-41　直线度不良率趋势图

5.2.2　文件与标准化

要让改善方案持续并有效地执行，必须更新相关的标准文件，使改善方案标准化。主要需要更新的文件包括：过程FMEA、过程流程图、机加工作业指导书、机加工控制计划，因为涉及原材料的更新，所以还需要更新来料检验指导书。制定标准文件更新内容、责任人和截止时间等计划，见表3-46。

表3-46　标准文件更新计划表

项目	标准名称	更新内容	责任人	截止时间	完成状态
1	机加工过程FMEA	将此次项目分析得出的：直线度影响因子和改善对策更新到PFMEA中，以积累传承经验教训	机加工工艺工程师	2017/10/25	100%
2	机加工过程流程图	在车二（车削CAM）之后加入车三（车削摩擦面）	机加工工艺工程师	2017/10/20	100%
3	车一作业指导书	车一摩擦面车削高度由原来的9.6 mm改为9.9 mm	机加工工艺工程师	2017/10/15	100%
4	车二作业指导书	车二CAM车削高度由原来的15.45 mm改为15.75 mm	机加工工艺工程师	2017/10/15	100%
5	车三作业指导书	增加车三摩擦面车削作业指导书，车削高度9.6 mm； 车三支撑面调整到CAM	机加工工艺工程师	2017/10/15	100%
6	机加工控制计划	1. 过程增加车三； 2. 车一、车二、车三过程控制计划更新	机加工工艺工程师	2017/10/15	100%
7	来料检验指导书	铸件冒口不可有残留	供应商管理工程师	2017/10/15	100%

FMEA更新：作为关键技术性文件，FMEA对于知识和经验传承十分重要，将此次改善的经验和成果更新进FMEA，见表3-47。

5.2.3　长期监控

为了保证项目结案后该项目指标水平不下滑，改善方案实施后，需要继续对直线度不良率数据追踪3个月，以确认改善成果持续有效。收集和汇总三个月的数据，与改善前的数据进行对比，见图3-42。

表 3－47　过程失效模式及后果分析

<table>
<tr><td colspan="11">FMEA
过程失效模式及后果分析</td><td colspan="6">FMEA 编号 FEMA No.</td></tr>
<tr><td colspan="11"></td><td colspan="6">第 页 共 页 Page</td></tr>
<tr><td colspan="5">零件号 Part number</td><td colspan="6">负责人 Responsible</td><td colspan="6">版本号 Revision</td></tr>
<tr><td colspan="5">项目名称 Project name</td><td colspan="6">关键日期 Key date</td><td colspan="6">编制日期 Created</td></tr>
<tr><td colspan="5">核心小组 team member</td><td colspan="6"></td><td colspan="6"></td></tr>
<tr><td>过程编号
Process number</td><td rowspan="2">过程失效模式
Failure mode</td><td rowspan="2">潜在失效后果
Effects</td><td rowspan="2">严重度 S</td><td rowspan="2">分类
Classify</td><td rowspan="2">潜在失效原因
Cause</td><td rowspan="2">频率
O</td><td rowspan="2">现行过程控制预防
Currect control Prevention</td><td rowspan="2">现行过程控制探测
Currect control Detection</td><td rowspan="2">探测度 D</td><td rowspan="2">风险系数
RPN</td><td rowspan="2">建议措施
Recommended Action</td><td rowspan="2">责任及目标完成日期
Responsibility & Target Completion Date</td><td colspan="4">措施结果
Action result</td></tr>
<tr><td>功能
Function</td><td>采取措施及完成日期
Action taken</td><td>严重度 S</td><td>频率
O</td><td>探测度 D</td><td>风险系数
RPN</td></tr>
<tr><td rowspan="4">OP50
车大平面
Friction surface turning</td><td rowspan="4">直线度超差
straightness over limit</td><td>抖动
vibration</td><td>5</td><td rowspan="4"></td><td rowspan="4">原材料内应力导致平面度 0.4 mm 偏大
Internal force too high, caused the flatness 0.4 mm at upper limit</td><td rowspan="4">10</td><td rowspan="4">优化铸造模具，降低平面度
Optimize the tooling to reduce the flatness</td><td>使用直线度量具 100％检测
100％ check the straightness by gauge</td><td rowspan="4">5</td><td rowspan="4">400</td><td>对 S 基准面进行车加工，降低平面度
Turning to the S datum, reduce the flatness</td><td>金华
Jin hua</td><td rowspan="4">将装夹支撑面转移到 CAM，提高支持平面度。2017－10－18 change the turning datum to the CAM, improve the support. 2017－10－18</td><td rowspan="4">8</td><td rowspan="4">8</td><td rowspan="4">5</td><td rowspan="4">320</td></tr>
<tr><td>磨损加剧，在寿命内失效
wear aggravation</td><td>8</td><td rowspan="3">列入进料检验管控项目，按照 D43 抽检频率抽检
Check the flatness at IQC, using D43 sampling rule</td><td rowspan="3">将装夹支撑面转移到 CAM，提高支持平面度
change the turning datum to the CAM, improve the support</td><td rowspan="3">金华
Jin hua</td></tr>
<tr><td>压盘过热而断裂
Pressure plate crack because of over heat</td><td>8</td></tr>
<tr><td>扭矩传递不足
Torque transfer unenough</td><td>7</td></tr>
</table>

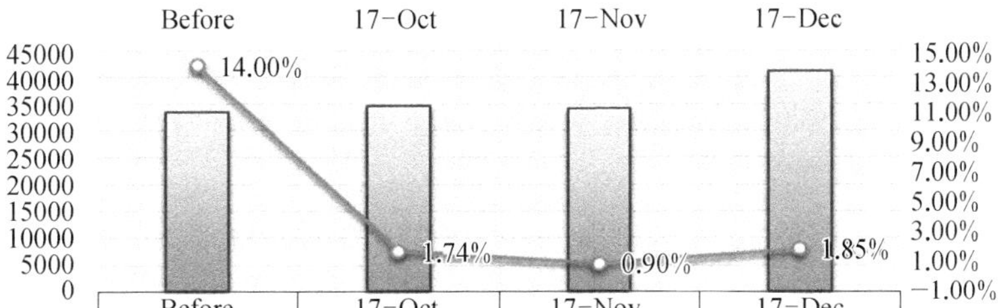

	Before	17-Oct	17-Nov	17-Dec
Total Qty	33449	34574	34150	41118
Defect rate	14.00%	1.74%	0.90%	1.85%

图 3-42 直线度不良率趋势图

结论：通过趋势图可见，F项目离合器压盘的直线度不良率已经从改善前的月平均14%下降到改善后的月平均1.52%。改善符合预期目标。

5.2.4 项目收益

通过以下数据计算财务收益。计算数据汇总，见表3-48。

表 3-48 财务收益计算数据汇总表

代码	项　目	数　据	单　位
a	年需求量	350 000	件
b	改善前直线度不良率	14.00	百分比
c	改善后直线度不良率	1.52	百分比
d	单件报废成本	47.66	元
e	改善前加工时间	33.5	秒
f	改善后加工时间	33	秒
g	单位分钟管理成本	8.61	元
h	单位分钟薪资成本	1.215 9	元
i	机加工作业员人数	4	人
j	增加投资	50 000	元

改善需要成本，该项目的"增加投资"包括了改善期间投入的人力成本、材料费用、工时损失和出差费用等，这些费用将在收益计算中扣除。由于这些费用为一次性投入，所以仅在第一年收益中扣除。

因此,每年财务收益=报废品改善收益+加工时间改善收益=a×(b−c)×d+(e−f)/60×g×a+(e−f)/60×h×i×a=350 000×(14%−1.6%)×47.66+(34.5−33)/60×8.61×350 000+(33.5−33)/60×1.215 9×4×350 000=2 157 967 元。

而第一年财务收益=每年财务收益−增加投资=2 157 967−50 000=2 107 967 元。

通过此次直线度改善六西格玛项目,S 公司所获得的直接财务收益达每年 215.8 万元。另外,还有间接收益包括:提高了生产线的 OEE,降低了工人的劳动强度,降低了不良品流出的风险等。

项目结案后,将由机加工生产部门接手跟踪执行,保证改善对策的长期有效。另一项改善方案:使用新模具压盘,将作为长期改善策略,由供应商管理部门负责后续的跟踪,此处不作详细展开。

本章改善阶段通过对前文分析得出的关键影响因子制定改善备选方案,运用假设检验、过程能力分析等方法进行备选方案的验证和选择,最终选定"三道工序+打磨去冒口"的方案作为直线度问题的改善方案。在控制阶段通过更新过程流程图、控制计划、FMEA、作业指导书等标准文件,将改善方案标准化;通过趋势图追踪直线度不良率趋势,确认改善符合预期目标,并且长期稳定和有效;最后计算财务收益,进行项目表彰等团队鼓励和经验推广活动,使六西格玛管理文化得到了进一步的推广。

第6章 总结和展望

6.1 总结

六西格玛方法作为一种突破性的持续改进方法，从客户角度出发，关注流程，重视数据，将质量工具进行整合，形成一套标准化的改进方案。六西格玛方法可以帮助企业在质量改进过程中更全面地分析流程，科学地找到更完美的解决方案。

本篇从国内外六西格玛理论研究和发展现状出发，以汽车零部件行业中技术领先型企业S公司为例，结合六西格玛理论和方法，按照DMAIC的六西格玛改进流程，对S公司所面临的离合器压盘直线度不良率偏高的问题进行了定义、测量、分析、改善和控制，最终实现了项目预期的改善目标，大幅度降低了S公司的质量成本。项目也给公司机加工部门和铸件供应商管理部门带来了宝贵的经验和实验数据，为以后的项目提供了借鉴；提升项目团队成员的六西格玛改善工具运用和数据统计的水平，培养了六西格玛人才。其实践方法，为国内制造型企业特别是机加工企业和国内汽车零部件企业，提供了一种质量改进的方法和思路。

六西格玛改善方法是基于数据事实和统计分析的方法，因此，在项目进行过程中，建立科学的数据收集方法和数据库尤为重要。数据的处理需要大量的计算，Minitab的使用使得数据分析得以极大地简化，Minitab拥有许多统计计算方法和丰富的图形化统计工具，可以大大降低六西格玛数据分析过程的工作量，并且使得数据分析结果更加科学和直观。六西格玛项目推进过程中，应同时注意倾听生产一线员工的声音。六西格玛各个阶段的工作，最终都是要依靠一线人员来执行和反馈信息的，他们是最了解现场状况的人员，可以提供很多关键的信息和反馈。生产一线的声音有时可以改变整个项目的进程和方向。六西格玛项目是跨部门、跨区域的改善项目，项目要顺利推进，必须依靠各相关部门人员的配合才能顺利进行，所以，确保项目成员之间保持良好的沟通也是项目成功的关键所在。

6.2 不足与展望

本篇虽然在离合器压盘直线度良率方面取得了突破性的改善，获得了可观的经济效益和无形收益，但是，由于时间和资源等因素的限制，作者在总结成果时，也清楚地认识到本篇研究的不足之处，主要有以下两点：

1. 铸件材料的内应力研究需要更专业的技术专家和实验室来完成，但是对S公司及其原材料供应商在材料内应力研究方面，因为作者缺少足够的知识储备和研究资源，所以材料内应力的改善在当下无法作为一个备选方案。

2. 供应链作为企业产品质量不可分割的一部分，其质量水平直接影响着公司产品质量的水平。作者发现在离合器直线度改善项目推进过程中，涉及压盘毛坯的分析和改善，供应商的分析能力和质量工具的运用能力较为欠缺。另外，供应商对于六西格玛管理的认同度也欠佳，这也导致了供应商内部的分析改善主要以企业内部专家的意见和经验作为参考，缺少更为科学的数据分析和验证。这也使得S公司需要花费很多的人力资源来推动和帮助供应商进行分析改善。

鉴于以上的不足，作者将在今后作进一步深入的研究：① 关于材料内应力方面的研究。研究工作可提前到开发阶段，综合运用六西格玛工具、委托专业机构进行深入的研究，寻找内应力的测试方式和优化方案，将优化结果积累和传承，运用到后续的产品开发、生产和改善过程。② 关于六西格玛管理和文化向供应链的延伸方面的研究。未来需要结合供应链管理的策略和方法、公司内部六西格玛管理的文化和支持意愿、供应商的人才体系和管理者的意愿，进行深入的研究。相信随着供应链中六西格玛管理方法的推行，公司内部和供应链的绩效都会得到显著提升，而这也将反过来促进六西格玛管理方法的推广。

六西格玛管理不仅是一个解决问题的技术方法，同时也是一种追求卓越的文化，通过不断改进优化企业的运作流程和思维模式，使得企业在竞争中立于不败之地。中国是制造大国，当前正处于产业转型的关键时期，要实现“中国制造2025”，追求创新和卓越必然是中国企业未来的发展方向，国内一些先进的企业已经推行了六西格玛管理，很多企业也在积极推进这一方法，来帮助企业提升绩效。在新时代的背景下，六西格玛管理正在国内企业中得到越来越广泛的应用，发挥着越来越重要的作用。

参考文献

[1] 陈凯.六西格玛在制造型企业中的应用研究——以天津兴天科技有限公司为例[D].天津：天津工业大学，2011(7).19－24.

[2] 马林，何桢.六西格玛管理[M].2版.北京：中国人民大学出版社，2004.

[3] 董小林，于丹.六西格玛管理理论简介[J].中国证券期货，2011(12)：65－66.

[4] WELCH J，BYRNE J A：Straight from the gut[M]. London：Headline Book Publishing，2013.

[5] HARRY M，SCHROEDER R. Six sigma，the breakthrough management strategy revolutionizing the world's top corporations[M]. New York：Penguin Random House，2006.

[6] POJASEK R B. Lean，six sigma，and the systems approach：management initiatives for process improvement[M]. Environmental Quality Management，2003 (winter)：85－92.

[7] MICHAEL L G. Lean Six Sigma：Combining six sigma quality with lean speed[M]. New York：The McGraw-Hill Companies，Inc. 2012.

[8] KLEFSJÖ B，WIKLUND H，EDGEMAN R L. Six sigma seen as a methodology for total quality management[J]. Measuring Business Excellence，2001，5(1)：31－35.

[9] ELDER B. Six sigma in the microbiology laboratory[J]. Clinical Microbiology Newsletter，2008，30(9)：143－147.

[10] BOOTH B，ZEMMEL R. Prospects for productivity[J]. Drug Discovery，2004(3)：451－456.

[11] WELLERETAL H N. Application of lean manufacturing concepts to drug discovery：Rapid analogue library synthesis[J]. Combi.Chem，2006(8)：664－669.

[12] KREHBIEL T C，EIGHME J E，COTTELL P G. Application of six sigma to the finance function[J]. Journal of Accounting Education，2009，27(2)：104－123.

[13] 张素姣，田霞，冯珍.六西格玛DMAIC方法在产品质量改进中的应用[J].中国证券期货，2010(11)：176－179.

[14] MAST J，LOKKERBOL J. An analysis of the six sigma DMAIC method from the perspective of problem solving [J]. Int. J. Production Economics，2012(139)：604－614.

[15] 潘中德，姜在伟.六西格玛设计在产品研发中的应用[J].南钢科技与管理，2011(1)：24－27.

[16] 李春明.浅谈企业如何成功导入和实施六西格玛[J].化工质量，2004(6)：9－11.

[17] FEIGENBAUM A V. Total quality control：Engineering and management[M]. New

York: McGraw-Hill, Inc., 1983.
[18] PYZDEK T. The six sigma handbook[M]. New York: McGraw-Hill, Inc., 2003.
[19] 马逢时.西格玛管理统计指南 Minitab 使用指导[M].北京:中国人民大学出版社,2013.
[20] 刘传冰,周暐,马逢时.六西格玛管理统计指南——MINITAB 使用指导[M].2 版.北京:中国人民大学出版社,2007.
[21] 潘新鹏,王立文.中国企业实施 6sigma 管理法可能遇到的问题及对策[J].中央财经大学学报,2003(8):57-60.
[22] 王升,刘璞,赵魏.基于顾客满意的六西格玛物流管理优化探讨[J].商业时代,2013(19):33-35.
[23] 曹岩,杨丽娜.六西格玛实践手册[M].北京:机械工业出版社,2015.
[24] 马林,罗国英.全面质量管理基础知识[M].北京:中国经济出版社,2001.
[25] 郎志正.服务与品牌——关于加快服务业发展的思考[J].质量研究,2011(7):10-12.
[26] 何晓群.6sigma 在中国[J].电子质量,2003(5):68-69.
[27] 刘伟刚.中小企业实施六西格玛管理模式探讨[J].经济研究导刊,2015(3):273-274.
[28] 蔡佳辰,丁淑芹.六西格玛在我国的应用研究[J].中国管理信息化,2016(5):82-83.
[29] 石晓欣.六西格玛管理在我国蔬菜冷链物流企业中的应用[J].商场现代化,2010(10):34-36.
[30] 李文超.六西格玛管理的理论基础和创新[J].湖北工业大学学报,2007(12):40-43.
[31] 吴洪涛.我国企业推进六西格玛管理法的措施研究[J].现代商业,2016(3):131-132.
[32] 何桢,岳刚,王丽林.六西格玛管理及其实施[J].数理统计与管理,2007(11):26-60.
[33] 蒋强.六西格玛管理在 A 公司的应用研究[D].天津:天津大学,2008.
[34] 邹峰.公理化六西格玛设计方法的研究[D].天津:天津大学,2007.
[35] 马彦辉,何桢.基于 QFD、TRIZ 和 DOE 的 DFSS 集成模式研究[J].设计与研究,2007(1):17-20.
[36] 赵有.六西格玛设计中顾客需求分析关键技术研究[D].天津:天津大学,2007.
[37] 张志红.基于并行质量工程的 6σ 公差设计方法研究[D].天津:天津大学,2006.
[38] 王琦,徐克林.六西格玛之 DMAIC 应用研究[J].物流工程与管理,2017(1):134-137,133.
[39] 蔡子维,杨春燕.可拓创新方法与六西格玛管理方法的集成研究[J].工业工程,2017(3):60-67.
[40] 邓大伟,郑有能,吴小飞.使用六西格玛方法优化匹配涡轮增压器[J].上海汽车,2017(8):17-20,29.
[41] 迪·雅各布,苏珊·柏格兰,杰夫·考克斯.关于精益生产、六西格玛和制约理论的商业小说:速度[M].王瑶,译.北京:电子工业出版社,2011.
[42] 彼得 S.潘迪,罗伯特 P.纽曼,罗兰 R.卡瓦纳.六西格玛管理法[M].马钦海等,译.北京:机械工业出版社,2011.
[43] 陶靖轩.六西格玛管理理论与方法[M].北京:中国质检出版社,2012.
[44] 曹光求,董熊报.我国企业实施六西格玛管理的策略浅析[J].产业与科技论坛,2007(7):150-152.

第四篇

供应链网络选址—库存—路径联合优化问题研究

殷美霞

第1章　引　　言

1.1　研究背景和意义

1.1.1　研究背景

随着我国经济的飞速发展以及互联网时代的来临，人们对商品的需求也越来越多样化，消费需求越来越呈现不确定性，企业之间的竞争因而也更加激烈。对于企业而言，如何以更低的成本和更快的速度满足顾客多样性的需求是提高企业竞争力必须考虑的因素，对企业的供应链管理水平提出了很高的要求。因此，企业之间的竞争一定程度上转而呈现为供应链之间的竞争。供应链管理是指企业对供应链系统的有效性管理，需要整合并优化系统内供应商、制造商、零售商的业务效率以满足顾客需求，同时降低自身的运营成本，使得供应链系统整体运作最优化。在供应链管理的过程中，供应链网络规划设计是非常重要也是相对复杂的一个环节，它将会长期影响供应链各方的经济效率。许多企业家和学者都认同供应链网络设计对企业的价值[1-3]，因此规划合理的供应链网络结构有利于提高企业的竞争力。

一般而言，供应链网络规划设计主要围绕三个层次的问题进行决策：第一个层次是战略决策即选址问题，决定配送中心的位置以及分配配送中心服务的零售商，这类决策属于长期决策；第二个层次是战术决策即库存控制问题，决定供应链的库存管理策略即何时订货，订多少货，这类决策属于中期策略；第三个层次是运营决策即配送问题，决定配送中心日常的车辆调度计划和配送路线，属于短期决策。这三个层次的决策问题中，选址决策是供应链网络设计中最为重要的环节，因为一旦确定了配送中心的位置，短时间内将无法改变，直接影响到后续的库存策略以及路径决策，影响整个供应链系统的经济与效益。因此，配送中心位置的合理选择，可以有效缩短配送距离，降低整体的运作成本，提高服务水平以及供应链的竞争力。

传统的供应链网络设计方法通常将这三个层次的问题分开决策，即先选址，再制定库存策略，最后规划路径，每一级的决策都是在前一级结果的基础之上制定的，即循序决策。但随着物流管理的不断发展，越来越多的学者和企业家发现分开决策方法往往导致局部最优的方案，而选址、库存、运输这三类决策问题之间是相互关联的。因此，在单一的选址问题，库存决策，路径优化等问题的基础上产生了联合优化问题的研究，即对不同层次的问题同时决策，许多文献研究已经表明了联合优化相比顺序决策更有优势。Salhi 和 Rand[4] 论证了进行选址决策时忽视路径因素的影响，其研究结果表明联合优化决策的方案成本优于顺序决策的成本。Darvish 和 Coelho[5] 研究了一个具有选址、生产、库存以及配送决策功能的生产—配送系统。他们发现，集成优化决策或者说联合优化决策相较于单独决策能大大减少成本。目前，供应链管理中的集成优化已经受到了越来越多企业家们的关注，日益成为供应链管理领域中重要的优化手段。学术界也涌现出许多研究文献对联合优化问题进行研究，如选址—库存问题(LIP)，库存—路径问题(IRP)，选址—路径问题(LRP)以及选址—库存—路径问题(LIRP)等。

目前，关于两个层级的联合优化(LIP，LRP，IRP)研究已经相对成熟，有许多有效的算法可以快速解决这类问题。但关于 LIRP 方面的联合优化研究还相对较少，因为这类问题的求解复杂度和求解规模较高，属于 NP 难问题，对求解算法的要求较高。求解障碍主要来自两个方面，一方面，模型中库存决策的非线性性质会增加问题的求解难度；另一方面，路径决策会带来数量巨多的决策变量和约束条件，问题规模随变量的增加呈指数级增长。虽然选址—库存—路径问题的求解较为困难，但是在实际应用中相比两个层级的决策会取得更优的方案。本篇对供应链规划中的选址—库存—路径联合优化问题进行研究，建立优化的数学模型并且设计高效的算法，为企业供应链的实际规划运营提供一定的理论支撑和实践指导。

1.1.2 研究意义

目前，针对联合优化问题的研究在供应链管理领域引起了许多学者的关注，无论是模型应用方面还是算法设计方面，很多学者都进行了深入的研究，但是仍然有进一步的研究空间，尤其是选址—库存—路径联合优化问题的研究存在许多难点，并且选址—库存—路径联合优化问题具有一定的理论研究意义；实际应用方面，许多学者都论证过联合优化决策会给企业的供应链运作带来很大的成本节约，许多企业家也越来越意识到联合优化的重要性，因此选址—库存—路径联合优化问题也具备一定的实际研究意义。

（1）理论意义

目前已经有许多研究联合优化问题的文献，但大多数都集中在选址—库存，选址—路径，库存—路径等问题的研究，对选址—库存—路径问题进行联合优化的研究相对较少。尤其是路径方面的决策，由于求解规模较大，许多集成优化的研究并没有采取真正的路线优化而是采用某些简化或者逼近的方法来计算配送成本以降低问题的求解难度。由于联合优化问题的高求解难度，目前大多数文献采用的都是启发式求解算法，精确算法的研究相对较少。因此，本篇的研究课题有以下两方面的理论意义：一方面对供应链网络规划设计问题中的选址—库存—路径联合优化问题进行研究，对于路径决策研究真实的路径规划问题，不作简化，使得模型更加符合实际情况；另一方面针对联合优化数学模型的 NP 难性质，对模型进行一定的优化，降低模型复杂度，并且设计有效的精确算法，使得问题可以在合理时间内求得全局最优解。

（2）实际意义

如何以更低的成本快速响应顾客多样性的需求，这是企业在当今社会的生存之道，这对企业的供应链网络设计有着很高的要求。选址—库存—路径联合优化问题的研究有利于企业设计更加合理的供应链网络，可以提高企业的供应链服务水平，降低运作成本，提高企业的竞争力。读者通过本篇的研究，可以发现联合优化决策下的供应链管理中不同成本参数对供应链网络规划的影响，以及作者为企业实施联合优化决策提供的合理建议。

1.2　研究现状

目前国内外已经有许多关于供应链网络联合优化问题的研究成果，但大多集中在选址—库存问题（LIP），选址—路径问题（LRP），库存—路径问题（IRP）等两个层面的联合优化问题研究。另一方面，由于集成优化问题的求解较为复杂，属于 MINLP（混合整数非线性规划）问题，广义 Benders 分解算法（求解混合整数规划问题的算法）是常用来解决这类问题的方法，本篇也采用了该算法进行问题求解。因此本篇的研究现状综述将从选址—库存问题研究，选址—路径问题研究，库存—路径问题研究，选址—库存—路径问题研究以及广义 Benders 分解算法研究等五个方面展开。

1.2.1　选址—库存问题（LIP）研究

选址—库存联合优化问题（LIP）是指同时决策配送中心的选址问题以及库

存策略问题。Baumol 和 Wolfe[6]首次研究了考虑库存策略决策的选址问题,建立了无容量约束的选址—库存优化模型。Erlebacher 和 Meller[7]建立了选址—库存问题的混合整数非线性规划模型,并设计了启发式的方法去求解 NP 难问题。Daskin 等[8]针对顾客需求的不确定性,将安全库存纳入选址—库存优化模型中。Miranda 和 Garrido[9]针对容量约束随机情况下的 LIP 问题进行了研究,并设计了基于拉格朗日松弛的启发式算法进行模型的求解。Ozsen 等[10]的选址—优化问题研究了一个中心化的物流系统,其中零售商可以被多个配送中心服务。Atamtürk 等[11]研究了多种不同情景下(仓库有容量约束,无容量约束,零售商需求相关等)的选址—库存问题,建立了不同的数学规划模型并将其转化为凸二次混合整数规划问题。新的模型求解效率更高,他们还针对模型利用有效不等式等方法来提高解的质量。唐凯等[12]考虑了需求市场的选择和供应商供应能力的限制,建立了带市场选择的选址—库存优化模型,并设计了有效的启发式算法进行求解。

一些文献研究了多级供应链的选址—库存优化问题。Vidyarthi 等[13]研究了不确定需求下的多商品三级供应链库存—选址优化问题。Sadjadi 等[14]以一个三级供应链网络为研究对象,研究其选址—库存优化问题。为了使研究问题更贴近真实情况,他们假设零售商的需求和订货提前期分别服从泊松分布和指数分布。针对随机的选址—库存优化问题,建立了一个混合整数非线性规划模型(MINLP)。Vahdani 等[15]研究了一个三级供应链网络的选址—库存问题,零售商的需求是相互关联的并且配送中心库存短缺是被允许的。为了更好地管理库存,他们采用了周期盘点策略,建立了一个非线性混合整数规划模型,利用基于遗传算法和模拟退火算法的混合启发式方法进行求解。

随着互联网时代和物流系统的迅速发展,顾客对商品的送达效率越来越关注,企业对物流服务的效率也更加重视。除了关注物流总成本,也有许多学者将时效性纳入目标函数中,从而产生了考虑时间因素的多目标选址—路径问题的研究。Liao 等[16]研究了供应商管理库存模式(VMI)下的 LIP 问题,建立基于供应链运营成本与顾客响应水平的多目标模型。周愉峰和李志[17]研究了特殊物资的物流网络设计问题,考虑了顾客的随机需求和配送中心的容量约束,建立了综合考虑总成本和时效性的选址—库存问题(LIP)多目标数学模型。韩珣等[18]根据顾客需求的不同,研究相应的多级自提点网络结构问题,建立了兼顾企业效用与顾客满意度的多目标模型。

近年来,由于电子商务活动的兴起,退换货现象越来越普遍,不少文献将逆向物流作为LIP的研究对象。Diabat等[19]研究了退换货物流中的LIP问题，建立了相应的数学模型，并且设计了精确的两阶段拉格朗日松弛算法进行求解。Zhang和Unnikrishnan[20]研究了不确定需求下的闭环供应链选址—库存问题，将库存策略作为周期盘点策略，建立了包含机会约束的非线性规划模型。张震等[21]等以一个供应链二级分销网络为研究对象，基于客户需求多元化，商品来源多样化及退货回收的现实情况，构建了考虑退货的多商品多来源闭环选址库存问题模型。针对建立的非线性整数规划模型，他们设计了一种改进的混合差分进化算法，进行模型的求解。

1.2.2　选址—路径问题(LRP)研究

选址—路径问题以成本最低为目标，同时决策选址和路径规划问题。由于选址—路径问题(LRP)中含有路径规划问题，大大提升了LRP的求解难度。所以，在早期相关的LRP研究文献中，都是一些有关LRP问题的概念性框架，并没有实际性地解决LRP问题[22-24]。Watson-Gandy和Dohrn[25]首次采用非线性利润函数将设施选址与路径规划问题放在一起考虑。Min等[26]，Nagy和Salhi[27]、Prodhon和Prins[28]的文献都对LRP问题进行了深入的研究。Drexl和Schneider[29]对相关的LRP文献的研究成果作了总结。

带时间窗的LRP问题是选址—路径问题的一个重要研究领域，时间窗约束要求配送中心的送达时间在一定范围内。Govindan等[30]针对生鲜产品的二级供应链网络，建立了带时间窗的多目标选址—路径优化模型，该模型的目标函数综合考虑了供应链系统的成本最低以及环境污染最低，并采用基于粒子群算法和自适应的多目标变量邻域搜索的混合算法进行求解。Ponboon等[31]研究了带时间窗的选址—路径问题，并采用分支定价算法对问题求解，他们第一个用精确算法求解，可在合理时间范围内求解中等规模问题。Fazayeli等[32]研究了带时间窗和模糊需求的多式联运网络下的LRP问题，并采用遗传算法进行求解。罗耀波等[33]在仓库容量约束和车辆容量约束的基础上，建立了考虑退货和软时间窗的LRP数学模型。针对MDLRP问题求解的复杂性，引入局部搜索算法和重组策略，设计了自适应混合遗传算法，对模型进行整体求解。刘虹和林楚玥[34]研究了带时间窗的多目标选址—路径优化问题，以总成本最低、配送时间最少以及满意度最大为优化目标。针对建立的模型，他们设计了嵌套灰关联分析的禁忌搜索算法进行问题的求解。罗耀波和孙延明[35]研究了基于模糊时间窗的带容量约束的双目标选址—路径问题，根据模型特征设计了两阶段模拟退火算法进行求解。

由于LRP问题的高复杂度，许多相关文献将研究重点放在求解算法方面。Belenguer等[36]针对有容量约束的LIP问题进行研究，他们设计了分支定界的精确算法进行求解，在50个左右顾客点，5个配送中心的规模上可以在合理时间内求出最优解，适用于中小规模。Ozbaygin等[37]设计了分支定界算法求解LIP问题，该算法可以应用到120个顾客点的规模，效率较高。由于精确算法求解问题的规模有限，许多文献都采用启发式算法进行LIP求解。Prins等[38]研究了配送中心和车辆均带有容量约束的LRP问题，并设计了二阶段的元启发式算法进行求解，但该算法有容易过早收敛的缺点。Tuzun和Burke[39]提出了一个两阶段的禁忌搜索算法，可以有效地求解选址—路径优化问题。Ferreira和Queiroz[40]研究了带有容量约束的选址—路径问题，他们提出了两种基于模拟退火算法的启发式算法用于求解问题。算法中，应用局部搜索重新分配零售商并且改善路径成本，数值实验表明，其提出的启发式算法优于目前文献中记载的其他算法，效率较高并且可适用于解决大规模问题。Dai等[41]采用两阶段方法解决了多级供应链的选址—路径优化问题，基于改进的解决算法进行问题的求解。数值实验表明，他们的方法相比其他方法可以更快地求解二级LRP问题，三级和四级LRP问题可以在合理时间内求解。

1.2.3 库存—路径(IRP)问题研究

库存—路径问题是同时考虑配送中心的库存以及路径的决策问题，IRP问题的研究出现在20世纪80年代(Bell等[42]，Maxwell和Muckstadt[43]，Dror和Ball[44])。关于IRP问题的研究涉及了各个方面，例如不同的库存策略，顾客不同的需求特征等。Bertazzi和Speranza[45]，Coelho等[46]都对IRP的研究文献作出了总结。

Bertazzi等[47]研究了确定性需求下的多配送中心库存—选址问题，建立了一个混合整数线性规划模型(MILP)，并设计了一个三阶段的亚启发式算法进行问题的求解。Kleywegt等[48]研究了不确定需求下的库存—路径联合优化问题，他们的配送问题直接采用直线配送的形式，即配送中心一对一地对零售商进行配送，采用马尔可夫过程对该问题进行建模。Kleywegt等[49]还研究了一般配送形式下(一对多)的库存—路径联合优化问题。周建频和张姝柳[50]针对周期随机波动需求，多时期多阶段的库存—路径优化问题进行了研究，建立了动态随机库存—路径优化模型，使得循环周期内利润最大。他们首次将深度学习算法应用到动态库存—路径优化领域，通过仿真实验验证了模型和算法的有效性。

Archetti 等[51]针对供应商管理库存策略下的库存—路径联合优化问题进行了研究，并且建立了一个混合整数线性规划模型。他们在建立的模型中加入了一些有效不等式，加强模型的线性松弛，并且设计了分支定界的精确算法对问题进行求解。Archetti 等[52]还提出了一种改进的精确算法，该算法在车辆数量较少的情况下速度更快，可以解决更多客户和更长规划时间的情况。Solyali 和 Süral[53-54]也针对库存路径问题设计了精确算法进行求解。IRP 文献中的精确算法大多基于分支定界法，分支定价法或者将两者相结合。Bertazzi 等[55]、Coelho 等[56]对库存路径问题的启发式算法进行了研究。Bertazz 等[57]研究了多配送中心的 IRP 问题，设计了三阶段的亚启发式算法，与分支定界算法性比性能更佳。

IRP 问题也被应用于许多更加符合复杂的实际场景。Bernstein 等[58]研究了 VMI 模式下的 IRP 问题，该问题的供应链系统中的顾客存在竞争关系，需求量大的顾客具有一定的价格优势和服务优先权。Coelho 和 Laporte[59]，Cordeau 等[60]对多商品、多车辆的库存—路径问题进行了研究。Mirzaei 和 Seifi[61]研究了易耗品的库存路径优化问题，他们假设这种商品的库存时间对消费者需求有负面的影响，这种影响被量化为销量的损失。他们的模型则是平衡了路径，库存成本和销量流失的成本。Cheng 等[62]以碳排放管制为背景，对一个二级供应链的多阶段库存路径优化问题进行了研究，并且分析了碳排放管制政策对库存路径问题的影响。Archetti 等[63]研究了带物流比例（LR）的 IRP 问题，即最小化运输成本与实际交付货物之间的比例，相比传统 IRP 的解决方案，考虑物流比例的方案是更好的。他们提出了一种精确算法进行求解，数值实验表明，带物流比例的 IRP 问题比传统 IRP 的 LR 降低了 20.4%。Rohmer 等[64]研究了生鲜品的二级供应链的库存路径问题，他们假设商品的损耗程度与时间呈正比，该问题与新鲜产品的最后一英里交付高度相关。他们设计了一个两阶段的亚启发式算法求解建立的混合整数线性规划模型，该算法基于自适应领域搜索算法。

1.2.4　选址—库存—路径问题（LIRP）研究

相比两个层级的供应链联合优化问题研究，三个层级的联合优化问题即选址—库存—路径问题（LIRP）研究得相对较少。因为 LIRP 问题的优化模型往往是大规模的非线性规划问题，这大大增加了问题的求解难度，对算法的求解效率具有很高的要求。

Liu 和 Lee[65]较早地对 LIRP 问题进行了研究，他们研究了考虑库存决策的单一产品，多节点选址—路径问题，并且提出了一个两阶段的启发式算法来解决 NP 难问题。Liu 和 Lin[66]研究了与 Liu 和 Lee[65]相同的带库存决策的选址—路径问题，并且对 Liu 和 Lee 的算法进行改进，提出了一种混合启发式算法进行求解。崔广彬和李一军[67]利用双层规划的方法研究了一个二级供应链的选址—库存—路径问题，并采用了启发式算法解决了该集成优化模型。Ambrosino 和 Scutella[68]研究的供应链网络包括供应商，中心配送点，区域配送点以及零售商四层结构，分别针对静态和动态两种情况下的选址—库存—路径问题建立了线性优化模型。然后，他们采用 CPLEX 优化器进行求解，但是只能解决较小或中等规模的问题，并且求解速度较慢。Shen 和 Qi[69]研究选址问题时考虑了库存成本以及配送成本，但是考虑配送成本时只是用近似成本进行替代而不是真正意义上的路径决策。Javid 和 Azad [70]在 Shen 和 Qi[69]的研究基础上将具体的路径决策纳入选址—库存问题中去，而不是简单地将近似路径决策。他们研究了具有随机需求的供应链系统的 LIRP 问题，建立了一个混合整数凸规划模型。基于建立的数学模型，他们设计了禁忌搜索和模拟退火混合启发式算法进行求解，该算法适用于大规模问题的求解。Zhang 等[71]研究了供应商管理库存模式下的 LIRP 问题，采用了一种新的计算库存成本的方式，降低了求解难度。

LIRP 问题在实际情况中也具有许多的应用场景。Zhalechian 等[72]考虑了经济、环境、社会等多种不确定性下闭环供应链的选址—库存—路径问题，对建立的混合整数非线性规划模型采用混合亚启发式算法进行求解。Habibi 等[73]研究了一种选址—库存—路径联合优化模型，用于设计由生物质生产设施，分配设施，和提取地点组成的藻类燃料生产和分销网络。求解算法方面，比较了遗传算法，模拟退火算法和萤火虫算法三种启发式算法的性能，结论得出模拟退火算法的性能最佳。最后，以伊朗的一个真实案例为背景设计了藻类燃料的供应链网络。张德志等[74]研究了供应商选择的多层级选址—库存—路径问题，该问题的结构是装配型制造业的多个供应商、装配厂、分销中心和零售商构成的多级供应链网络，并且零售商需求服从正态分布。针对建立的混合整数非线性规划模型，他们采用改进的遗传算法进行求解。Karakostas 等[75]研究了带分发外包的三级供应链网络的选址—库存—路径问题，供应链网络由多个供应商，多个配送节点，多个服务点组成，需求服从固定的周期波动需求。对于模型的高复杂度，他们设计了基于领域搜索的元启发式算法求解。

选址—库存—路径联合优化问题是NP难问题，即使是中等规模的优化问题，该模型的规模也会达到上百万的变量和约束。该问题其中一部分的难点在于库存决策部分引起的非线性函数，为了降低这方面的求解难度许多文献将非线性库存成本进行线性化处理。Erlebacher和Meller[76]提出了一个选址—库存问题的非线性整数规划模型，目标是最小化选址，库存以及配送中心，零售商和供应商之间的配送总成本。他们对非线性模型进行了连续逼近并且采用了一些边界启发式的方法。另一部分难点在于路径决策带来的大规模变量和约束，属于传统的NP难问题。许多文献对于这方面的处理往往是不考虑实际运输路线，而是直接采用配送中心和零售商直送模式来计算运输成本或者采用近似计算的方法。例如，Shen等[77]建立了一个选址—库存联合优化模型，该模型考虑了从单一供应商到配送中心的线路运输成本，配送中心和零售商之间的直送运输成本而不是复杂的运输成本。Shen和Qi[69]在选址—库存联合优化模型基础之上，对运输成本进行了连续逼近去近似配送成本，但是并没有真正意义上实现路线决策。Javid和Azad[70]在Shen和Qi[69]的基础上，建立了考虑真实路径决策的集成优化模型，在路径决策中固定了车辆的访问次数，并且采用启发式算法对问题进行求解。

关于库存策略方面，前面提到的大部分LIRP的研究文献均采用连续盘点策略(R, Q)对配送中心库存进行盘点，当库存水平下降到固定水平R的时候补充一定数量的库存量。但是，连续盘点策略对操作层面的决策(路径规划)会造成一些困难(Zhang和Unnikrishnan[20])，因为每个配送中心可能具有不同的订货周期。而周期盘点策略在现实运作中表现出优越性(Cachon[78])，该策略在供应链管理中经常被用作协调的方法(Chen等[79])。Zhang和Unnikrishnan[20]在闭环供应链的选址—库存联合优化问题的研究中使用了周期盘点策略，他们研究了六种不同的协调策略对成本的影响。当所有配送中心的订货周期被限制为同一个值或者几个值即周期盘点策略，供应链的主导者对操作层面的决策可以更好地进行管理。Silver等[80]也表明当顾客需求随机的情况下，使用周期盘点策略比连续盘点策略更容易协调。Berman等[81]给出了订货周期协调对供应链总成本的影响，他们发现全部协调下的总成本最低。Gaur和Fisher[82]对新西兰的一个超市供应链进行了研究。他们发现采用了周期盘点策略之后，供应链配送成本降低了4%并且当公司扩大规模之后配送成本有望降低12%～20%。

对于联合优化问题的计算复杂度，在合理的时间范围内寻找到一个全局最优解是十分具有挑战性的，因此有许多的文献对联合优化问题的求解算法进行了研究。关于选址—库存—路径联合优化问题的算法研究，目前文献的求解方法大致可分为启发式算法、精确算法、混合算法三个方面，其中大部分文献均采用启发式方法求解，少量文献采用精确算法和混合算法。

Abdelhalim 等[83]研究了易耗品的选址—库存—路径问题，采用遗传算法对问题求解。他们根据问题特点设计了新的染色体结构以及局部搜索的方式。Javid 和 Azad[70]设计了禁忌搜索和模拟退火混合启发式算法对问题进行求解，该算法适用于较大规模问题的求解。R.M.等[84]基于三级供应链研究了多产品多阶段的选址—库存—路径问题，在拉格朗日松弛方法的框架下引入启发式算法对问题进行求解。拉格朗日松弛用于求解问题下界，启发式算法于求解问题上界。杜丽敬和李延晖[85]研究了单一供应商、单一产品的二级供应链网络的选址—库存—路径问题，他们对建立的数学模型采用了精确算法求解。首先，他们将建立的非线性混合整数规划转化为线性整数集合覆盖模型；然后，采用列生成算法来获得一个近似最优解；最后，利用分支定价法对初始解进行改进，实现对整个问题"完全集成"的优化。数值实验表明，他们提出的算法可以求解中等规模的问题。Guerrero 等[86]研究了需求确定情况下的选址—库存—路径问题，建立了一个混合整数线性规划模型并且基于精确算法和启发式算法的混合式算法框架对问题进行求解。他们使用有效不等式提高了问题的下界，精确算法求解近似估算配送成本的选址—库存模型，启发式算法用于求解路径问题。

1.2.5 广义 Benders 分解算法

Benders 分解算法(Benders Decomposition) 由 Benders[87]于 1962 年提出，适用于求解大规模混合整数线性规划问题，该算法被广泛应用于解决很多实际问题，如投资规划问题[88]，医疗健康问题[89]，选址和供应链网络规划设计问题[90]等。Geoffrion[91]在 Benders 分解算法的基础上进行了推广，提出了广义 Benders 分解算法(Generalized Benders Decomposition)，该算法可用于求解大规模非线性混合整数规划问题。

广义 Benders 分解算法也被广泛应用于求解各种问题，如求解电力系统设计(Frank 和 Rebennack[92]，Asadamongkol 和 Eua-arporn[93])，天然气生产网络设计(Li[94])等问题。Lu 等[95]研究了交通网络中的防灾系统设计，针对该问题他们建立了一个两阶段随机规划模型并采用广义 Benders 分解算法求解。在联合优化问题方面，也有一些学者采用广义 Benders 分解算法进行求解。Tapia-Ubeda 等[96]研究了随机库存容量的选址—库存问题，他们建立了一个非线性，非凸的混合整数规划模型。他们针对建立的模型设计了广义 Benders 分解算法，可以保证全局最优性。数值实验表明，问题的求解时间较快，验证了算法的有效性。Fischetti 等[97]对大规模无容量约束的选址问题的求解算法进行了研究。他们对零售商的分配成本进行了线性和非线性两种情况分别讨论，并设计了相应的 Benders 分解算法。他们在 Benders 算法框架中加入了更有效的 Benders 割，提高了算法的收敛性；并且在割循环的根节点处，大大提高了算法的界，使得算法的性能更佳。数值实验表明，他们设计的 Benders 算法可以在较快的时间内解决很大规模的选址问题，验证了算法的高效性，这些规模的问题是现有的文献用精确算法无法解决的。

虽然 BD/GBD 算法的应用范围很广，但是它也存在一些缺点。采用 BD 或者 GBD 算法求解问题时，一般会有三个方面的问题。第一，获取 Benders 割较为困难，尤其对于非线性规划问题而言(Geoffrion[91])。第二，Benders 割根据问题框架每次迭代加入主问题进行求解，这意味着一开始主问题的界的质量是十分差的，因为此时只有很少数量的割。第三，GBD 算法需要加入数量非常多的割，如何选择质量较高的割是较为困难的(Geoffrion 和 Graves[98]；Magnanti 和 Wong[99]；Codato 和 Fischetti[100])。因此，不得不承认，BD(GBD)算法在有些问题中表现性能不佳。Fischetti 等[101]，Sherali 和 Lunday[102]等都对如何选择高质量的 Benders 割进行了研究。Rahmaniani 等[103]对 BD 算法进行了综述，介绍了算法的缺点并且总结了算法的改进策略。

从以上的文献梳理中，我们可以总结出目前联合优化问题的研究有以下四个方面的特点：第一，两层级的联合优化问题(选址—库存，选址—路径，库存—路径)研究得较为全面，深入，而三层级的联合优化即选址—库存—路径问题研究较少；第二，库存策略方面，大多数文献采用连续盘点策略，而这种策略不利于供应链的整体协调；第三，选址—库存—路径联合优化问题的研究文献中许多对路径决策的处理并没有采用真正的实际路线决策，而是采用近似路径成本；第四，目前联合优化问题的研究文献大多采用启发式算法进行问题的求解，虽然求解速度较快，求解规模较大，但是最优性无法得到保证。对于这四个方面，联合优化问题可以有进一步的研究空间。

表 4-1 对近年来选址—库存—路径联合优化问题的研究成果进行了总结，该表从库存策略，路径决策以及求解方法三个方面对其进行了分类，其中(Q，R)代表连续盘点策略，(T，S)代表周期盘点策略，FRP 代表灵活补货策略(Flexible Replenishment Policy)。

表 4-1 选址—库存—路径问题文献研究总结

文　献	库存策略	路　径	求 解 方 法
Daskin 等[9]	(Q, R)	直送模式	启发式+拉格朗日松弛
Shen 等[77]	(Q, R)	近似路线成本	拉格朗日松弛算法
Shen 和 Qi [69]	(Q, R)	近似路线成本	线性松弛+列生成算法
Javid 和 Azad [70]	(Q, R)	实际路径	混合启发式算法
Ahmadi 等[104]	(Q, R)	实际路径	三阶段启发式算法
Zhang 等[105]	FPR	实际路径	混合亚启发式算法
Chen 等[106]	(T, S)	实际路径	亚启发式算法
Abdelhalim 等[107]	FPR	实际路径	启发式
R.M.等[84]	(Q, R)	实际路径	启发式+拉格朗日松弛
Karakostas [75]	(Q, R)	实际路径	元启发式
本篇	(T, S)	实际路径	广义 benders 分解(GBD)

1.3 研究内容、方法

1.3.1 研究目的和内容

本篇针对供应链网络设计中的选址—库存—路径优化问题进行了研究,目标是最小化供应链系统的选址,库存以及配送成本,本篇主要有以下三方面的研究内容。

(1) 基于周期盘点库存策略的选址—库存—路径联合优化模型

首先建立供应链网络的单供应商单商品选址—库存—路径联合优化模型,该联合优化模型一共涉及三方面决策:选址决策即从一系列候选配送中心中选出合适的配送中心以及将不同的零售商分配给配送中心;库存决策即决定配送中心的库存策略,何时订货以及订货量的多少,库存策略采用周期盘点策略;路径决策即规划配送中心的配送路线。综合以上三种决策,建立以选址,库存以及路径规划的总成本最小为目标函数以及三种决策相关约束的的数学规划模型。

本篇建立的模型地考虑了非线性库存成本以及实际的路线规划问题,没有进行任何的近似和简化,使得建立的数学规划模型更加符合实际情况。针对路径决策带来的巨大数量的决策变量以及约束条件,求解规模往往能达到上百万的级别，我们采取了降维处理的方法，大大降低了模型中的变量数量和约束条件数量。

在单供应商单商品选址—库存—路径联合优化模型的基础之上，本篇进行了一定的拓展，对多供应商多商品的选址—库存—路径联合优化问题进行了研究，建立了相应的数学模型。

(2) 精确算法设计

本篇建立的数学模型属于非凸非线性混合整数规划，较难求解，因而采用适用于大规模问题的广义 Benders 分解算法进行求解。首先需要将原问题进行转化处理，将非凸问题转化为等价的二阶锥约束问题(SOCP)，即目标函数线性，约束条件为凸的二阶锥问题，然后在 SOCP 的基础之上，设计广义 Benders 分解算法(简称 GBD 算法)，划分主问题和子问题，并求解 Benders 割，从而进行算法迭代。其中的难点就在于如何迅速地求解子问题，获得 Benders 割。为验证 GBD 算法的性能，本篇还设计了 OA 算法进行算法之间的对比。

(3) 数值实验

数值实验部分首先验证了广义 Benders 分解算法的性能，对比了 GBD，CPLEX 求解器，OA 三种求解方法的求解性能。模型性能方面，本篇将联合优化模型与传统的顺序优化模型以及部分集成优化模型的效果进行了对比，然后，利用 GBD 算法对真实案例进行供应链网络设计，分析了供应链网络中不同的成本参数的变化对供应链规划设计的影响。

1.3.2　主要的研究方法

(1) 文献研究法

本篇通过研读供应链选址、库存、路径联合优化问题和最优化算法相关领域的文献，总结了供应链联合优化的发展现状和目前研究领域尚存在的一些不足，并在前人的研究基础之上，对联合优化问题做了进一步的拓展研究，并提出了一些创新的思路和方法。

(2) 定量分析

本篇通过对二级供应链网络结构进行分析，总结其运营状况，通过定量分析的方法，将目标函数和约束条件量化。通过数学模型的方法，将供应链网络设计问题转换为数学的表达方式，并给出求解方案。

(3) 仿真实验法

本篇对建立的数学模型设计高效的算法进行求解，并通过实际的案例来验证数学模型以及算法的性能。这样，通过实验的方法可以检验研究成果是否有可落地性和实际应用价值，并且对供应链网络规划设计问题可以提出一些建设性的指导意见。

1.3.3 创新点

1. 本篇以二级供应链网络结构为背景，研究其库存—选址—路径供应链网络联合优化问题。在研究问题方面，库存策略采用周期盘点策略，不同于大部分文献的连续盘点策略，更利于供应链协调。本篇把真实的路径决策集成进来，而不是对路径决策进行一定的近似。

2. 数学模型方面，本篇采用了降维思想，根据现实的供应链运作情况改进了传统的集成优化模型。一方面，在企业实际配送情况中，一条路线中配送的零售商数量是很有限的，所以只需要考虑有限个点之间不存在子回路而不是所有节点之间不存在子回路。因此，根据实际运行情况，本篇改进了子回路约束而不是直接使用传统的子回路约束，从而大大降低了约束条件的个数。另一方面，一个配送中心的服务半径是有限的，根据配送中心的服务半径先对零售商进行分区管理，划到相应半径中的配送中心，可以有效减少决策变量的数目。因此，基于降维思想，我们提出的模型可以有效地减少问题复杂度。

3. 求解算法方面，以广义 Benders 分解算法为基础设计精确算法对问题进行求解。本篇提出的广义 Benders 算法相比其他文献而言，子问题可以较快地计算，可以在可接受的时间范围内对问题进行求解，相比大多数文献提出的启发式算法具有一定的创新性。并且，在大规模的实际案例应用中，本篇将广义 Benders 算法与 OA 算法、CPLEX 优化器的求解性能进行了对比，在同等时间内，广义 Benders 算法的求解效果更佳。

1.4 本篇的结构安排

第 1 章为引言部分，介绍了本篇的研究背景，供应链联合优化问题的研究现状，本文的研究内容以及研究方法和创新点。

第 2 章为相关算法介绍部分，介绍了本篇使用到的精确算法的相关理论，包括广义 Benders 分解算法以及 OA 算法。

第 3 章为数学模型的构建以及求解部分，介绍了研究问题的基本背景，建立了周期盘点库存策略下的选址—库存—路径联合优化模型。在基础的模型之上引入车辆访问点次数限制以及配送中心服务半径限制，对问题进行了降维处理，形成最终的数学模型。然后，将建立的数学模型转化为等价的二阶锥优化模型(SOCP)，针对转化的SOCP设计了基于广义Benders分解算法的求解方案。为进行算法间的对比，还设计了基于OA算法的求解方法。

第4章为第3章模型的拓展部分，建立了多商品多供应商的供应链选址—库存—路径联合优化模型。

第5章为数值实验部分，根据真实案例数据，利用建立的模型和广义Benders分解算法进行供应链方案设计，验证第3章中算法和模型的有效性。

第6章对本篇的工作作出总结，并且对未来可能的研究工作作出展望。

图4-1展示了本篇的研究框架。

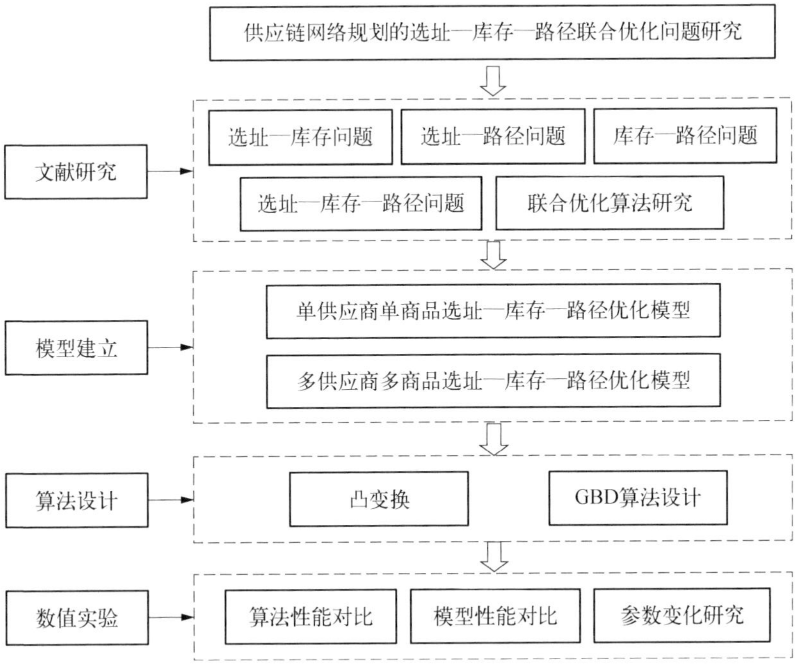

图4-1 本篇研究框架

第 2 章　相关算法理论

联合优化模型一般都是较为复杂的非线性混合整数线性规划模型，广义 Benders 分解算法和 OA 算法是常用来求解这类问题的精确算法。在第 3 章中，本章也采用了这两种算法对问题进行求解，因此本章对这两种算法的理论基础进行了介绍。

2.1　广义 Benders 分解算法

广义 Benders 分解算法是由 Geoffrion 于 1972 年提出的解决非线性凸规划问题的一种分解算法，该算法是在 1962 年提出的 Benders 分解算法上的推广。Benders 分解算法只能用于求解线性规划问题，不能解决非线性问题。在讨论广义 Benders 分解算法之前，首先解释一下分解算法的基本思想。分解算法的基本思想就是将复杂变量与简单变量（整数变量相比连续变量就是复杂变量）、复杂约束与简单约束（包含复杂变量的为复杂约束），按照原问题的某些结构特征进行区分变换，将原问题转化为求解相对简单的问题，从而获得原问题的最优解。分解算法本质上是一个松弛算法。

广义 Benders 分解的基本思想是：根据变量类型的不同，将问题分解为主问题和子问题；主问题负责求解整数变量，子问题负责求解连续变量；主、子问题迭代求解。主问题求解出整数变量的解，子问题根据主问题求得的整数变量求解剩余的连续问题；主问题根据子问题的求解结构，向主问题迭代添加不同的割，不断地修正主问题的求解空间。对于最小化问题，子问题可以给定原问题的下界（LB），松弛主问题可以给上界（UB），不断迭代就可以逐步收敛找到最优解。本节将给出详细的广义 Benders 分解算法的基本步骤。

一般而言，对于给定的最小化原问题，有如下的数学表达式：

$$\begin{aligned} &\min f(x, y) \\ &s.t. \quad g(x, y) \leqslant 0 \\ &x \in X, y \in Y \end{aligned} \tag{2.1}$$

其中 y 为复杂变量，x 为简单变量，固定变量 y 之后，原问题的求解会相对简单很多。对于以上原问题，应用广义 benders 算法有以下几点假设：

1. 固定变量 y 之后，f 和 g 都是关于 x 的凸函数；

2. 函数 $f(x, y)$ 和 $g(x, y)$ 中关于 x 和 y 的函数部分是相互分离的，即 $f(x, y)=f_1(x)+f_2(y)$，$g(x, y)=g_1(x)+g_2(y)$；

3. 固定变量 y 之后，原问题变为与变量 x 相关的独立的优化问题；

4. 集合 X 是凸集。

在 y 空间解决原问题要比在 xy 空间中更加容易，原问题 2.1 在 y 空间中的投影有如下形式：

$$\begin{aligned} &\min v(y) \\ &s.t \quad y \in Y \cap V \end{aligned} \tag{2.2}$$

其中 $v(y)$ 是固定复杂变量 y 之后原问题关于 x 的最优解，

$$v(y)=\min_{x \in X} f(x, y) \quad s.t \quad g(x, y) \leqslant 0 \tag{2.3}$$

并且 $V=\{y: \exists x \in X, g(x, y) \geqslant 0\}$，集合 V 是使得问题 2.3 可行的变量 y 的集合，$Y \cap V$ 可以作为原问题 2.1 的可行域在 y 空间上的投影。Geoffrion[91] 证明了问题 2.2 与问题 2.1 等价，求解问题 2.1 等价于求解问题 2.2。

为了求解问题 2.2，Geoffrion 和 Graves[98] 将其分解为主问题和子问题进行求解（细节推导见文献），主问题是包含复杂变量的混合整数线性规划问题，有如下形式：

$$\begin{aligned} &(\text{MP}) \quad \min_{y, Z} Z \\ &\text{s.t.} \quad Z \geqslant L^*(y, u), \ \forall u \geqslant 0 \\ &\qquad L_*(y, \lambda) \leqslant 0, \ \forall \lambda \in \Lambda \end{aligned}$$

其中

$$L^*(y, u)=\min_{x \in X}(f(x, y)+u^T g(x, y))$$

$$L_*(y, \lambda)=\min_{x \in X}\{\lambda^T g(x, y)\}$$

$$\Lambda=\left\{\lambda \geqslant 0; \sum_i \lambda_i=1\right\}$$

子问题通常是关于简单变量的非线性规划问题，有如下形式：

$$
\begin{aligned}
\text{(SP)} \quad & \min_{x} f(x,\ \bar{y}) \\
\text{s.t.} \quad & g(x,\ \bar{y}) \leqslant 0 \\
& x \in X
\end{aligned}
$$

主问题与原问题等价，并且为原问题提供下界广义 Benders 分解算法通过求解以下主问题的松弛问题来对原问题进行求解，即每次迭代产生新的约束加入松弛主问题中，直至达到最优解。

$$
\begin{aligned}
\text{(MP)} \quad & \min_{y,\ Z} Z \\
\text{s.t.} \quad & L^{*}(y,\ u^{(k_1)}) \leqslant Z,\ k_1 = 1,\ \cdots,\ K_1 \\
& L_{*}(y,\ \lambda^{(k_1)}) \leqslant 0,\ k_2 = 1,\ \cdots,\ K_2
\end{aligned}
$$

基于以上思路，广义 Benders 分解算法的步骤可总结如下：

步骤 1：问题初始化，令 $K_1=1$，$K_2=1$，设置收敛间隔 $\varepsilon>0$，在复杂变量 y 的可行域 $Y \cap V$ 内初始化 $\bar{y}$，$LB_0=-\infty$，$UB_0=+\infty$。

步骤 2：基于 $\bar{y}$ 的值，求解子问题得到最优解 x^{*} 以及最优对偶乘子 u^{*}，令 $u^{(1)}=u^{*}$，上界 $UB=F(x^{*},\ \bar{y})$；然后构建 Benders 割 $L(y,\ u^{(1)})$ 添加至松弛主问题中。

步骤 3：求解新的松弛主问题，得到最优解 Z^{*} 和 y^{*}；令下界 $LB=Z^{*}$。如果 $UB-LB\leqslant\varepsilon$，算法达到停止条件，停止迭代。

步骤 4：更新 $\bar{y}=y^{*}$，基于更新的 $\bar{y}$ 求解子问题：

步骤 4.1：若子问题存在可行解，计算得最优解 $(x^{*},\ u^{*})$，更新 $K_1=K_1+1$，$u^{(K_1)}=u^{*}$，并且构建最优割(optimality cut) $L(y,\ u^{(K_1)})$ 添加至松弛主问题中。如果 $F(x^{*},\ \bar{y})<UB$，令 $UB=F(x^{*},\ \bar{y})$，返回至步骤 3。

步骤 4.2：若子问题无可行解，计算集合 $\lambda\in\Lambda$ 满足 $\min_x\{\lambda^T g(x,\ \bar{y})\}>0$。更新 $K_2=K_2+1$，$\lambda^{(K_1)}=\lambda$，并且构建可行割(feasibility cut) $L(y,\ \lambda^{(K_2)})$ 添加至松弛主问题中，返回至步骤 3。

对于步骤 4.2 中子问题不存在可行解的情况，一定存在 $\lambda\in\Lambda$ 满足 $\min_x\{\lambda^T g(x,\ \bar{y})\}>0$。加入这样的 Benders 割可以在后续的算法迭代中排除掉令子问题不可行的 $\bar{y}$。其中 λ 的计算，详细过程可以参考 Bagajewicz 和 Manousiouthakis[108]、Floudas 等[109]的文献。

2.2　OA 算法

Duran 和 Grossmann[110]于 1986 年首次提出外逼近算法(OA 算法),主要用于求解特定结构的混合整数非线性规划问题(MINLP)。这类型的问题结构包含线性的整型变量,以及关于连续变量的非线性凸函数。OA 算法基于割平面算法将原问题分解为线性主问题和非线性子问题,子问题根据主问题的解不断添加线性割到主问题中,迭代求解。在每次的迭代过程中,子问题的解是原问题的可行解并且是原问题的上界,主问题是原问题的线性松弛问题,提供下界。OA 算法的基本思想就是通过不断添加线性约束(OA 割)来逼近凸的非线性约束条件,将原来的非线性规划问题转化为混合整数线性规划问题进行求解。有关 OA 算法的详细内容可以参考 Duran 和 Grossmann[110]、Fletcher 和 Leyffer[111]的文献。本节给出了 OA 算法的基本介绍。

给定一般形式的非线性混合整数规划模型如下:

$$\begin{aligned} \min \quad & c^T y + f(x) \\ s.t. \quad & g(x) + By \leqslant 0 \\ & x \in X = \{x \mid x \in R^n,\ A_1 x \leqslant a_1\}, \\ & y \in Y = \{y \mid y \in \{0,\ 1\}^m,\ A_2 y \leqslant a_2\} \end{aligned}$$

其中 x 为连续变量,y 为离散变量,X 为凸集,f 和 g 是关于 x 的凸函数,$f(x)$是一个非线性函数。OA 算法的思想也是类似于 GBD 算法的分解思路,将原问题分解为主问题和子问题分别进行求解。OA 算法的子问题是一个非线性规划问题(NLP),在每次迭代中通过固定原问题中的整数变量进行求解。在初次迭代的时候,主问题需要给定令子问题可行一个整数解。采用 y^h 表示主问题产生的整数解,OA 算法的子问题可表示如下:

$$\begin{aligned} \text{(SP)} \quad & \min c^T y^h + f(x) \\ \text{s.t.} \quad & g(x) + By^h \leqslant 0 \\ & x \in X \end{aligned}$$

对于子问题的求解,可能存在可行解也可能存在不可行解。对于存在可行解的情况,子问题会求得最优解 x^h,并且是原问题的一个上界。原问题的目标函数以及约束的非线性部分可以在当前解(x^h, y^h)处作一阶泰勒展开,并且将线性逼近的约束加入到主问题中。对于子问题不存在可行解的情况，需要求解新的子问题使得子问题被违反的约束数量尽可能地少，具体细节见 Bai 和 Su[112] 的论述。根据子问题的解，OA 算法的主问题有以下形式：

$$
\begin{aligned}
(\text{MP})\quad & \min \eta \\
\text{s.t.}\quad & c^T y + f(x^h) + \nabla f(x^h)^T (x - x^h) \leqslant \eta,\ h = 1, \cdots, H \quad (2.4) \\
& g(x^h) + \nabla g(x^h)^T (x - x^h) + By \leqslant 0,\ h = 1, \cdots, H \quad (2.5) \\
& x \in X,\ y \in Y
\end{aligned}
$$

其中 H 为最大迭代次数，约束(2.4)—(2.5)分别是原问题非线性目标函数和约束条件的线性逼近。主问题是一个混合整数线性规划问题，是原问题的松弛问题，为原问题提供下界。OA 算法每次迭代中都会通过求解子问题向主问题中添加线性约束，线性逼近原问题的求解空间，直到问题的上界和下界的间隔达到停止条件或者达到最大迭代次数。

第3章　选址—库存—路径联合优化问题模型及算法求解

3.1　问题描述

本章的研究对象来自A公司的供应链网络规划设计问题。A公司是一个汽车生产制造商，在中国设立了22个配送中心和190个零售店(4S店)。该公司目前的供应链运作中存在一些问题，他们打算对供应链结构进行重新设计以节约整体的运作成本。该公司之前对供应链绩效的衡量只考虑了运作水平的成本即路径成本，并没有考虑库存成本。该公司决定关闭一些配送中心，在降低成本的同时维持客户服务水平。我们以该公司为研究对象，进行供应链网络的重新规划设计，建立LIRP模型，同时进行选址库存和路径的优化决策。选址决策进行备选配送中心的选择以及配送中心的零售商分配；库存决策需要决定配送中心的订货周期和订货水平，本篇的库存策略采用周期盘点策略以便更好地协调供应链；路径决策规划配送中心到零售商的具体运输路线以满足零售商的需求；本篇以供应链系统整体的总运作成本最小为目标，建立了综合这三方面决策的数学模型。

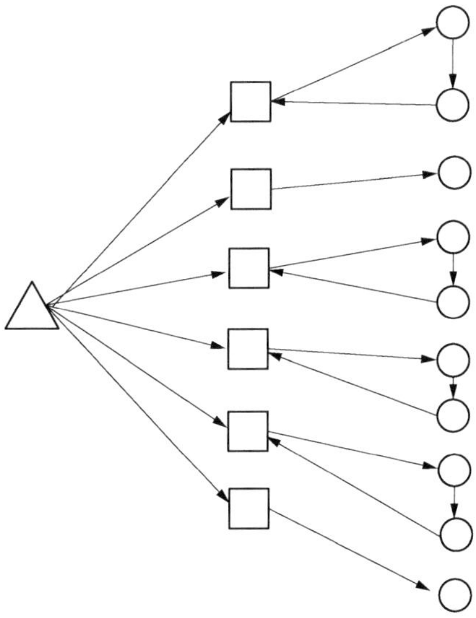

图4-2　二级供应链网络结构

A公司的供应链网络结构如图4-2所示，包括一个供应商，多个配送中心，多个零售商。供应商以直线配送的方式给配送中心提供商品，配送中心再将商品对零售商进行配送，配送中心采用周期盘点的库存策略；零售商的需求服从正态分布,并且假设零售商之间的需求相互独立,互不影响;由于零售商的需求存在波动,配送中心需要维持一定数量的安全库存以保证一定的服务水平。本章的模型假设如下:

(1) 只考虑单一品类的商品;

(2) 一个零售商只能被分配给一个配送中心;

(3) 配送中心的订货提前期是一个确定的常量;

(4) 零售商的需求相互独立并且是随机的,服从需求和标准差已知的正态分布;

(5) 配送中心采用周期盘点的库存策略,配送中心每隔一个订货周期 T 向供应商进行订货,将库存水平补充至一个固定的数量 S;订货周期 T 从一系列备选订货周期中进行选择;

(6) 配送中心的车辆从某一配送中心出发将货物运输给零售商,配送任务完成后回到相同的配送中心;

(7) 所有车辆类型一致,容量限制一样;

(8) 配送中心没有容量限制。

3.2 符号定义

表 4 - 2 给出了模型中使用到的符号说明,包括集合、参数和变量的符号和含义。

表 4 - 2 符号说明

符号类型	符号	含义
集合	B	备选订货周期集合, $B = \{t_1, t_2, \cdots, t_B\}$
	I	备选配送中心集合 $(i = 1, \cdots, I)$
	J	零售商集合 $(j = 1, \cdots, J)$
	V	车辆集合 $(v = 1, \cdots, V)$
	$M = I \cup J$	配送中心和零售商的结合(所有节点的集合)
	J_i	配送中心 i 服务的零售商集合, $i \in I$
	V_i	配送中心 i 的车辆集合, $i \in I$
	$M_i = i \cup J_i$	配送中心 i 和对应备选服务的零售商集合(服务半径内)

续　表

符号类型	符　号	含　　义
参数	f_i	配送中心 i 的固定选址成本
	h_i	配送中心 i 单位时间内单位产品的库存持有成本
	l_i	配送中心 i 的订货提前期
	oc_i	配送中心 i 订购单笔订单的固定订货成本
	c_i	供应商到配送中心 i 的固定运输成本
	a_i	供应商到配送中心 i 的单位货物运输成本
	c_{kl}	配送中心到零售商的单位货物运输成本
	μ_j	单位时间内零售商 j 的需求平均值
	σ_j	单位时间内零售商 j 的需求标准差
	q	车辆的最大容量
	n_v	单位时间内车辆 v 的零售商配送频率
	N	一条路线中车辆配送零售商的最大数量
	α	期望满足的顾客服务水平，即零售商需求小于等于配送中心库存水平的概率
决策变量	x_i	0/1 变量，如果配送中心 i 被选中，则 $x_i = 1$；否则 $x_i = 0$
	y_{ij}	0/1 变量，如果零售商 j 被分配给配送中心 i，则 $y_{ij} = 1$；否则 $y_{ij} = 0$
	Z_{ib}	0/1 变量，如果配送中心 i 选择了订货周期 t_b，则 $Z_{ib} = 1$；否则 $Z_{ib} = 0$
	T_i	配送中心 i 的订货周期，$T_i = \sum_{b=1}^{B} t_b Z_{ib}$
	S_i	配送中心 i 的最高库存水平
	R_{klv}	0/1 变量. 如果车辆 v 从节点 $k \in M$ 到节点 $l \in M$，则 $R_{klv} = 1$；否则 $R_{klv} = 0$
	R_{klv}^i	0/1 变量. 如果配送中心 i 的车辆 v 从节点 $k \in M_i$ 到节点 $l \in M_i$，则 $R_{klv}^i = 1$；否则 $R_{klv}^i = 0$

3.3 模型建立

3.3.1 目标函数

本篇建立的选址—库存—路径联合优化模型中，目标是最小化选址、库存以及运输总成本。因此,成本函数中包含三大部分,选址成本即开设配送中心的固定成本,库存成本即单位时间内的商品的库存持有成本,运输成本即供应商至配送中心以及配送中心至零售商两部分的总运输成本,以下部分给出了三大成本的详细计算公式。

(1) 选址成本:当选择开设某个备选配送中心时,会产生以下的固定建设成本:

$$FC = \sum_{i=1}^{I} f_i x_i$$

(2) 库存成本:本章考虑的库存成本包括订货成本和库存持有成本两部分的成本之和。

订货成本是每次配送中心向供应商发起订货时都会产生的一个固定成本,在(T, S)周期库存策略中,单位时间内配送中心 i 的订货次数为订货周期的倒数即 $\frac{1}{T_i}$,因此总的订货成本可以表示为 $\sum_{i=1}^{I} \frac{oc_i}{T_i}$;

库存持有成本包括配送中心的库存费用以及安全库存费用。令 $\hat{\mu}_i$ 和$\hat{\sigma}_i$ 分别表示配送中心i 单位时间内需求的平均值和标准差,因此,总库存费用可表示为 $\sum_{i=1}^{I} h_i \frac{\hat{\mu}_i T_i}{2}$。采用 ss_i 表示配送中心i 的安全库存水平,则安全库存费用可表示为 $\sum_{i=1}^{I} h_i ss_i$。周期订货策略(T, S)中的安全库存水平需要同时考虑订货周期和订货提前期内的需求不确定性。此处 $ss_i = Z_\alpha \hat{\sigma}_i \sqrt{T_i + l_i}$($Z_\alpha$ 代表正态分布的α 分位数)。此外,只要我们得到配送中心 i 周期(T, S)库存策略中的订货周期就可以计算得出最高库存水平 $S_i = Z_\alpha \hat{\sigma}_i \sqrt{T_i + l_i} + \hat{\mu}_i (T_i + l_i)$。因此,总的库存持有成本可表示如下:

$$IC = \sum_{i=1}^{I} \frac{oc_i}{T_i} + \sum_{i=1}^{I} h_i \left[\frac{\hat{\mu}_i T_i}{2} + Z_\alpha \hat{\sigma}_i \sqrt{T_i + l_i} \right] \tag{3.1}$$

根据 $\hat{\mu}_i$ 和$\hat{\sigma}_i$ 的定义,配送中心 i 单位时间内的需求量等于其负责的所有零售商的需求量之和,也服从正态分布,其平均值和标准差由以下公式给出:

$$\hat{\mu}_i = \sum_{j=1}^{J} \mu_j y_{ij}, \ \hat{\sigma}_i = \sqrt{\sum_{j=1}^{J} \sigma_j^2 y_{ij}} \tag{3.2}$$

由于 $T_i=\sum_{b=1}^{B}t_bZ_{ib}$，依据等式(3.1)和(3.2)，可以将库存成本重新表示为

$$IC=\sum_{i=1}^{I}\frac{oc_i}{t_b}Z_{ib}+\sum_{i=1}^{I}h_i\left[\sum_{j\in J}\sum_{b\in B}\frac{\mu_jt_b}{2}Z_{ib}y_{ij}+Z_\alpha\sqrt{\sum_{j\in J}\sum_{b\in B}\sigma_j^2t_bZ_{ib}y_{ij}+\sum_{j\in J}\sigma_j^2l_iy_{ij}}\right]$$

(3) 运输成本包括了供应商到配送中心的运输成本以及配送中心至零售商的配送成本。

首先，供应商到配送中心的运输成本可表示如下：

$$\sum_{i=1}^{I}\frac{c_i}{T_i}+\sum_{i=1}^{I}\sum_{j=1}^{J}a_i\mu_jy_{ij}$$

其中，$\sum_{i=1}^{I}\frac{c_i}{T_i}$ 表示供应商至配送中心的固定运输费用，配送中心每发生一次订货，就会产生一次固定运输费用。$\sum_{i=1}^{I}\sum_{j=1}^{J}a_i\mu_jy_{ij}$ 表示供应商至配送中心的可变运输成本，与配送中心的订货量有关，本章将单位时间内的订货量用配送中心的需求量表示。

配送中心至零售商的配送成本可表示为 $\sum_{k=1}^{M}\sum_{l=1}^{M}\sum_{v=1}^{V}n_vc_{kl}R_{klv}$。基于 $T_i=\sum_{b=1}^{B}t_bZ_{ib}$，总的运输成本可表示如下：

$$\begin{aligned}TC&=\sum_{i=1}^{I}\frac{c_i}{T_i}+\sum_{i=1}^{I}\sum_{j=1}^{J}a_i\mu_jy_{ij}+\sum_{k=1}^{M}\sum_{l=1}^{M}\sum_{v=1}^{V}n_vc_{kl}R_{klv}\\&=\sum_{i=1}^{I}\sum_{b=1}^{B}\frac{c_i}{t_b}Z_{ib}+\sum_{i=1}^{I}\sum_{j=1}^{J}a_i\mu_jy_{ij}+\sum_{k=1}^{M}\sum_{l=1}^{M}\sum_{v=1}^{V}n_vc_{kl}R_{klv}\end{aligned}$$

综上，采用 $G(x, y, Z, R)$ 表示目标函数，最终的目标函数可表示为：

$$G(x, y, Z, R)=FC+IC+TC$$

3.3.2　数学模型

结合目标函数和约束条件，本章的选址—库存—路径联合优化模型表示如下：

$$(P0)\quad \min G(x, y, Z, R)$$

$$\text{s.t.}\quad \sum_{i}^{I}y_{ij}=1,\ \forall j\in J, \tag{3.3}$$

$$y_{ij} \leqslant x_i,\ \forall i \in I, \tag{3.4}$$

$$\sum_{b=1}^{B} Z_{ib} = x_i,\ \forall j \in J, \tag{3.5}$$

$$\sum_{v \in V}\sum_{l \in M} R_{klv} = 1,\ \forall k \in J, \tag{3.6}$$

$$\sum_{i \in I}\sum_{j \in J} R_{ijv} \leqslant 1,\ \forall v \in V, \tag{3.7}$$

$$\sum_{l \in M} R_{ilv} - \sum_{l \in M} R_{lkv} = 0,\ \forall k \in M,\ v \in V, \tag{3.8}$$

$$\sum_{l \in M} R_{ilv} + \sum_{l \in M} R_{klv} - y_{ik} \leqslant 1,\ \forall k \in J,\ v \in V,\ i \in I, \tag{3.9}$$

$$\sum_{i \in I}\sum_{k \in M} R_{klv}\mu_l \leqslant q,\ \forall v \in V, \tag{3.10}$$

$$\sum_{k,\ l \in M} R_{klv} \leqslant |S| - 1,\ S \subseteq J,\ 2 \leqslant |S| \leqslant |J|, \tag{3.11}$$

$$x_i,\ y_{ij},\ Z_{ib},\ R_{klv} \in \{0,\ 1\},\ \forall k,\ l \in M,\ \forall v \in V,\ i \in I,\ j \in J. \tag{3.12}$$

约束条件(3.3) 确保了每个零售商只能被分配给一个配送中心;约束条件(3.4) 确保了只有某个备选配送中心被选中,零售商才能被分配给这个配送中心;约束条件(3.5) 确保了配送中心的库存决策与选址决策一致,即只有该配送中心被选中才需要考虑库存决策,否则不需要考虑。约束条件(3.6)—(3.11)是关于路径决策的约束;约束条件(3.6)保证了零售商被包括在有且仅且一条路线中;约束条件(3.7) 确保了每条路线中只能包含一个配送中心;约束条件(3.8) 确保了每条路线是环形,即如果一辆车从某个点进入,则该车辆必须要从该点离开;约束条件(3.9)确保了零售商要被分配给某个配送中心,如果零售商和该配送中心在同一条路线中;约束条件(3.10) 确保了车辆配送的货物不超过车辆容量上限;约束条件(3.11)为子回路消除约束;约束条件(3.12) 为 0/1 变量约束,非负约束和整型约束。

经典的 LIRP 问题较难求解,主要有两方面原因。第一个原因是约束条件(3.11)的数量较多,数量达到了 $2^{\frac{|J|(|J|-1)}{2}}$,随着零售商数量的增加,该约束条件的数量呈指数级增长。第二个原因是路径决策变量的数目较大,R_{klv} 的数量为 $|M|^2|V|$。巨大数量的约束条件和决策变量成为求解带路径决策的联合优化

问题的主要瓶颈。根据企业的实际运作情况以及降维思想(Mehrdad 等[113])，本篇在以上模型的基础上引入了符合实际情况的约束条件以降低问题复杂度。

在实际的运作情况中，每个配送中心只会服务一定距离半径内的零售商，如果将远距离而不是近距离的零售商分配给配送中心，那么一定是一个次优的决策。因此，对于配送中心的选址和路径决策，只需要针对每个配送中心服务半径范围内的零售商进行考虑，而不需要考虑配送中心服务半径外的零售商，服务半径可根据实际地理情况制定一个较宽松的范围。这样可以大大降低路径决策中变量 R_{klv} 的数量。为了将服务半径约束纳入模型中，本篇引入集合 J_i 和 V_i，J_i 表示配送中心 i 的候选服务零售商集合(服务半径内)，V_i 表示配送中心 i 的车辆集合。针对配送中心 i，只考虑对应的零售商集合 J_i 中的路径决策。因此，约束条件(3.6)—(3.10)可以相应地进行改变。

同时，根据车辆载重约束(3.10)也可以引入额外的约束条件以减轻计算复杂度。实际情况中，车辆载重约束会限制每条配送路线中车辆的零售商访问数量。限制了每条路线中最大的访问数量，可以只考虑最大数量集合内的子回路消除约束，而不是原来模型中所有零售商的数量集合，可以大大降低模型中子回路消除约束的数量。因此，在新的模型中引入约束(3.18)以限制每条路线中车辆的访问数量。

在模型中，引入配送中心服务半径和车辆访问数量约束可以大幅降低模型的复杂度。基于这两个约束条件的引入，我们可以将子回路消除约束进行简化。一方面，对配送中心 i 独立地在零售商集合 J_i 中考虑子回路消除约束；另一方面，根据每条路线中车辆最大的零售商访问数量 N，可以至多考虑 $(N-2)$ 个点之间的子回路消除约束。基于以上两方面，在新的模型中引入新的子回路消除约束(17)。因此，基于以上讨论的约束条件，建立的新模型如下：

(P)　$\min G(x, y, Z, R)$

s.t.　(3.3)—(3.5)

$$\sum_{v \in V_i} \sum_{l \in M_i} R^i_{klv} = y_{ik}, \ \forall k \in J_i, \ i \in I, \tag{3.13}$$

$$\sum_{j \in J_i} R^i_{ijv} \leqslant 1, \ \forall v \in V_i, \ i \in I, \tag{3.14}$$

$$\sum_{l \in M_i} R^i_{klv} - \sum_{l \in M_i} R^i_{lkv} = 0, \ \forall k \in M_i, \ v \in V_i, \ i \in I, \tag{3.15}$$

$$\sum_{l \in M_i} R^i_{ilv} + \sum_{l \in M_i} R^i_{klv} - y_{ik} \leqslant 1, \ \forall k \in J_i, v \in V_i, i \in I, \tag{3.16}$$

$$\sum_{l \in J_i} \sum_{k \in M_i} R^i_{klv} \mu_l = q, \ \forall v \in V_i, i \in I, \tag{3.17}$$

$$\sum_{l \in J_i} \sum_{k \in J_i} R^i_{klv} \leqslant N - 1, \ \forall v \in V_i, i \in I, \tag{3.18}$$

$$\sum_{k, l \in S} R^i_{klv} \leqslant |S| - 1, S \in J_i, 2 \leqslant |S| \leqslant N, i \in I, \tag{3.19}$$

$$x_i, y_{ij}, Z_{ib}, R^i_{klv} \in \{0, 1\}, \forall k, l \in M_i, \forall v \in V_i, \\ i \in I, j \in J. \tag{3.20}$$

约束(3.18)确保了每条路线中的零售商访问数量不超过最大数量N。约束(3.20)保证了决策变量的整数性和非负性。在我们的模型中,约束条件(3.19)的数量减减少至 $\sum_{i \in I} \sum_{t=1}^{N} C^t_{|J_i|}$。路径决策的变量数量减少至 $\sum_{i \in I} |M_i|^2 |V_i|$。在第5章的数值实验数据中,如果采用传统模型进行数值实验,将会有超过300万的变量。基于我们建立的新模型,变量的数量下降至60万。

3.4 基于广义Benders分解的联合优化问题求解算法

观察第二部分建立的数学模型,其中目标函数存在非线性函数部分,并且存在大量的整数变量,属于大规模非线性混合整数规划模型(MINLP),对于如今的商业软件难以直接求解。本节内容会先将目标函数中的非线性部分转移至约束条件中,将模型转化为锥凸优化问题。进一步而言,如果模型可以转化为线性规划,则可以大幅提升求解效率。因为相比求解锥优化问题的内点法,线性规划的单纯形法求解效率更高。注意到模型中的约束条件均为线性约束,并且固定原问题中的部分变量之后,剩余的问题可以变为线性规划。因此,我们考虑使用广义Benders分解算法(GBD算法)对问题进行求解。首先,将原问题目标函数中的非线性部分转化至约束条件中,将模型重新转化为等价的凸锥优化模型。在此基础上,应用GBD算法进行求解。本节给出了基于GBD算法的具体求解步骤。

3.4.1 凸变换

广义Benders分解算法适用于求解固定复杂变量之后,原问题是关于简单变量的凸优化问题。观察第二章中建立的数学模型，该问题是一个非线性非凸的模型，无法满足GBD算法的应用条件。因此，本节首先对原先的模型做一个等价的变换处理，将其转化为凸优化模型，然后再利用GBD算法进行求解。

首先，针对目标函数中的二次项 $Z_{ib}y_{ij}$ 引入非负的辅助变量 U_{ijb}，将非线性部分进行线性化处理。其中变量 $U_{ijb}=Z_{ib}y_{ij}$，为满足等式成立，U_{ijb} 满足以下的线性约束：

$$U_{ijb} \leqslant y_{ij},\ \forall i \in I,\ j \in J,\ b \in B \tag{3.21}$$

$$U_{ijb} \leqslant Z_{ib},\ \forall i \in I,\ j \in J,\ b \in B \tag{3.22}$$

$$U_{ijb} \geqslant Z_{ib} + y_{ij} - 1,\ \forall i \in I,\ j \in J,\ b \in B \tag{3.23}$$

$$U_{ijb} \geqslant 0,\ \forall i,\ j,\ b \tag{3.24}$$

约束(3.21)—(3.24)保证了在 $Z_{ib}=y_{ij}=1$ 的情况下变量 $U_{ijb}=1$，其余情况下都等于0，隐性地保证了 U_{ijb} 是一个0/1变量，并且 U_{ijb} 是连续的也可以满足此约束，因此在以上条件的约束下可以线性地用 U_{ijb} 替代二次项 $Z_{ib}y_{ij}$。变量 U_{ijb} 的含义可理解为：如果配送中心 i 负责配送零售商 j 并且选择的订货周期为 t_b，则 $U_{ijb}=1$；否则，$U_{ijb}=0$。但是以上约束条件的数量较多，因此Shahabi等[113]提出了采用规模更小的约束(3.25)—(3.27)替代约束(3.21)—(3.24)，并且证明了两种约束是等价的(详细证明见Shahabi等给出的定理1)：

$$\sum_{b \in B} U_{ijb} = y_{ij},\ \forall i \in I,\ j \in J, \tag{3.25}$$

$$U_{ijb} \leqslant Z_{ib},\ \forall i \in I,\ j \in J,\ b \in B, \tag{3.26}$$

$$U_{ijb} \geqslant 0,\ \forall i \in I,\ j \in J,\ b \in B, \tag{3.27}$$

因此根据以上的线性化处理，定义集合Ω为问题(P)可行解的集合，可以将问题(P)等价于以下问题：

$$\begin{aligned} (\mathrm{CP}) \quad & \min F(x,\ y,\ Z,\ R) + f(y,\ U) \\ \text{s.t.} \quad & \sum_{b \in B} U_{ijb} = y_{ij},\ U_{ijb} \leqslant Z_{ib},\ U_{ijb} \geqslant 0,\ \forall i \in I,\ j \in J,\ b \in B, \\ & (x,\ y,\ Z,\ R) \in \Omega \end{aligned} \tag{3.28}$$

其中

$$F(x, y, Z, R)$$
$$=\sum_{i=1}^{I} f_i x_i + \sum_{i=1}^{I}\sum_{b=1}^{B}\frac{oc_i + c_i}{t_b}Z_{ib} + \sum_{i=1}^{I}\sum_{j=1}^{J} a_i \mu_j y_{ij} + \sum_{k=1}^{M}\sum_{l=1}^{M}\sum_{v=1}^{V} n_v c_{kl} R_{klv}$$

$$f(y, U)=\sum_{i=1}^{I} h_i\left[\sum_{j\in J}\sum_{b\in B}\frac{\mu_j t_b}{2}U_{ijb} + Z_\alpha\sqrt{\sum_{j\in J}\sum_{b\in B}\sigma_j^2 t_b U_{ijb} + \sum_{j\in J}\sigma_j^2 l_i y_{ij}}\right]$$

根据 U_{ijb} 的定义，其值域为{0, 1}，因此有 $U_{ijb}=U_{ijb}^2$，(CP)目标函数中的 $f(y, U)$ 可重新表示为以下等式：

$$\begin{aligned}
f(y, U) &= \sum_{i=1}^{I} h_i\left[\sum_{j\in J}\sum_{b\in B}\frac{\mu_j t_b}{2}U_{ijb} + Z_\alpha\sqrt{\sum_{j\in J}\sum_{b\in B}\sigma_j^2 t_b U_{ijb} + \sum_{j\in J}\sigma_j^2 l_i y_{ij}}\right] \\
&= \sum_{i=1}^{I} h_i\left[\sum_{j\in J}\sum_{b\in B}\frac{\mu_j t_b}{2}U_{ijb} + Z_\alpha\sqrt{\sum_{j\in J}\sum_{b\in B}\sigma_j^2 t_b U_{ijb} + \sum_{j\in J}\sum_{b\in B}\sigma_j^2 l_i U_{ijb}}\right] \\
&= \sum_{i=1}^{I} h_i\left[\sum_{j\in J}\sum_{b\in B}\frac{\mu_j t_b}{2}U_{ijb} + Z_\alpha\sqrt{\sum_{j\in J}\sum_{b\in B}\sigma_j^2 (t_b + l_i) U_{ijb}}\right] \\
&= \sum_{i=1}^{I} h_i\left[\sum_{j\in J}\sum_{b\in B}\frac{\mu_j t_b}{2}U_{ijb} + Z_\alpha\sqrt{\sum_{j\in J}\sum_{b\in B}\sigma_j^2 (t_b + l_i) U_{ijb}^2}\right]
\end{aligned}$$

因此 $f(y, U)$ 可表示为变量 U_{ijb} 的函数，为后续方便表述，定义如下等式：

$$f(y, U)=\psi(U)=\sum_{i=1}^{I} h_i\left[\sum_{j\in J}\sum_{b\in B}\frac{\mu_j t_b}{2}U_{ijb} + Z_\alpha\sqrt{\sum_{j\in J}\sum_{b\in B}\sigma_j^2 (t_b + l_i) U_{ijb}^2}\right]$$

因此问题(PL)等价于以下问题

(CP) $\min\{F(x, y, Z, R)+\psi(U) \mid (3.28), (x, y, Z, R)\in\Omega\}$

容易证明 $\psi(U)$ 为一个凸函数。因此问题(CP)是一个混合整数凸规划模型。引入非负变量 p 替代 $\psi(U)$ 中的非线性部分，问题(CP)可以等价于以下凸锥优化模型：

$$\text{(SCP)} \quad \min F(x, y, Z, R)+\sum_{i=1}^{I} h_i\left[\sum_{j\in J}\sum_{b\in B}\frac{\mu_j t_b}{2}U_{ijb} + Z_\alpha P_i\right]$$

$$\text{s.t.} \quad \sqrt{\sum_{j\in J}\sum_{b\in B}\sigma_j^2 (t_b + l_i) U_{ijb}^2}\leqslant P_i, \ \forall i\in I \tag{3.29}$$

$$\sum_{b\in B} U_{ijb}=y_{ij}, \ U_{ijb}\leqslant Z_{ib}, \ U_{ijb}\geqslant 0, \ \forall i\in I, j\in J, b\in B,$$
$$(x, y, Z, R)\in\Omega \tag{3.30}$$

问题 SCP 的目标函数是线性的，约束条件(3.29)为二阶锥约束，因此 SCP 问题是一个凸锥优化模型。

至此，本章提出的非线性非凸联合优化模型已被转化为凸锥优化模型。理论上，这类问题可以直接通过一些现有的商业软件(CPLEX 等)解决问题(CP)，但是现有的商业软件对于大规模的问题求解效率较低。在实际应用中，我们的问题是存在着数量巨大的变量和约束条件。为了求解大规模问题，我们需要根据问题结构设计相应的算法。由于问题(CP)的特殊结构，我们应用 GBD 算法进行求解，本小节的后半部分将重点介绍如何应用 GBD 算法进行求解。

3.4.2 GBD 算法求解

本小节针对 3.2.1 小节中提出的二阶锥约束模型利用广义 Benders 分解算法进行求解。

基于 3.2.1 小节中提出的二阶锥约束模型，其中(x, y, Z, R)为整型变量，(U, P)为连续型变量。因此，将变量(x, y, Z, R)放入主问题求解，变量(U, P)分解到子问题中进行求解。根据 3.1 中所述，原问题(P)等价于以下问题：

$$
\begin{aligned}
(\mathrm{CP}) \quad & \min F(x, y, Z, R) + \min\{\psi(U) \mid (3.30)\} \\
& \text{s.t.} \quad (x, y, Z, R) \in \Omega
\end{aligned}
$$

定义(SP)为子问题，有如下形式：

$$
(\mathrm{SP}) \quad \min \{\psi(U) \mid (3.30)\}
$$

由于子问题(SP)的目标函数为凸函数，约束条件(3.30)为线性约束，且U_{ijb}为连续变量，最小化子问题(SP)为凸优化问题。因此，问题(SP)的强对偶性成立。注意到问题(SP) 总是具有可行解的。在我们的问题中，求解最小化问题(SP)等价于求解它的对偶问题。通过对约束条件$U_{ijb} \leqslant Z_{ib}$引入变量$\xi \geqslant 0$，对约束条件$U_{ijb} \geqslant 0$引入变量$\eta \geqslant 0$，对约束条件$\sum_{b \in B} U_{ijb} = y_{ij}$引入变量$\gamma$，形成子问题(SP)的对偶问题。

$$
\max\{L(y, Z; \xi, \eta, \gamma) \mid (\xi, \eta) \geqslant 0, \ \forall \gamma\}
$$

其中

$$
\begin{aligned}
& L(y, Z; \xi, \eta, \gamma) \\
&= \min_{U_{ijb} \in \Re,\ \forall i \in I,\ b \in B} \Big\{ \psi(U) + \sum_{i \in I} \sum_{j \in J} \sum_{b \in B} [\xi_{ijb}(U_{ijb} - Z_{ib}) - \eta_{ijb} U_{ijb}] + \\
& \sum_{i \in I} \sum_{j \in J} \gamma_{ij} \Big(\sum_{b \in B} U_{ijb} - y_{ij} \Big) \Big\}
\end{aligned}
$$

从而问题(CPs) 等价为以下形式：

$$
\begin{aligned}
\text{(DLP)} \quad & \min F(x, y, Z, R) + \max\{L(y, Z; \xi, \eta, \gamma) \mid (\xi, \eta) \geqslant 0, \forall \gamma\} \\
& \text{s.t.} \quad (x, y, Z, R) \in \Omega
\end{aligned}
$$

通过将内部的最大化问题转移至约束条件中，问题(DLP)等价于以下问题：

$$
\begin{aligned}
\text{(SLP)} \quad & \min F(x, y, Z, R) + \phi \\
& \text{s.t.} \quad \phi \geqslant L(y, Z; \xi, \eta, \gamma), \ \forall (\xi, \eta) \geqslant 0, \ \forall \gamma \\
& \qquad (x, y, Z, R) \in \Omega
\end{aligned} \tag{3.31}
$$

问题(SLP)为原问题的主问题，是一个混合整数线性规划模型，式(3.31)为主问题的 Benders 割，GBD 算法通过迭代加入约束条件(3.31)解决问题(SLP)。

那么关键的求解步骤则是如何在固定的 $(\bar{x}, \bar{y}, \bar{Z}, \bar{R})$ 情况下快速求得(3.31)，即在固定的 $(\bar{x}, \bar{y}, \bar{Z}, \bar{R})$ 求解子问题 U 的解及其对偶问题 (ξ, η, γ) 的解。

对于固定的整型变量 $(\bar{x}, \bar{y}, \bar{Z}, \bar{R})$ 而言，子问题可能会有可行解也可能会不存在可行解。但是对于上述构造的子问题(SP)而言，对于任一固定的整型变量取值，子问题一直存在可行解，由于 U，P 的定义，可以直接求解。用 $(\bar{U}, \bar{P})$ 表示子问题的最优解，结果可以表示如下：

$$
\bar{U}_{ijb} = \bar{Z}_{ib} \bar{y}_{ij} \tag{3.32}
$$

令 $(\bar{\xi}, \bar{\eta}, \bar{\gamma})$ 为问题(SP(y, Z))乘子的最优解，则最优割(3.31)在固定的 $(\bar{x}, \bar{y}, \bar{Z}, \bar{R})$ 取值下有以下形式：

$$
\begin{aligned}
\phi \geqslant L(y, Z; \bar{\xi}, \bar{\eta}, \bar{\gamma}) = & \sum_{i=1}^{I} h_i \left[\sum_{j \in J} \sum_{b \in B} \frac{\mu_j t_b}{2} \bar{U}_{ijb} + Z_\alpha \sqrt{\sum_{j \in J} \sum_{b \in B} \sigma_j^2 (t_b + l_i) \bar{U}_{ijb}^2} \right] \\
& + \sum_{i \in I} \sum_{j \in J} \sum_{b \in B} [\bar{\xi}_{ijb}(\bar{U}_{ijb} - Z_{ib}) - \bar{\eta}_{ijb} \bar{U}_{ijb}] + \sum_{i \in I} \sum_{j \in J} \bar{\gamma}_{ij} \Big(\sum_{b \in B} \bar{U}_{ijb} - y_{ij} \Big)
\end{aligned}
$$

因此，为了得到割(3.31)，需要求得问题(SP)的最佳乘子 $(\bar{\xi}, \bar{\eta}, \bar{\gamma})$ 的值。

由于问题(SP)为凸问题，结合所有的线性约束和连续变量，最优乘子可以通过求解 KKT 条件获得。对于凸优化问题而言，满足 KKT 条件的点就是极值点，一般地，KKT 条件可表示为如下形式：

$$\min\{f(x) \mid g_{i=1,\cdots,I}(x) \leqslant 0,\ h_{j=1,\cdots,J}(x)=0\}$$

$$\nabla f(x)+\sum_{i=1}^{I}\mu_i \nabla g(x)+\sum_{j=1}^{J}\lambda_i \nabla h(x)=0$$

$$\mu_i g(x)=0,\ \forall i=1,\cdots,I$$

$$\mu_i \geqslant 0,\ \forall i=1,\cdots,I$$

因此，对于子问题应用 KKT 条件，满足 KKT 条件的对偶乘子就是最优乘子，即通过求解以下等式：

$$\frac{h_i t_b \mu_j}{2}+h_i Z_\alpha \rho_{ijb} \bar{U}_{ijb}+\bar{\xi}_{ijb}-\bar{\eta}_{ijb}+\bar{\gamma}_{ij}=0,\ \forall i \in I,\ j \in J,\ b \in B \tag{3.33}$$

$$\bar{\xi}_{ijb}(\bar{U}_{ijb}-\bar{Z}_{ib})=0,\ \bar{\eta}_{ijb}\bar{U}_{ijb}=0,\ \forall i \in I,\ j \in J,\ b \in B \tag{3.34}$$

$$\bar{\gamma}_{ij}(\sum_{b\in B}\bar{U}_{ijb}-\bar{y}_{ij})=0,\ \forall i \in I,\ j \in J \tag{3.35}$$

$$\bar{\lambda}_{ijb},\ \bar{\xi}_{ijb},\ \bar{\eta}_{ijb} \geqslant 0,\ \bar{\gamma}_{ij} \in R,\ \forall i \in I,\ j \in J,\ b \in B \tag{3.36}$$

为了表述方便，其中

$$\rho_{ijb}=\frac{(t_b+l_i)\sigma_j^2}{\sqrt{\sum_{j\in J}\sum_{b\in B}\sigma_j^2(t_b+l_i)\bar{U}_{ijb}^2}}$$

注意到对于固定的 $(\bar{x},\ \bar{y},\ \bar{Z},\ \bar{R})$ 都有 $\sum_{b\in B}\bar{U}_{ijb}=\bar{y}_{ij}$ 成立(参考变量 U_{ijb} 的定义)，因此式(3.35)对于任一的 $\bar{\gamma}_{ij}$ 都成立。对于最优解 $(\bar{\xi},\ \eta,\ \gamma)$ 的计算，由于(3.34)，我们需要分情况讨论求解。

为了求解最优割(3.31)，在求得一个解的情况下就可以推广到所有情况中。因此在以下的篇幅中，我们将求解(3.33)—(3.36)的一个解 $(\bar{\xi},\ \bar{\eta},\ \bar{\gamma})$。首先，定义集合：

$$p(i,\ j)=\{b \in B \mid \bar{Z}_{ib}=1,\ \bar{y}_{ij}=0,\ \bar{U}_{ijb}=0\}$$

基于公式(3.34)，解 $(\bar{\xi},\ \eta,\ \gamma)$ 的结果可以通过分类讨论求得。根据变量

U_{ijb} 的定义,当 $b \in p(i, j)$ 时 $\bar{U}_{ijb} < \bar{Z}_{ib}$ 成立。结合约束条件 $\sum_{b \in B} \bar{Z}_{ib} = \bar{x}_i$,对于任一的 $(i, j) \in I \times J$,集合 $p(i, j)$ 中的元素数量至多为1。基于以上的情况,我们对于(3.33)—(3.36)的解 $(\bar{\xi}, \bar{\eta}, \bar{\gamma})$ 进行分类讨论。

情况1:对于任一的 $(i, j) \in I \times J$,如果集合 $p(i, j)$ 为空,即对于所有的 $b \in B$ 都有 $\bar{U}_{ijb} = \bar{Z}_{ib}$。这种情况下,定义在式(3.37)中的参数 $(\bar{\xi}, \bar{\eta}, \bar{\gamma})$ 是式(3.33)—(3.36)中的一个解:

$$\begin{cases} \bar{\gamma}_{ij} = \min\limits_{\forall b \in B} \left\{ -\dfrac{h_i t_b \bar{\mu}_j}{2} - \bar{\lambda}_j \rho_{ijb} \bar{U}_{ijb} \right\} \\ \bar{\xi}_{ijb} = -\dfrac{h_i t_b \bar{\mu}_j}{2} - \bar{\lambda}_j \rho_{ijb} \bar{U}_{ijb} - \bar{\gamma}_{ij} \\ \bar{\eta}_{ijb} = 0 \end{cases} \tag{3.37}$$

情况2:对于任一的 $(i, j) \in I \times J$,如果集合 $p(i, j)$ 中存在一个仅且一个确定的元素并且 $b^* = p(i, j)$,那么对于所有的集合 $b \in B$ 都有 $\bar{y}_{ij} = 0$, $\bar{U}_{ijb} = 0$ 成立。在这种情况下,定义在(3.38)中的参数 $(\bar{\xi}, \bar{\eta}, \bar{\gamma})$ 是式(3.33)—(3.36)中的一个解。

$$\begin{cases} \bar{\gamma}_{ij} = -\dfrac{h_i t_b \bar{\mu}_j}{2} \\ \bar{\xi}_{ijb} = \max\left\{0, -\dfrac{h_i t_b \bar{\mu}_j}{2} - \bar{\gamma}_{ij}\right\} \geqslant 0 \\ \bar{\eta}_{ijb} = \max\left\{0, \dfrac{h_i t_b \bar{\mu}_j}{2} + \bar{\gamma}_{ij}\right\} \geqslant 0 \end{cases} \tag{3.38}$$

因此,对于任一固定的 $(\bar{x}, \bar{y}, \bar{Z}, \bar{R})$,通过求解子问题变量 (U, P),以及对式(3.33)—(3.36)中定义的子问题对偶乘子 $(\bar{\xi}, \bar{\eta}, \bar{\gamma})$ 进行分类讨论,最优割(3.31)可以快速地进行求解。

综上,本篇的GBD算法步骤总结如下:

步骤1:初始化,令 $(x_0, y_0, Z_0, R_0) \in \Omega$ 已知;令迭代次数 $r = 0$,下界 $lbd = -\infty$,上界 $ubd = +\infty$。设定最优间隔参数 $\varepsilon > 0$。

步骤2:对于子问题(SP),通过式(3.32)求得最优解 U_r,通过式(3.37)—(3.38)求得最优乘子的解 $(\bar{\xi}, \bar{\eta}, \bar{\gamma})$。根据子问题的解,确定拉格朗日函数 $L(y, U; \bar{\xi}, \bar{\eta}, \bar{\gamma})$。如果 $F(x_r, y_r, Z_r, R_r) + \psi(U_r) < ubd$,则更新上界令 $ubd = F(x_r, y_r, Z_r, R_r) + \psi(U_r)$,并转至步骤3;如果 $(ubd - lbd)/ubd <$

ε，算法停止并且此时输出的 (x_r, y_r, Z_r, R_r)，为原问题的一个 ε 间隔内的最优解。

步骤 3：令 $r = r+1$，并且更新 $(\xi^r, \eta^r, \gamma^r) = (\bar{\xi}, \bar{\eta}, \bar{\gamma})$。

步骤 4：求解以下松弛主问题：

$$
\begin{aligned}
(\text{SLP}) \quad & \min F(x, y, Z, R) + \phi \\
\text{s.t.} \quad & \phi \geqslant L(y, Z; \xi^j, \eta^j, \gamma^j), \ j = 1, \cdots, r \\
& (x, y, Z, R) \in \Omega
\end{aligned}
$$

获得最优解 $(\bar{x}, \bar{y}, \bar{Z}, \bar{R}, \bar{\phi})$。如果 $F(\bar{x}, \bar{y}, \bar{Z}, \bar{R}) + \bar{\phi} > lbd$，更新下界令 $lbd = F(\bar{x}, \bar{y}, \bar{Z}, \bar{R}) + \bar{\phi}$，令 $(x_r, y_r, Z_r, R_r) = (\bar{x}, \bar{y}, \bar{Z}, \bar{R})$，转至步骤 2。

3.5　OA 算法

为验证本篇 GBD 算法的性能，本篇在第五章的数值实验部分对比了 GBD 算法、OA 算法以及 CPLEX 求解器的性能。因此，本节介绍本章模型的 OA 算法求解框架。本章的数学模型最终被转化为二阶锥优化模型，OA 算法（Outer Approximation）也是求用来求解这类问题的常用方法。以下部分总结了本篇模型应用的 OA 算法的详细步骤。

采用 OA 算法求解以下的混合整数凸优化问题：

$$
\begin{aligned}
(\text{SCP}) \quad & \min \phi(x, y, Z, R, U, P) \\
& = F(x, y, Z, R) + \sum_{i=1}^{I} h_i \left[\sum_{j \in J} \sum_{b \in B} \frac{\mu_j t_b}{2} U_{ijb} + Z_\alpha P_i \right] \\
\text{s.t.} \quad & \sqrt{\sum_{j \in J} \sum_{b \in B} \sigma_j^2 (t_b + l_i) U_{ijb}^2} - P_i \leqslant 0, \ \forall i \in I, \qquad (3.39) \\
& \sum_{b \in B} U_{ijb} = y_{ij}, \ U_{ijb} \leqslant Z_{ib}, \ U_{ijb} \geqslant 0, \ \forall i \in I, j \in J, b \in B, \\
& (x, y, Z, R) \in \Omega
\end{aligned}
$$

利用 $(\bar{x}, \bar{y}, \bar{Z}, \bar{R}, \bar{U}, \bar{P})$ 表示问题 SCP 的一个最优解，连续变量的最优解 $(\bar{U}, \bar{P})$ 可以表示如下：

$$
\bar{U}_{ijb} = \bar{Z}_{ib} \, \bar{y}_{ij}, \ \forall i \in I, j \in J, b \in B, \qquad (3.40)
$$

$$\bar{P}_i = \bar{Z}_{ib}\sqrt{\sum_{j\in J}\sum_{b\in B}\sigma_j^2(t_b+l_i)\bar{U}_{ijb}^2}, \ \forall i \in I \tag{3.41}$$

定义如下函数表示 SCP 中的非线性约束：

$$g_i(U) = \sqrt{\sum_{j\in J}\sum_{b\in B}\sigma_j^2(t_b+l_i)U_{ijb}^2}, \ \forall i \in I.$$

接下来基于 OA 算法的思想对非线性约束进行线性逼近。注意 $g_i(U)$ 是关于变量 U 的凸函数,因此对于任一固定的 $\bar{U}$，有以下不等式成立：

$$\begin{aligned} g_i(U) &\geqslant g_i(\bar{U}) + \nabla g_i(\bar{U})^T(U-\bar{U}) \\ &= \sqrt{\sum_{j\in J}\sum_{b\in B}\sigma_j^2(t_b+l_i)\bar{U}_{ijb}^2} - \frac{\sum_{j\in J}\sum_{b\in B}\sigma_j^2(t_b+l_i)\bar{U}_{ijb}^2(U_{ijb}-\bar{U}_{ijb})}{\sqrt{\sum_{j\in J}\sum_{b\in B}\sigma_j^2(t_b+l_i)\bar{U}_{ijb}^2}} \\ &= h_i(U;\bar{U}) \end{aligned}$$

结合约束条件(3.39),对于任一固定的 $\bar{U}$，有以下不等式成立：

$$0 \geqslant \sqrt{\sum_{j\in J}\sum_{b\in B}\sigma_j^2(t_b+l_i)U_{ijb}^2} - P_i = g_i(U) - P_i \geqslant h_i(U;\bar{U}) - P_i$$

其中不等式 $0 \geqslant h_i(U;\bar{U}) - P_i$ 就是问题 SCP 的 OA 割,OA 算法不断地向主问题添加线性的 OA 割逼近原始问题的求解空间,最终迭代至最优解收敛。

本章 OA 算法的求解步骤总结如下：

步骤 1: 初始化,给定已知的初始整数可行解 $(x_0, y_0, Z_0, R_0) \in \Omega$；令迭代次数 $k=0$，上界 $UB=+\infty$。设定最优间隔参数 $\varepsilon > 0$。

步骤 2: 通过式(3.40)—(3.41),求得最优解 $(\bar{U}, \bar{P})$。根据子问题的解。如果 $\phi(\bar{x}, \bar{y}, \bar{Z}, \bar{R}, \bar{U}, \bar{P}) < UB$,则更新上界令 $UB=\phi(\bar{x}, \bar{y}, \bar{Z}, \bar{R}, \bar{U}, \bar{P})$

步骤 3: 令 $k=k+1$，如果迭代次数超过最大迭代次数,则算法停止,并输出当前最优解

步骤 4: 根据子问题的 $(\bar{U}, \bar{P})$，向主问题添加 OA 割,并求解以下松弛主问题：

$$\begin{aligned} &\min \phi(x, y, Z, R, U, P) \\ &\text{s.t.} \quad 0 \geqslant h_i(U; U^p) - P_i, \ \forall i \in I, \ p=1, \cdots, K \\ &\qquad (x, y, Z, R) \in \Omega \end{aligned}$$

获得最优解 $(\bar{x}, \bar{y}, \bar{Z}, \bar{R})$。如果主问题没有可行解,算法停止返回当前决

策变量值;若有可行解,转至步骤 2。

3.6　本章小结

本章就供应链网络的选址—库存—路径联合优化问题进行了模型建立以及算法求解。在本章的数学模型中,库存策略采用了周期盘点策略,在路径问题方面对真实路径配送问题进行决策而不是采用近似成本替代。由于选址—库存—路径联合优化问题的大模型以及 NP 难性质,本章在一般的联合优化模型基础上进行了优化。本章根据研究问题的实际情况,引入了配送中心的服务半径约束以及车辆容量约束,降低了决策变量数目以及子回路消除约束的数量。对于优化之后的数学模型,本章数值实验中的案例决策变量和约束条件数量都有了明显的降低。

算法设计方面,分别设计了基于广义 Benders 分解和 OA 算法的求解方法。首先,针对原有模型的非线性非凸性质,通过引入辅助变量将原问题转变为等价的二阶锥约束问题。然后,根据二阶锥约束问题的结构框架,分别设计了基于 GBD 和 OA 算法两种求解方法。在本章设计的 GBD 算法中,子问题可以根据主问题的解迅速求解并且返回 Benders 割。

第 4 章　多供应商多商品选址—库存—路径联合优化模型

在第 3 章中,我们建立了单一供应商单一商品的供应链选址—库存—路径联合优化模型。但是,在实际应用中还存在着更加复杂的应用场景。随着经济的发展,顾客对产品的需求更加频繁,更加多样化,这样的特点在互联网时代更加地鲜明。因此,多供应商多商品的供应链网络规划设计更加符合现代社会的发展现状。目前针对多商品多来源的选址—库存—路径联合优化问题相对较少,问题主要集中于单一商品单一供应商的选址—库存—路径联合优化。Ahmadi-Javid 和 Seddighi[114]、Ghorbani 和 Akbari 等[115]的文献都对多供应商多商品的选址—库存—路径问题进行了研究。本章在第 3 章模型的基础上进行了拓展,建立了多供应商多商品的选址—库存—路径联合优化模型。

4.1　问题描述

本章研究的供应链网络中包括多个供应商、多个备选配送中心以及多个零售商,如图 4-3 所示。每个供应商向服务配送中心供应一种或者多种商品,一个供应商可以供应多个配送中心,但是一个配送中心只能为一个供应商提供服务;配送中心再将商品对零售商进行配送,配送中心采用周期盘点的库存策略;零售商的需求服从正态分布,并且假设零售商之间的需求相互独立,互不影响;由于零售商的需求存在波动,配送中心需要维持一定数量的安全库存以保证一定的服务水平。本章建立

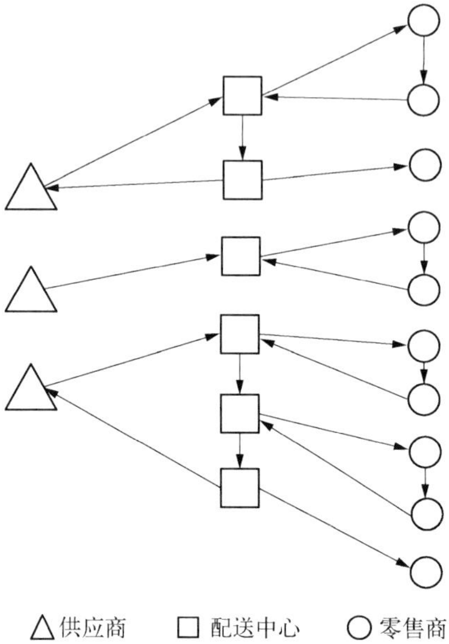

图 4-3　多供应商供应链网络结构

的模型需要解决以下三个层面的问题：选址层面，从若干的备选配送中心中进行选址，并且确定配送中心服务的零售商；库存层面，确定配送中心的库存策略；路径层面，确定供应商服务的配送中心以及供应商服务配送中心的路线，确定配送中心服务零售商的路线。对于模型的主要假设如下：

（1）考虑多个品类商品；

（2）一个配送中心只能被分配给一个供应商，一个供应商可以服务多个配送中心，配送中心的商品来源均来源于其服务的供应商；

（3）一个零售商只能被分配给一个配送中心，一个配送中心可以服务多个零售商；

（4）配送中心的订货提前期是一个确定的常量；

（5）零售商之间的需求相互独立并且是随机的，服从需求和标准差已知的正态分布；

（6）配送中心采用周期盘点的库存策略，配送中心每隔一个订货周期 T 向供应商进行订货，将库存水平补充至一个固定的数量 S；订货周期 T 从一系列备选订货周期中进行选择；

（7）供应商对配送中心进行路线配送，每个配送中心只能由一辆车服务，供应商的车辆配送从某一供应商出发，完成配送任务后回到该供应商；

（8）配送中心的车辆从某一配送中心出发将货物运输给零售商，配送任务完成后回到相同的配送中心；

（9）供应商和配送中心均没有容量限制；

（10）每个供应商每类产品均有充足的供应量。

4.2　符号定义

表 4－3 给出了本章模型中使用到的符号说明，包括集合、参数和变量的符号和含义。

表 4－3　符 号 说 明

符号类型	符　号	含　　义
集合	S	供应商集合（$s=1, \cdots, S$）
	I	备选配送中心集合（$i=1, \cdots, I$）

续 表

符号类型	符 号	含 义
集合	J	零售商集合 ($j=1, \cdots, J$)
	B	备选订货周期集合, $B=\{t_1, t_2, \cdots, t_B\}$
	p	商品集合 ($p=1, \cdots, P$)
	V	配送中心车辆集合 ($v=1, \cdots, V$)
	$M=I \cup J$	配送中心和零售商节点的集合
	U	供应商车辆集合 ($u=1, \cdots, U$)
	$N=S \cup I$	供应商和配送中心节点的集合
参数	f_i	配送中心 i 的固定选址成本
	h_{iP}	配送中心 i 单位时间内单位商品 p 的库存持有成本
	l_{isp}	配送中心 i 向供应商 s 订购商品 p 的订货提前期
	oc_{si}	配送中心 i 从供应商 s 订购单笔订单的固定操作成本
	c_{sip}	供应商 s 到配送中心 i 的运输商品 p 固定运输成本
	a_{sip}	供应商 s 到配送中心 i 的运输商品 p 的单位货物运输成本
	c_{klp}	配送中心到零售商的单位商品 p 的运输成本
	μ_{jp}	单位时间内零售商 j 对于商品 p 需求平均值
	σ_j	单位时间内零售商 j 对于商品 p 的需求标准差
	q^s	配送中心车辆的最大容量
	q	配送中心车辆的最大容量
	n_u	单位时间内供应商车辆 u 的零售商配送频率
	n_v	单位时间内配送中心车辆 v 的零售商配送频率
	N	一条路线中车辆配送零售商的最大数量
	α	期望满足的顾客服务水平，即零售商需求小于等于配送中心库存水平的概率
决策变量	x_i	0/1 变量,如果配送中心 i 被选中,则 $x_i=1$; 否则 $x_i=0$
	w_{si}	0/1 变量,如果配送中心 i 被分配给供应商 s,则 $w_{si}=1$; 否则 $w_{si}=0$
	y_{ij}	0/1 变量,如果零售商 j 被分配给配送中心 i,则 $y_{ij}=1$; 否则 $y_{ij}=0$
	Z_{ispb}	0/1 变量,如果配送中心 i 被供应商 s 服务,并且选择了商品 p 的 订货周期 t_b,则 $Z_{ispb}=1$;否则 $Z_{ipb}=0$

续 表

符号类型	符 号	含 义
决策变量	T_{isp}	配送中心 i 从供应商 s 订购商品 p 的订货周期，$T_{isp}=\sum_{b=1}^{B}t_bZ_{ispb}$
	S_{isp}	配送中心 i 从供应商 s 订购商品 p 的最高库存水平
	R_{klv}	0/1 变量. 如果配送中心车辆 v 从节点 $k\in M$ 到节点 $l\in M$，则 $R_{klv}=1$；否则 $R_{klv}=0$
	R^s_{mnu}	0/1 变量. 如果供应商车辆 u 从节点 $m\in N$ 到节点 $n\in N$，则 $R^s_{mnu}=1$；否则 $R^s_{mnu}=0$

4.3 模型建立

4.3.1 目标函数

本章建立了多供应商多商品的选址—库存—路径联合优化模型，目标是最小化供应链系统的选址、库存以及运输总成本。因此，成本函数中包含三大部分，选址成本即开设配送中心的固定成本，库存成本即单位时间内的商品的库存持有成本，运输成本即供应商至配送中心以及配送中心至零售商两部分的总运输成本。以下给出了三大成本的详细计算公式。

(1) 选址成本：当选择某个备选配送中心时，会产生以下的固定建设成本：

$$FC=\sum_{i=1}^{I}f_ix_i$$

(2) 库存成本：本章设计的库存成本包括单位时间内所有产品的订货成本以及库存持有成本两部分的成本之和。

订货成本是每次配送中心向供应商发起订货时都会产生的一个固定成本，在(T, S)周期库存策略中，单位时间内配送中心 i 从供应商 s 订购商品 p 的订货次数为订货周期的倒数即 $\frac{1}{T_{isp}}$，因此总的订货成本可以表示为 $\sum_{i=1}^{I}\sum_{s=1}^{S}\sum_{p=1}^{P}\frac{OC_{si}}{T_{isp}}$；

库存持有成本包括配送中心的库存费用以及安全库存费用。令 $\hat{\mu}_{ip}$ 和$\hat{\sigma}_{ip}$ 分别

表示配送中心 i 单位时间内商品 p 需求的平均值和标准差，因此，总库存费用可表示为 $\sum_{s=1}^{S}\sum_{i=1}^{I}\sum_{p=1}^{P}h_{ip}\frac{\hat{\mu}_{ip}T_{isp}}{2}$。采用 ss_{isp} 表示配送中心 i 被供应商 s 供应商品 p 的安全库存水平，则安全库存费用可表示为 $\sum_{s=1}^{S}\sum_{i=1}^{I}\sum_{p=1}^{P}h_{ip}ss_{isp}$。周期订货策略(T, S)中的安全库存水平需要同时考虑订货周期和订货提前期内的需求不确定性。此处 $ss_{isp}=Z_\alpha\hat{\sigma}_{ip}\sqrt{T_{isp}+l_{isp}}$($Z_\alpha$ 代表正态分布的 α 分位数)。此外，只要我们得到配送中心 i 周期(T, S)库存策略中的订货周期就可以计算得出最高库存水平 $S_{isp}=Z_\alpha\hat{\sigma}_{ip}\sqrt{T_{isp}+l_{isp}}+\hat{\mu}_i(T_{isp}+l_{isp})$。因此，总的库存持有成本可表示如下：

$$IC=\sum_{i=1}^{I}\sum_{s=1}^{S}\sum_{p=1}^{P}\frac{oc_{si}}{T_{isp}}+\sum_{s=1}^{S}\sum_{i=1}^{I}\sum_{p=1}^{P}h_{ip}\left[\frac{\hat{\mu}_{ip}T_{isp}}{2}+Z_\alpha\hat{\sigma}_{ip}\sqrt{T_{isp}+l_{isp}}\right] \quad (4.1)$$

根据 $\hat{\mu}_{ip}$ 和 $\hat{\sigma}_{ip}$ 的定义，配送中心 i 单位时间内商品 p 的需求量等于其负责的所有零售商的需求量之和，也服从正态分布，其平均值和标准差由以下公式给出：

$$\hat{\mu}_{ip}=\sum_{j=1}^{J}\mu_{jp}y_{ij}\text{，}\hat{\sigma}_{ip}=\sqrt{\sum_{j=1}^{J}\sigma_{jp}^2y_{ij}} \quad (4.2)$$

由于 $T_{isp}=\sum_{b=1}^{B}t_bZ_{ispb}$，依据等式(4.1)和(4.2)，可以将库存成本重新表示如下：

$$\begin{aligned}IC=&\sum_{i=1}^{I}\sum_{s=1}^{S}\sum_{p=1}^{P}\sum_{b=1}^{B}\frac{oc_{si}}{t_b}Z_{ispb}+\sum_{s=1}^{S}\sum_{i=1}^{I}\sum_{p=1}^{P}\sum_{b=1}^{B}\frac{h_{ip}\mu_{jp}t_b}{2}Z_{ispb}y_{ij}\\&+Z_\alpha\sum_{s=1}^{S}\sum_{i=1}^{I}\sum_{p=1}^{P}h_{ip}\sqrt{\sum_{j\in J}\sum_{b\in B}\sigma_{jp}^2t_bZ_{ispb}y_{ij}+\sum_{j\in J}\sigma_{jp}^2l_{isp}y_{ij}}\end{aligned}$$

(3) 运输成本包括了供应商到配送中心的运输成本以及配送中心至零售商的配送成本。

首先，供应商到配送中心的运输成本可表示如下：

$$\begin{aligned}RC_1&=\sum_{i=1}^{I}\sum_{s=1}^{S}\sum_{p=1}^{P}\frac{c_{sip}}{T_i}+\sum_{m=1}^{N}\sum_{n=1}^{N}\sum_{u=1}^{U}\sum_{p=1}^{P}n_ua_{mnp}R_{mnu}^{s}\\&=\sum_{i=1}^{I}\sum_{s=1}^{S}\sum_{p=1}^{P}\sum_{b=1}^{B}\frac{c_{sip}}{t_b}Z_{ispb}+\sum_{m=1}^{N}\sum_{n=1}^{N}\sum_{u=1}^{U}\sum_{p=1}^{P}n_ua_{mnp}R_{mnu}^{s}\end{aligned}$$

其中，$\sum_{i=1}^{I}\sum_{s=1}^{S}\sum_{p=1}^{P}\frac{c_{sip}}{T_i}$ 表示供应商至配送中心的固定运输费用，配送中心每发生一次订货，就会产生一次固定运输费用。$\sum_{m=1}^{N}\sum_{n=1}^{N}\sum_{u=1}^{U}n_u a_{mnp}R^s_{mnu}$ 表示供应商至配送中心的可变运输成本，与配送中心的运输频率以及运输路线有关。配送中心至零售商的配送成本可表示为 $RC_2=\sum_{k=1}^{M}\sum_{k=1}^{M}\sum_{v=1}^{V}\sum_{p=1}^{P}n_v c_{klp}R_{klv}$。因此，总的运输成本可表示为：

$$RC=RC_1+RC_2$$

综上，采用 $M(x,\ y,\ w,\ Z,\ R)$ 表示多供应商多商品联合优化模型的目标函数，最终的目标函数可表示为：

$$M(x,\ y,\ w,\ Z,\ R)=FC+IC+RC$$

4.3.2　数学模型

结合以上目标函数以及相关约束条件，多供应商多商品的选址—库存—路径联合优化问题的数学模型可表示如下：

(MP)　$\min M(x,\ y,\ w,\ Z,\ R)$

s.t.　(3.3)—(3.4)，(3.6)—(3.12)

$$\sum_{s-1}^{S}w_{si}=x_i,\ \forall j\in J, \tag{4.3}$$

$$\sum_{s=1}^{S}\sum_{b=1}^{B}Z_{ispb}=x_i,\ \forall i\in I,\ p\in P \tag{4.4}$$

$$\sum_{b=1}^{B}Z_{ispb}=w_{si},\ \forall s\in S,\ i\in I,\ p\in P \tag{4.5}$$

$$\sum_{u\in U}\sum_{n\in N}R^s_{jnu}=1,\ \forall j\in J, \tag{4.6}$$

$$\sum_{s\in S}\sum_{i\in I}R^s_{siu}\leqslant 1,\ \forall u\in U, \tag{4.7}$$

$$\sum_{n\in N}R^s_{mnu}-\sum_{n\in N}R^s_{nmu}=0,\ \forall m\in N,\ u\in U, \tag{4.8}$$

$$\sum_{n\in N}R^s_{snu}+\sum_{n\in N}R^s_{mnu}-ysn\leqslant 1,\ \forall n\in J,\ u\in U,\ s\in S, \tag{4.9}$$

$$\sum_{n\in I}\sum_{m\in N}R_{mnu}^{s}\mu n \leqslant q^{s}, \ \forall u \in U, \tag{4.10}$$

$$\sum_{m,\ n\in I'}R_{mnu}^{s} \leqslant |\ I'\ |-1,\ 2 \leqslant |\ I'\ | \leqslant I \tag{4.11}$$

$$w_{si},\ Z_{ispb},\ R_{mnu}^{s} \in \{0,\ 1\},\ \forall m,\ n \in N,\ i \in I,\ s \in S,$$
$$p \in P,\ b \in B \tag{4.12}$$

约束条件(4.3)约束了当配送中心被选中时,有且只有一个供应商可以服务该配送中心,如果该配送中心没有被选中,则没有供应商服务该配送中心;约束条件(4.4)保证了库存决策与选址决策要一致,只有当配送中心被选中时,该配送中心才需要考虑库存决策;约束条件(4.5)保证了库存决策与供应商服务决策要一致,只有当供应商服务配送中心时,库存决策才需要考虑向该供应商订货周期决策。约束条件(4.6)－(4.11)为供应商至配送中心的路径约束。约束条件(4.6)保证了配送中心被包括在有且仅且供应商的一条路线中;约束条件(4.7)确保了每条供应商路线中只能包含一个供应商;约束条件(4.8) 确保了供应商的每条配送路线是环形, 即如果一辆车从某个点进入,则该车辆必须要从该点离开;约束条件(4.9)确保了配送中心要被分配给某个供应商,如果配送中心和该供应商在同一条路线中;约束条件(4.10) 确保了车辆配送的货物不超过供应商车辆容量上限;约束条件(4.11)为子回路消除约束约束条件;约束条件(4.12)为 0/1 变量约束。

4.4 本章小结

本章对多供应商多商品的供应链网络规划设计问题进行了研究,建立了数学模型。对比第 3 章中单一供应商单一商品联合优化模型,本章的数学模型复杂度更高。一方面,路径规划需要考虑供应链网络中两个层级的决策问题,供应商至配送中心以及配送中心至零售商,这就提高了路径层级的决策复杂度;另一方面,由于多供应商以及多商品两个维度的出现,使得原本问题的决策变量和约束条件数量变得更加庞大,提高了模型整体的复杂度。因此,多供应商多商品的供应链联合优化模型的求解需要更加设计高效的求解算法,第 3 章中的精确算法框架在更大规模下的问题求解性能会有所下降,针对本章问题的求解算法可以在未来的工作中作进一步的研究。

第5章　数值实验

本章将采用企业实际数据进行数值实验验证第三章中数学模型和广义Benders分解算法的高效性。根据第3章中的分析，数学模型可以转化为带二阶锥约束的混合整数规划模型。这类型的模型可以被一些商业软件直接求解，例如IBM ILOG Cplex；在其他一些文献研究中，OA算法也是一种常用来求解这类型问题的方法。因此，为了展示本篇算法的高效性，我们将GBD算法与CPLEX以及OA算法的求解性能进行了对比。

为了分析不同成本参数对总成本的影响，我们将所有成本划分为四个部分，选址成本，订货成本，库存成本以及运输成本。选址成本包括所有配送中心的固定选址成本之和；订货成本包括所有配送中心的订货成本之和；库存成本包括库存管理成本以及安全库存成本；运输成本包括从供应商运输至配送中心的运输成本以及配送中心至门店的运输成本之和。在我们的数值实验中，有企业真实的运输成本和选址成本数据。订货成本和库存成本没有真实数据，因此我们进行了一定的估算。通过分析真实案例，可以从实际应用层面讨论供应链网络规划问题。本章数值实验准备研究以下几个方面的问题：

(1) 相比OA算法以及CPLEX的求解器，GBD算法的性能如何；

(2) 相比传统的顺序优化模型以及部分集成优化模型，联合优化模型效果如何；

(3) 供应链中的成本参数以及操作参数的变动对模型的求解有什么影响，对供应链网络结构的规划有什么影响。

本篇数值实验的运算环境为搭载英特尔奔腾CPU(3.6 GHz)，16 GB RAM以及Windows7操作系统(64位)的处理器。本篇采用IBM ILOG Cplex 12.9的混合整数二次约束优化求解器进行模型的锥变换问题求解；同时使用IBM ILOG Cplex 12.9实现OA算法和GBD算法。在C++中调用CPLEX优化器进行求解，C++程序通过Visual Studio 2017实现。CPLEX的时间参数限制为10 000 s并且线程数量设置为1。为方便阅读，数值实验中的所有数值结果的数量级10^5。

5.1 测试数据

本篇的测试数据为企业的真实数据，该企业的供应链结构为单个供应商，22个备选配送中心以及 189 个零售店。图 4-4 展示了所有点位对应的位置。其中，坐落在乌鲁木齐的配送中心以及乌鲁木齐的零售商在较远的西部地区，与其他点位相隔较远，因此乌鲁木齐点位的备选配送中心直接选中，并且零售商直接分配至当地的配送中心，不参与数值实验。因此，除去乌鲁木齐点位以外，本篇的数值实验有 21 个候选配送中心以及 188 个零售商。在本篇测试案例中，经典的模型会产生 300 多万的变量，给问题的求解带来困难。

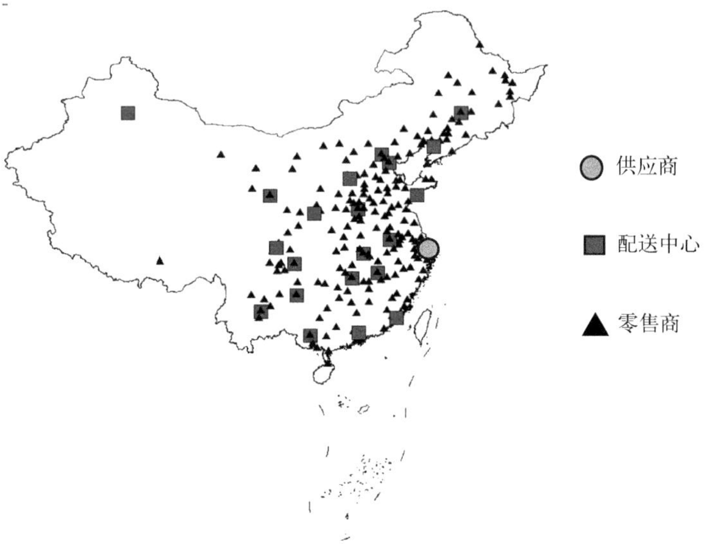

图 4-4 供应商、配送中心以及零售商的位置示意图

[根据自然资源部监制中国标准地图绘制，原地图审图号：GS(2023)2763 号]

因此，我们根据本篇的案例引入实际的约束条件对问题进行降维处理。由于车辆的容量约束限制，我们发现在本篇的案例中，一辆车在一次运输过程中至多可以经过四个零售商。因此，我们将模型的约束条件(3.18)中 N 的值设置为 4。对于本篇案例中的配送中心服务半径，我们限制为 1 500 千米 。在本篇的数值实验中，引入实际的车辆容量约束条件以及对服务半径进行约束之后，模型的变量数目由 300 多万减少至 60 万。

配送中心的固定建设成本 f_i 由企业给定。从供应商至零售商的单位运输

成本 a_i 取决于实际的运输方式,本篇按实际情况给定数值。配送中心至零售商的单位运输成本 c_{kl} 以单位千米单位商品的参数值给定。点位之间的距离通过点位的经纬度进行计算。针对我国的公路网络情况,采用 1.3 作为公路系数,修正两个点位之间的经纬度距离作为实际路线距离。零售商单位时间内的需求量 μ_j 由企业给定。订货提前期由实际应用情况估算得出。需求量标准差 σ_j 按照零售商单位时间内需求量的百分比给定。单位时间内商品库存持有费用按照商品实际价值的百分比进行估算,本篇设定商品的实际价值为 100 000 元。单位时间内的车辆容量约束设置为 5 000 个商品单位。本篇设定所指的单位时间为一年,所有费用均按一年计算。其他参数根据实际情况进行估算。

(1) $t \in \{7/365, 14/365, 21/365, 1/12\}$,单位:年;

(2) 供应商至零售商的固定运输成本 c_i 服从[1 000, 1 500]区间内的均匀分布,单位:元;

(3) 对于每个零售商,标准差 σ_j 服从[$\mu_j \times 10\%$, $\mu_j \times 20\%$]区间内的均匀分布;

(4) 客户服务水平 $\alpha = 95\%$。

5.2 算法性能对比

在本部分,我们对比了 GBD 算法,OA 算法以及 CPLEX 的混合整数规划求解器的性能。在我们的数值实验中,针对 21 个配送中心以及 188 个零售商的规模,我们发现 CPLEX 和 OA 算法在 10 000 秒内不能产生一个可行解。因此,为了可以进行算法之间的对比,我们测试了三种算法在华东数据以及 100 个零售商两种规模的数据上的性能。

5.2.1 华东数据

本节选取了华东地区五个省市即江苏、浙江、上海、安徽、山东的零售商数据进行各个算法之间的对比,总共的零售商数量为 47,备选配送中心数量 21。华东地区的计算结果见表 4-4。第一列,订货成本列代表 oc_i 的取值,即配送中心 i 每订购一个订单产生的固定成本;库存成本列的值库存成本占产品价值的比例;在"结果"列中,我们记录了每个算法最好的上界即算法终止时输出的目标函数值,以及与算法终止时求得的解与下界的相对间隔,相对间隔表示在最佳上界后面的括号中;GBD, OA 以及 CPLEX 列分别记录了对应算法计算的结果。相对间隔是用来衡量解的质量的常用参数，相对间隔越小代表输出的解越接近最优解，解的质量越高，它的计算公式如下：

$$相对间隔=\frac{|最优上界-最优下界|}{|最优上界|}\times 100$$

在测试案例的对比实验中，首先将库存持有成本的值设置为产品价值的10%，并且将订货成本的值在300—30 000的范围内变动；然后将订货成本固定为500，将库存持有成本的值在产品价值的15%～25%范围内变动。从计算结果中可以发现，关于华东地区规模的数据，GBD算法整体的解质量高于OA算法和CPLEX求解器，GBD算法大部分解的gap均在10%以内，OA和CPLEX的gap大多在10%～30%区间内。

表4-4 GBD，OA，CPLEX实验结果对比（华东地区）

输入		输出		
订货成本	库存成本	GBD	OA	CPLEX
500	10%	614.85(3.84%)	630.69(7.12%)	679.07(27.29%)
1 000	10%	615.56(5.88%)	632.15(18.33%)	644.38(23.49%)
5 000	10%	621.93(3.93%)	641.99(17.55%)	664.88(24.98%)
10 000	10%	629.17(6.86%)	646.57(16.34%)	694.00(27.69%)
20 000	10%	642.1(5.43%)	657.3(14.89%)	656.26(22.11%)
30 000	10%	652.93(3.43%)	651.5(16.17%)	669.00(22.22%)
500	15%	811.85(6.09%)	925.73(21.15%)	819.08(22.17%)
500	20%	1 008.85(7.89%)	1 065.19(22.4%)	1 123.85(31.21%)
500	25%	1 205.8(23.73%)	1 244.6(16.44%)	1 251.43(26.05%)

5.2.2 100个零售商数据

对100个零售商数据的选取，本篇将零售商的需求量从大到小降序排序，选择需求量前一百的零售商作为测试数据。测试数据的对比结果显示在表4-5中。从表4-5的结果可以看出，本篇GBD算法计算出的最优上界以及相对间隔是所有算法中最佳的。GBD算法计算得出的相对间隔在3%～6%之间，而OA算法和CPLEX算法的间隔大都在10%之上，有少数在10%以内。因此，对于 100 个零售商数据，本篇 GBD 算法的表现要优于 OA 算法以及 CPLEX 的优化器。

表 4－5　GBD，OA，CPLEX 实验结果对比(100 个零售商)

输入		输出		
订货成本	库存成本	GBD	OA	CPLEX
500	10%	2 403.06(3.3%)	2 856.25(20.51%)	4 185.7(35.94%)
1 000	10%	2 405.41(3.32%)	2 746.67(15.61%)	—
5 000	10%	2 424.18(3.43%)	2 992.69(23.48%)	3 363.63(19.51%)
10 000	10%	2 144.08(3.37%)	2 884.06(19.63%)	—
20 000	10%	2 494.57(4.14%)	2 492.86(3.62%)	2 505.12(3.25%)
30 000	10%	2 451.78(3.44%)	2 899.75(17.84%)	4 120.08(31.47%)
500	15%	2 542.23(4.21%)	2 525.15(8.88%)	4 030.58(28.08%)
500	20%	2 681.39(5.0%)	3 214.00(28.87%)	3 693.57(16.51%)
500	25%	2 820.56(5.71%)	2 821.98(12.74%)	3 055.33(7.47%)

5.3　模型性能对比

在 5.2 节中，我们已经展示了 GBD 算法的性能要优于 OA 算法和 CPLEX 优化器。因此在该部分，我们使用 GBD 算法求解真实案例数据，即 21 个配送中心和 188 个零售商。在本部分，我们进行了模型性能的对比，将本篇的完全集成优化模型与传统的顺序优化模型以及部分联合优化模型的效果进行了对比。

5.3.1　集成优化模型 VS 顺序优化模型

顺序优化模型是指传统的供应链决策模型，该模型先进行选址决策，再制定库存策略，最后进行路径规划，每级决策均在上一级的决策结果上进行。在对比的数值实验中，我们将库存成本比例从产品价值的 10%至 25%变化，观察本篇模型和顺序优化模型的结果变化。表 4－6 分别展示了两种模型的对比结果，DC 列为配送中心数量，TC 列表示模型计算的总成本，RC 列表示总的路径成本。

观察实验结果可以发现，本篇的完全集成优化模型的供应链总规划成本低于顺序优化模型，具备成本优势。成本低的部分主要在于路径规划部分，完全集成优化的路径规划成本低于顺序优化模型成本。由于顺序优化模型是分开决策的,因此在一开始,选址决策选取了选址成本较低的配送中心,而没有考虑之后的库存以及配送决策。从结果中可以发现,顺序优化模型选址的配送中心数量低于完全集成优化模型,但是选址决策会直接影响到日常的路径决策,顺序优化模型仅仅追求了选址决策的局部最优,路径决策只是一个次优的方案,因此顺序优化模型中总的运作成本高于完全集成优化模型的总运作成本。这也证明了完全集成优化模型的性能要高于顺序优化模型。

表 4-6 联合优化模型对比顺序优化模型

库存成本	联合优化			顺序优化		
	DC	TC	RC	DC	TC	RC
10%	11	2 609.93	2 031.51	10	2 654.402	2 096.65
15%	12	2 786.72	2 034.26	10	2 832.59	2 096.47
20%	12	2 963.51	2 034.26	10	3 011.1	2 096.62
25%	12	3 140.3	2 034.26	10	3 189.5	2 096.62

图 4-5 展示了顺序决策模型选择的十个配送中心。

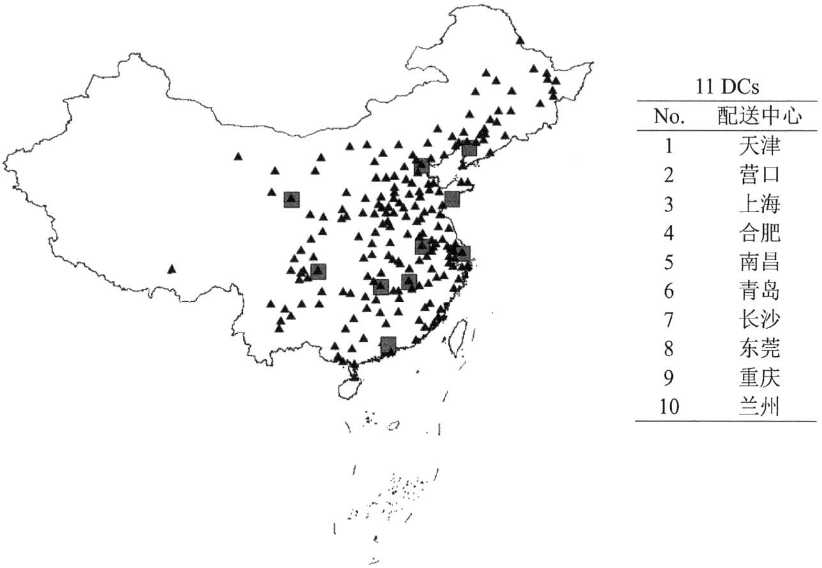

图 4-5 顺序决策配送中心示意图

[根据自然资源部监制中国标准地图绘制,原地图审图号:GS(2023)2763 号]

5.3.2 完全集成优化模型VS部分集成优化模型

本章对比了本篇的联合优化模型与一些文献中的部分联合优化模型的效果。本篇的联合优化模型是将选址、库存、路径问题放入一个模型中同时决策，属于完全集成优化。本部分数值实验中的部分集成优化方法是指集成选址与库存决策，而路径决策采用直送方式。该方法决定了选择的配送中心以及配送中心对应服务的零售商。路径决策直接基于配送中心的零售商分配决策，每个配送中心服务的零售商都采用直接一对一的配送策略。表4－7给出了两种优化策略的对比结果。在部分优化策略中，我们发现随着库存持有成本的增加，配送中心选择的数量是减少的，这与完全集成优化模型的变化情况不一致。

表4－7 完全集成模型与部分集成模型结果对比

库存成本	完全集成		部分集成	
	DC	TC	DC	TC
10%	11	2 539.76	18	2 753.54
15%	12	2 784.37	18	2 934.29
20%	12	3 014.39	17	3 114.75
25%	12	3 244.1	16	3 294.38

对比结果可以发现，带路径直送的部分集成优化决策与本篇的完全集成优化模型有较大差异。一方面，本篇的集成优化模型具有成本优势；另一方面，带直送的部分集成优化模型决策出来的配送中心与完全集成优化模型有较大的差异。由于直送模型将路径规划简化为直送的模式，大大增加了路径成本，因此直送模型在决策时会选择较多的配送中心以降低直线配送的路径成本。但是这种直送的近似方式并不符合实际，因此决策出来的配送中心会与实际的最优解有较大差异。这也表明对比直送模式的部分集成优化模型，本篇的完全集成优化模型具有更好的效果。

图4－6展示了部分优化策略的选址结果（库存成本的比例设置为10%，单次订货成本为500）。

18 DCs

No.	配送中心
1	北京
2	天津
3	太原
4	营口
5	长春
6	上海
7	合肥
8	厦门
9	南昌
10	郑州
11	长沙
12	东莞
13	南宁
14	重庆
15	贵阳
16	昆明
17	咸阳
18	兰州

图 4-6 部分集成优化决策配送中心示意图

[根据自然资源部监制中国标准地图绘制,原地图审图号:GS(2023)2763 号]

5.4 供应链成本和运营参数对解的影响

本节测试了供应链中的各种参数对网络规划结果的影响,分别测试了订货成本、库存成本以及订货提前期等参数对解的影响。

5.4.1 订货成本参数对解的影响

为测试订货成本参数对最优解的影响,我们首先将库存持有成本的值统一设置为产品价值的 10%,然后将订货成本的值在 500—30 000 的范围内变动。订货成本参数对解的结果的影响展示在表 4-8 中。订货成本列与表 4-4 中的定义一致;DC 列,TC 列与表 4-6 的定义一致。在模型中我们把总成本都划分为三大类成本,还给出了每类成本占总成本的比例,即表格中库存、运输以及选址三列分别表示了三类成本所占的比例。表 4-8 中的相对间隔列给出了算法终止的相对间隔。

观察结果可以发现,随着订货成本的增加,库存成本的比例不断上升。订货成本的值在 300—10 000 的范围内变化时,配送中心选择的数量没有发生变化。只有当订货成本的值陡增至 30 000 时,选择的配送中心数量才发生了变化。这意味着,订货成本参数在较大范围内的变动对配送中心的选择影响较小。在实际应用中，订货成本参数对供应链网络规划的影响较小，并不是需要重点关注的部分。图 4-7 给出了 GBD 算法在 10 000 秒终止时计算出的配送路线，订货成本为 500，库存成本比例为 10%。

表 4-8 订货成本变化对结果的影响

输入	输出					
订货成本	DC	TC	相对间隔	成本占比		
				库存	运输	选址
500	11	2 609.93	7.99%	13.66%	77.94%	8.4%
1 000	11	2 611.51	7.95%	13.76%	77.85%	8.39%
5 000	11	2 634.91	8.09%	14.5%	77.18%	8.32%
10 000	11	2 662.87	8.22%	15.43%	76.34%	8.23%
20 000	11	2 719.67	8.71%	17.22%	74.72%	8.06%
30 000	12	2 772.9	9.18%	18.83%	73.73%	7.44%

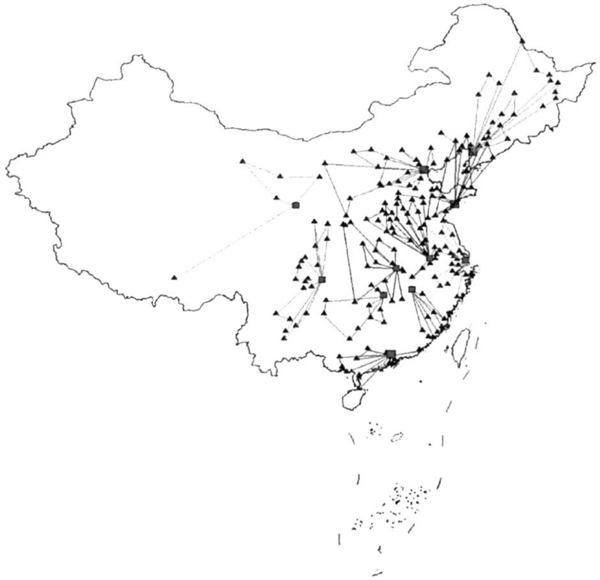

图 4-7 选择的配送中心以及运输路线示意图

[根据自然资源部监制中国标准地图绘制，原地图审图号：GS(2023)2763 号]

5.4.2 库存成本参数对解的影响

为了测试库存持有成本的变动对解的影响，首先将订货成本的值固定为

500,然后将库存持有成本的值在产品价值的10%～25%的比例范围内变动。表4-9展示了库存成本变化对目标函数的影响。观察结果可以发现,当库存成本的比例从10%增加至15%时,选择的配送中心数量从11增加至12,增加的配送中心是郑州,图4-8分别展示了变化前后被选中的配送中心。结果表明,库存成本的变化对供应链决策会有较大的影响。

表4-9 库存成本变化对结果的影响

输入	输出					
库存成本的比例	DC	TC	相对间隔	成本占比		
				库存	运输	选址
10%	11	2 609.93	7.99%	13.66%	77.94%	8.4%
15%	12	2 786.72	8.38%	19.13%	72.72%	8.15%
20%	12	2 963.51	8.77%	23.96%	68.91%	7.67%
25%	12	3 140.3	9.13%	28.24%	65.03%	7.23%

5.4.3 订货提前期对解的影响

为测试订货提前期对最优解的影响,首先将订货成本参数固定为500,然后将订货提前期减少1天或2天,分别观察在库存比例10%和20%的情况下的结果变化情况。表4-10展示了订货提前期参数对解的影响。LT列表示在原本设定的订货提前期参数基础上减少的天数。观察结果可以发现,订货提前期变化时,选择的配送中心数量均是11,对配送中心的选择没有影响,订货提前期的变动对供应链网络决策结果的影响也较小。

表4-10 订货提前期变化对结果的影响

输入		输出					
LT	库存成本的比例	DC	TC	相对间隔	成本占比		
					库存	运输	选址
1	10%	11	2 602.32	7.9%	13.41%	78.17%	8.42%
2	10%	11	2 593.72	7.8%	13.12%	78.43%	8.45%
1	20%	11	2 948.3	8.61%	23.57%	68.99%	7.44%
2	20%	11	2 931.1	8.43%	23.12%	69.4%	7.48%

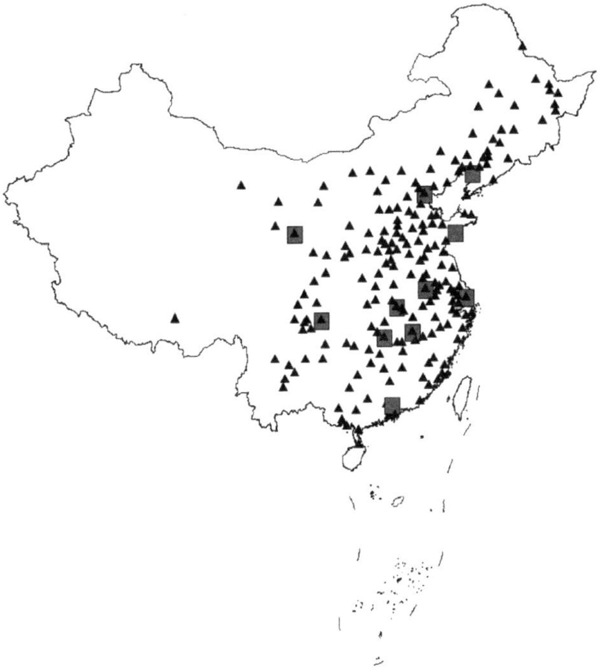

11 DCs

No.	配送中心
1	天津
2	营口
3	上海
4	合肥
5	南昌
6	青岛
7	武汉
8	长沙
9	东莞
10	重庆
11	兰州

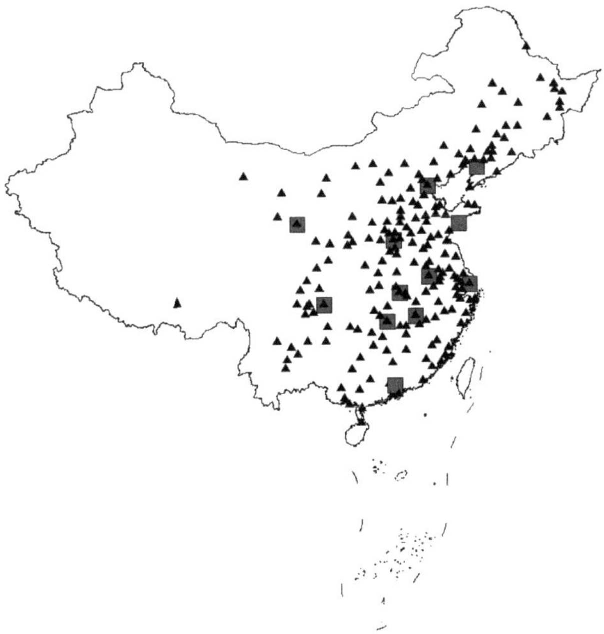

12 DCs

No.	配送中心
1	天津
2	营口
3	上海
4	合肥
5	南昌
6	郑州
7	青岛
8	武汉
9	长沙
10	东莞
11	重庆
12	兰州

图 4-8　库存成本变化前后选址的配送中心示意图

［根据自然资源部监制中国标准地图绘制，原地图审图号：GS(2023)2763 号］

5.5 本章小结

本章利用实际的企业案例数据验证了本篇模型和算法的有效性，并且研究了不同参数对供应链决策的影响。首先，为了验证本篇设计的 GBD 算法的性能，采用华东地区数据以及 100 个零售商两个中小规模数据进行实验，对比了 GBD 算法、CPLEX 求解器以及 OA 算法的性能表现。实验表明，本篇设计的 GBD 算法性能最佳，在同样时间内，得到的相对间隔以及最优解均是最小的。然后，为了验证本篇联合优化模型的有效性，通过数值实验将本篇的联合优化模型与传统的顺序优化模型以及部分集成优化模型的计算结果进行对比，实验结果表明本篇设计的模型相比其他两种模型可以得出更好的结果。最后，通过企业的实际数据测试了订货成本、库存成本以及订货提前期等参数对供应链规划设计的影响，其中库存成本对供应链规划的影响最大，订货成本和订货提前期施加的影响较小。

第6章 结论与展望

6.1 结论

在当今快速发展的社会，企业与企业之间供应链系统的竞争也越发激烈。基于这样的研究背景，本篇研究了某企业供应链网络规划的选址—库存—路径联合优化问题，对三个层次的决策问题同时优化使得供应链网络规划的整体效益最大化。在本篇的模型中，我们采用了周期盘点库存策略，并且在路径问题上对真实路径配送进行决策而不是采用近似成本替代的办法。由于选址—库存—路径联合优化问题求解的高复杂度，本篇在常规的联合优化模型基础上进行了优化。本篇根据研究问题的实际情况，引入了配送中心的服务半径约束以及车辆容量约束，降低变量数目和子回路消除约束的数量。通过引入额外的约束，本篇数值实验中的案例有效约束条件减少至 60 万。在单一供应商单一产品的联合优化模型基础之上，本篇还进行了拓展，建立了多供应商多商品的选址—库存—路径联合优化模型。

本篇最终建立的单一供应商单一产品联合模型属于非线性非凸优化问题，较难求解。因此，本篇先对原有的数学问题进行了转换，将其转化为等价的二阶锥优化问题(SOCP)。对于这类问题，一般的商业求解器都可以直接求解，但是对于大规模的问题求解效率会很低。因此，本篇根据问题的结构框架，提出了基于广义 Benders 分解的精确求解算法。对于广义 Benders 分解算法而言，子问题的求解效率会大大影响整个算法的求解效率。对于本篇的研究问题，作者设计的广义 Benders 分解算法可以快速地计算出子问题的最优解并且产生 Benders 割。同样地，本篇设计的 GBD 算法可以推广到选址—路径优化问题、选址—库存优化问题等一系列联合优化问题的求解。

基于建立的数学模型以及求解算法，我们对国内某家企业进行供应链网络结构的设计。在数值实验中，我们验证了数学模型以及算法的有效性，并且测试了不同参数对结果的影响。为了验证本篇广义 Benders 算法的性能，作者将

GBD 算法与 CPLEX 求解器和 OA 算法的求解效率进行了对比，实验结果表明本篇推荐的 GBD 算法求解效率更高。模型性能方面，作者将本篇的联合优化数学模型与顺序决策模型以及部分集成优化模型作了对比，结果表明本篇提出的联合优化数学模型计算的方案更佳。关于模型中不同的参数对解的影响，除了库存成本对解的影响较大以外，订货成本以及订货提前期对供应链决策的影响较小。

6.2 进一步的研究方向

本篇研究虽然已经取得了初步的成果，但是仍然存在许多有待进一步深入进行的研究工作。对于未来可拓展的研究方向，以下分模型应用与算法设计两个方面进行总结。

(1) 模型应用

模型应用层面，未来的研究工作中可以在本篇模型的基础上考虑更多的实际应用场景，例如考虑时间因素的多目标联合优化问题，研究具有时变需求的动态优化问题等。但随着越来越多的因素被考虑，对算法的要求也会越来越高。本篇的联合优化模型也可以推广到其他的一些网络设计领域，例如通信网络，水力运输网络设计等问题。这些问题的数学模型本质上与供应链网络结构设计一致。

(2) 算法设计

由于本篇研究问题的 NP 难性质，对算法的求解性能要求较高。如果推广到更大规模的类似问题，本篇设计的广义 Benders 分解算法的求解质量将会有所下降。因此，针对本篇的问题，在算法设计方面可以做一些进一步的研究。一方面，针对本篇的数学模型可以作一些更深入的变化，例如，加入一些有效不等式，或者变换模型提供质量更高的下界，从而加速算法的收敛速度，提高问题计算效率。另一方面，可以在本篇设计的 GBD 算法中融入一些启发式算法，例如禁忌搜索，模拟退火算法等，设计融合启发式算法与精确算法优点的混合算法，使得问题的求解更加高效。

参 考 文 献

[1] MELO M, NICKEL S, SALDANHA-DA-GAMAD F. Facility location and supply chain management-a review[J]. European Journal of Operational Research, 2009, 196(2): 401-412.

[2] FARAHANI R, REZAPOUR S, DREZNER T, et al. Competitive supply chain network design: An overview of classifications, models, solution techniques and applications[J]. Omega, 2014(45): 92-118.

[3] GOVINDAN K, FATTAHI M, KEYVANSHOKOOH E. Supply chain network design under uncertainty: A comprehensive review and future research directions[J]. European Journal of Operational Research, 2017, 263(1): 108-141.

[4] SALHI S, RAND G K. The effect of ignoring routes when locating depots[J]. European Journal of Operational Research, 1989, 39(2): 150-156.

[5] DARVISH M, COELHO L C. Sequential versus integrated optimization: Production, location, inventory control, and distribution[J]. European Journal of Operational Research, 2018, 268(1): 203-214.

[6] BAUMOL W J, WOLFE P M. A warehouse-location problem[J]. Operational Research [J]. 1958, 6(2): 252-263.

[7] ERLEBACHER S, MELLER R. The interaction of location and inventory in designing distribution systems[J]. IIE Transactions, 2000, 32(2): 155-166.

[8] DASKIN M S, COULLARD C R, MAX SHEN Z J. An inventory-location model: Formulation, solution algorithm and computational results[J]. Annals of Operations Research, 2002, 110(1): 83-106.

[9] MIRANDA P A, GARRIDO R A. Valid inequalities for Lagrangian relaxation in an inventory location problem with stochastic capacity[J]. Logistics & Transportation Review, 2008, 44(1): 1-65.

[10] OZSEN L, DASKIN M S, COULLARD C R. Facility location modeling and inventory management with multisourcing[J]. Transportation science, 2009, 43(4): 455-472.

[11] ATAMTÜRK A, BERENGUER G, SHEN Z J. A conic integer programming approach to stochastic joint location-inventory problems[J]. Operations Research, 2012, 60(2): 366-381.

[12] 唐凯,杨超,杨珺.带市场选择的联合库存选址模型[J].工业工程与管理,2007,12(5):

5 - 10.

[13] VIDYARTHI N, ÇELEBI E, ELHEDHLI S, et al. Integrated production-inventory-distribution system design with risk pooling: Model formulation and heuristic solution [J]. Transportation Science, 2007, 41 (3): 392 - 408.

[14] SADJADI S J, MAKUI A, DEHGHANI E, et al. Applying queuing approach for a stochastic location-inventory problem with two different mean inventory considerations [J]. Applied Mathematical Modelling, 2016, 40(1): 578 - 596.

[15] VAHDANI B, SOLTANI M, YAZDANI M, et al. A three level joint location-inventory problem with correlated demand, shortages and periodic review system: Robust meta-heuristics[J]. Computers & Industrial Engineering, 2017(109): 113 - 129.

[16] LIAO S H, HSIEH C L, LAI P J. An evolutionary approach for multi-objective optimization of the integrated location - inventory distribution network problem in vendor-managed inventory[J]. Expert System with Application, 2011, 38(6): 6768 - 6776.

[17] 周愉峰,李志.有容量约束的随机多目标 LIP 模型及其求解算法[J].计算机工程,2014,40(11): 183 - 188.

[18] 韩珣,张锦,陈义友.基于顾客需求异质性的多级自提点选址研究[J].工业工程与管理,2017,22(4): 23 - 29,39.

[19] DIABAT A, ABDALLAH T, HENSCHEL A. A closed-loop location-inventory problem with spare parts consideration[J]. Computers & Operations Research, 2015 (54): 245 - 256.

[20] ZHANG Z H, UNNIKRISHNAN A. A coordinated location-inventory problem in closed-loop supply chain[J]. Transportation Research Part B: Methodological, 2016 (89): 127 - 148.

[21] 张震,李延晖,张琦.考虑退货的多商品多来源闭环选址库存问题模型与算法[J].工业工程与管理,2018,23(6): 133 - 142.

[22] BOVENTER E. The relationship between transportation costs and location rent in transportation problems[J]. Journal of Regional Science, 2006, 3(2): 27 - 40.

[23] LAWRENCE R M, PENGILLY P J. The number and location of depots required for handling products for distribution to retail stores in South-East England[J]. Journal of the Operational Research Society, 1969, 20(1): 23 - 32.

[24] HIGGNS J C. On the merits of simple models in distribution planning[J]. International Journal of Physical Distribution, 1972, 2(3): 144 - 148.

[25] WATSON-GANDY C, DOHRN P. Depot location with van salesmen - A practical approach[J]. Omega, 1973, 1(3): 321 - 329.

[26] MIN H, JAYARAMAN V, SRIVASTAVA R. Combined location-routing problems: A synthesis and future research directions[J]. European Journal of Operational Research, 1998, 108(1): 1 - 15.

[27] GÁBOR NAGY, SALHI S. Location-routing: Issues, models and methods[J]. European

Journal of Operational Research, 2007, 177(2): 649 - 672.

[28] PRODHON C, PRINS C. A survey of recent research on location-routing problems[J]. European Journal of Operational Research, 2014, 238(1): 1 - 17.

[29] DREXL M, SCHNEIDER M. A survey of variants and extensions of the location-routing problem[J]. European Journal of Operational Research, 2015, 241(2): 283 - 308.

[30] GOVINDAN K, JAFARIAN A, KHODAVERDI R, et al. Two-echelon multiple-vehicle location - routing problem with time windows for optimization of sustainable supply chain network of perishable food[J]. International Journal of Production Economics, 2014(152): 9 - 28.

[31] PONBOON S, QURESHI A G, TANIGUCHI E. Branch-and-price algorithm for the location-routing problem with time windows[J]. Transportation Research Part E: Logistics and Transportation Review, 2016(86): 1 - 19.

[32] FAZAYELI S, EYDI A, KAMALABADI I N. Location-routing problem in multimodal transportation network with time windows and fuzzy demands: Presenting a two-part genetic algorithm[J]. Computers & Industrial Engineering, 2018(119): 233 - 246.

[33] 罗耀波,孙延明,廖鹏.带退货和软时间窗的多仓库选址—路径问题研究[J].运筹与管理,2014,23(5): 78 - 85.

[34] 刘虹,林楚玥.带模糊时间窗的多目标越库选址路径优化问题[J].电子科技大学学报(社科版),2019,21(5): 72 - 78+112.

[35] 罗耀波,孙延明.基于模糊时间窗的带容积约束选址路径问题[J].系统工程,2014,32(1): 19 - 25.

[36] BELENGUER J M, BENAVENT E, PRINS C, et al. A branch-and-cut method for the capacitated location-routing problem[J]. Computers & Operations Research, 2011, 38(6): 931 - 941.

[37] OZBAYGIN G, EKIN KARASAN O, SAVELSBERGH M, et al. A branch-and-price algorithm for the vehicle routing problem with roaming delivery locations[J]. Transportation Research Part B: Methodological, 2017(100): 115 - 137.

[38] PRINS C, PRODHON C, RUIZ A, et al. Solving the capacitated location-routing problem by a cooperative lagrangean relaxation-granular tabu search heuristic[J]. Transportation Science, 2007, 41(4): 470 - 483.

[39] TUZUN D, BURKE L I. A two-phase tabu search approach to the location routing problem[J]. European Journal of Operational Research, 1999, 116(1): 87 - 99.

[40] FERREIRA K, QUEIROZ T. Two effective simulated annealing algorithms for the location routing problem[J]. Applied Soft Computing, 2018(70): 5 - 24.

[41] DAI Z, AQLAN F, GAO K, et al. A two-phase method for multi-echelon location-routing problems in supply chains[J]. Expert Systems With Applications, 2019(115): 618 - 634.

[42] BELL W J, DALBERTO L M, FISHER M L, et al. Improving the distribution of industrial gases with an on-line computerized routing and scheduling optimizer[J].

Interfaces, 1983, 13(6): 4 - 23.

[43] MAXWELL W L, MUCKSTADT J A. Establishing consistent and realistic reorder intervals in production-distribution systems[J]. Operations Research, 1985, 33(6): 1316 - 1341.

[44] DROR M, BALL M. Inventory/routing: Reduction from an annual to a short-period problem[J]. Naval Research Logistics, 1987, 34(6): 891 - 905.

[45] BERTAZZI L, SPERANZA M G. Inventory routing problems: an introduction[J]. EURO Journal on Transportation and Logistics, 2012, 1(4): 307 - 326.

[46] COELHO L C, CORDEAU J F, LAPORTE G. Thirty years of inventory routing[J]. Transportation Science, 2015, 48(1): 1 - 19.

[47] BERTAZZI L, COELHO L C, MAIO A D, et al. A matheuristic algorithm for the multi-depot inventory routing problem[J]. Transportation Research Part E, 2019(122): 524 - 544.

[48] KLEYWEGT A J, NORI V S, SAVELSBERGH M W P. The stochastic inventory routing problem with direct deliveries[J]. Transportation Science, 2002, 36 (1): 94 - 118.

[49] KLEYWEGT A J, NORI V S, SAVELSBERGH M W P . Dynamic programming approximations for a stochastic inventory routing problem[J]. Transportation Science, 2004, 38(1): 42 - 70.

[50] 周建频,张姝柳.基于深度强化学习的动态库存路径优化[J].系统仿真学报,2019,31(10): 2155 - 2163.

[51] ARCHETTI C, BERTAZZI L, LAPORTE G, et al. A branch-and-cut algorithm for a vendor-managed inventory-routing problem[J]. Transportation Science, 2007, 41(3): 382 - 391.

[52] ARCHETTIA C, LEANDRO C. COELHOB M, et al. An exact algorithm for the inventory routing problem with logistic ratio[J]. Transportation Research Part E, 2019 (131): 96 - 107.

[53] SOLYALI O, SÜRAL H. The one-warehouse multi-retailer problem: Reformulation, classification, and computational results[J]. Annals of Operations Research, 2012, 196 (1): 517 - 541.

[54] SOLYALI O, SÜRAL H. A branch-and-cut algorithm using a strong formulation and a priori tour-based heuristic for an inventory-routing problem[J]. Transportation Science, 2011, 45(3): 335 - 345.

[55] BERTAZZI L, PALETTA G, SPERANZA M G. Deterministic order-up-to level policies in an inventory routing problem[J]. Transportation Science, 2002, 36(1): 119 - 132.

[56] COELHO L C, CORDEAU J F, LAPORTE G. The inventory-routing problem with trans-shipment[J]. Computers Operations Research, 2012(39): 2537 - 2548.

[57] BERTAZZI L, COELHO L C, ANNARITA D M, et al. A matheuristic algorithm for the multi-depot inventory routing problem [J]. Transportation Research Part E:

Logistics and Transportation Review, 2019(122): 524 - 544.

[58] BERNSTEIN F, CHEN F, FEDERGRUEN A. Coordinating supply chains with simple pricing schemes: The role of vendor-managed inventories[J]. Management Science, 2006, 52(10): 1483 - 1492.

[59] COELHO L C, LAPORTE G. Improved solutions for inventory-routing problems through valid inequalities and input ordering[J]. International Journal of Production Economics, 2014(155): 391 - 397.

[60] CORDEAU J F, LAGANÀ DEMETRIO, MUSMANNO R, et al. A decomposition-based heuristic for the multiple-product inventory-routing problem[J]. Computers & Operations Research, 2015(55): 153 - 166.

[61] MIRZAEI S, SEIFI A. Considering lost sale in inventory routing problems for perishable goods[J]. Computers & Industrial Engineering, 2015(87): 213 - 227.

[62] CHENG C, QI M, WANG X, et al. Multi-period inventory routing problem under carbon emission regulations[J]. International Journal of Production Economics, 2016 (182): 263 - 275.

[63] ARCHETTI C, DESAULNIERS G, SPERANZA M G. Minimizing the logistic ratio in the inventory routing problem[J]. EURO Journal on Transportation and Logistics, 2017, 6(4): 289 - 306.

[64] ROHMER S U K, CLAASSEN G D H, LAPORTE G. A two-echelon inventory routing problem for perishable products[J]. Computers and Operations Research, 2019(107): 156 - 172.

[65] LIU S C, LEE S B. A two-phase heuristic method for the multi-depot location routing problem taking inventory control decisions into consideration[J]. International Journal of Advanced Manufacturing Technology, 2003, 22(11/12): 941 - 950.

[66] LIU S C, LIN C C. A heuristic method for the combined location routing and inventory problem[J]. International Journal of Advanced Manufacturing Technology, 2005, 26 (4): 372 - 381.

[67] 崔广彬,李一军.基于双层规划的物流系统集成定位—运输路线安排—库存问题研究[J].系统工程理论与实践,2007(6): 49 - 55.

[68] AMBROSINO D, SCUTELLÀ M G. Distribution network design: New problems and related models[J]. European Journal of Operational Research, 2005, 165(3): 610 - 624.

[69] SHEN Z J, QI L. Incorporating inventory and routing costs in strategic location models [J]. European Journal of Operational Research 2007, 179(2): 372 - 389.

[70] JAVID A A, AZAD N. Incorporating location, routing and inventory decisions in supply chain network design[J]. Transportation Research Part E, 2010, 46(5): 582 - 597.

[71] ZHANG Y, QI M, MIAO L, et al. Hybrid metaheuristic solutions to inventory location routing problem[J]. Transportation Research Part E, 2014(70): 305 - 323.

[72] ZHALECHIAN M, TAVAKKOLI-MOGHADDAM R, ZAHIRI B, et al. Sustainable design of a closed-loop location-routing-inventory supply chain network under mixed

uncertainty[J]. Transportation Research Part E，2016(89)：182 - 214.
[73] HABIBI F，ASADI E.，SADJADI S. A location-inventory-routing optimization model for cost effective design of microalgae biofuel distribution system：A case study in iran [J]. Energy Strategy Reviews，2018(22)：82 - 93.
[74] 张德志，潘立红，李双艳.考虑供应商选择的选址—库存—路径的联合优化[J].计算机应用研究，2019，36(8)：2338 - 2341.
[75] KARAKOSTAS P，SIFALERAS A，GEORGIADIS M C. A general variable neighborhood search-based solution approach for the location-inventory-routing problem with distribution outsourcing[J]. Computers & Chemical Engineering，2019(126)：263 - 279.
[76] ERLEBACHER S J，MELLER R D. The interaction of location and inventory in designing distribution systems[J]. IIE Transactions，2000，32(2)：155 - 166.
[77] SHEN Z J M，COULLARD C，DASKIN M S. A joint location-inventory model. Transportation Science，2003，37(1)：40 - 55.
[78] CACHON G. Managing supply chain demand variability with scheduled ordering policies [J]. Management Science，1999，45(6)：843 - 856.
[79] CHEN F，FEDERGRUEN A，ZHENG Y S. Coordination mechanisms for a distribution system with one supplier and multiple retailers[J]. Management Science，2001，47(5)：693 - 708.
[80] SILVER E A，PYKE D F，THOMAS D J. Inventory and production management in supply chains[M]. Boca Raton：CRC Press，2016.
[81] BERMAN O，KRASS D，TAJBAKHSH M M. A coordinated location-inventory model [J]. European Journal of Operational Research，2012，217(3)：500 - 508.
[82] GAUR V，FISHER M. A periodic inventory routing problem at a supermarket chain[J]. Operations Research，2004，52(6)：813 - 822.
[83] ABDELHALIM H，ALI D，IYAD R. A genetic algorithm approach for location-inventory-routing problem with perishable products[J]. Journal of Manufacturing Systems，2017(42)：93 - 103.
[84] RAFIE-MAJD Z，REZA PASANDIDEH S H，NADERI B. Modelling and solving the integrated inventory-location-routing problem in a multi-period and multi-perishable product supply chain with uncertainty：Lagrangian relaxation algorithm[J]. Computers and Chemical Engineering，2018(109)：9 - 22.
[85] 杜丽敬，李延晖.选址—库存—路径问题模型及其集成优化算法[J].运筹与管理，2014(4)：70 - 79.
[86] GUERRERO W J，PRODHON C，VELASCO N，et al. Hybrid heuristic for the inventory location-routing problem with deterministic demand[J]. International Journal of Production Economics，2013，146(1)：359 - 370.
[87] BENDERS J F. Partitioning procedures for solving mixed-variables programming problems[J]. Numerische Mathematik，1962，4(1)：238 - 252.

[88] MITRA S, GARCIA-HERREROS P, GROSSMANN I E. A cross-decomposition scheme with integrated primal-dual multi-cuts for two-stage stochastic programming investment planning problems[J]. Mathematical Programming, 2016, 157(1): 107 - 116.
[89] GINO J LIM, BARD J F. Benders decomposition and an ip-based heuristic for selecting imrt treatment beam angles[J]. European Journal of Operational Research, 2016, 251(3): 715 - 726.
[90] PEARCE R H, FORBES M. Disaggregated Benders decomposition and branch-and-cut for solving the budget-constrained dynamic uncapacitated facility location and network design problem[J]. European Journal of Operational Research, 2018, 270(1): 78 - 88.
[91] GEOFFRION A. Generalized Benders decomposition[J]. Journal of Optimization Theory and Applications, 1972, 10(4): 237 - 260.
[92] FRANK S M, REBENNACK S. Optimal design of mixed AC - DC distribution systems for commercial buildings: A nonconvex generalized Benders decomposition approach[J]. European Journal of Operational Research, 2015, 242(3): 710 - 729.
[93] ASADAMONGKOL S, EUA-ARPORN B. Transmission expansion planning with AC model based on generalized Benders decomposition[J]. International Journal of Electrical Power & Energy Systems, 2013(47): 402 - 407.
[94] LI X. Parallel nonconvex generalized Benders decomposition for natural gas production network planning under uncertainty[J]. Computers & Chemical Engineering, 2013(55): 97 - 108.
[95] LU J, GUPTE A, HUANG Y. A mean-risk mixed integer nonlinear program for transportation network protection[J]. European Journal of Operational Research, 2018, 265(1): 277 - 289.
[96] TAPIA-UBEDA F J, MIRANDA P A, MACCHI M. A generalized Benders decomposition based algorithm for an inventory location problem with stochastic inventory capacity constraints[J]. European Journal of Operational Research, 2017, 267(3): 806 - 817.
[97] FISCHETTI M, LJUBI'C I, SINNL M. Redesigning Benders decomposition for large-scale facility location[J]. Management Science, 2016, 63(7): 2049 - 2395.
[98] GEOFFRION A, GRAVES G. Multicommodity distribution system design by Benders decomposition[J]. Management Science, 1980, 26(5): 855 - 856.
[99] MAGNANTI T, WONG R. Accelerating Benders decomposition: Algorithmic enhancement and model selection criteria[J]. Operations Research, 1981, 29(3): 464 - 484.
[100] CODATO G, FISCHETTI M. Combinatorial Benders' cuts for mixed-integer linear programming[J]. Operations Research, 2006, 54(4): 756 - 766.
[101] FISCHETTI M, SALVAGNIN D, ZANETTE A. A note on the selection of Benders' cuts[J]. Mathematical Programming, 2010, 124(1 - 2): 175 - 182.

[102] SHERALI H D, LUNDAY B J. On generating maximal nondominated Benders cuts [J]. Annals of Operations Research, 2013, 210(1): 57 - 72.

[103] RAHMANIANI R, CRAINIC T G, GENDREAU M, et al. The Benders decomposition algorithm: A literature review[J]. European Journal of Operational Research, 2017, 259(3): 801 - 817.

[104] AHMADI-JAVID A, SEDDIGHI A H. A location-routing-inventory model for designing multisource distribution networks[J]. Engineering Optimization, 2012, 44(6): 637 - 656.

[105] ZHANG Y, QI M, MIAO L, et al. Hybrid metaheuristic solutions to inventory location routing problem[J]. Transportation Research Part E, 2014(70): 305 - 323.

[106] CHEN D, CHEN D, SUN G, et al. Combined location routing and inventory problem of e-commerce distribution system with fuzzy random demand[J]. International Journal of Hybrid Information Technology, 2014(7): 142 - 157.

[107] ABDELHALIM H, ALI D, IYAD R. A genetic algorithm approach for location-inventory-routing problem with perishable products[J]. Journal of Manufacturing Systems. 2017(42): 93 - 103.

[108] BAGAJEWICZ M J, MANOUSIOUTHAKIS V. On the generalized Benders decomposition[J]. Computers & Chemical Engineering, 1991, 15(10): 691 - 700.

[109] FLOUDAS C A, AGGARWAL A, CIRIC A R. Global optimum search for nonconvex NLP and MINLP problems[J]. Computers & Chemical Engineering, 1989, 13(10): 1117 - 1132.

[110] DURAN M A, GROSSMANN I E. An outer-approximation algorithm for a class of mixed-integer nonlinear programs[J]. Mathematical Programming, 1987, 39(3): 337 - 337.

[111] FLETCHER R, LEYFFER S. Solving mixed integer nonlinear programs by outer approximation[J]. Mathematical Programming, 1994, 66(1 - 3): 327 - 349.

[112] BAI Z, SU Y. Dimension reduction of large-scale second-order dynamical systems via a second-order arnoldi method[J]. SIAM Journal on Scientific Computing, 2005, 26(5): 1692 - 1709.

[113] MEHRDAD S, AVINASH U, EHSAN J S, et al. A three level location-inventory problem with correlated demand[J]. Transportation Research Part B: Methodological, 2014(69): 1 - 18.

[114] AHMADI-JAVID A, SEDDIGHI A H. A location-routing-inventory model for designing multisource distribution networks[J]. Engineering Optimization, 2012, 44(6): 637 - 656.

[115] GHORBANI A, REZA AKBARI JOKAR M. A hybrid imperialist competitive-simulated annealing algorithm for a multisource multi-product location-routing-inventory problem[J]. Computers & Industrial Engineering, 2016(101): 116 - 127.